J.-J. ROUSSEAU

LES CONFESSIONS

Compositions
de
MAURICE LELOIR

TOME PREMIER

ÉDITIONS JULES TALLANDIER
75, Rue Dareau, 75
PARIS

LES
CONFESSIONS

LES CHEFS-D'ŒUVRE DE L'ESPRIT

J.-J. ROUSSEAU

LES CONFESSIONS

ILLUSTRATIONS

DE

MAURICE LELOIR

TOME PREMIER

PARIS

ÉDITIONS JULES TALLANDIER

75, RUE DAREAU, 75

LIVRE I

LIVRE PREMIER

1712-1728

Je forme une entreprise qui n'eut jamais d'exemple, et dont l'exécution n'aura point d'imitateur. Je veux montrer à mes semblables un homme dans toute la vérité de la nature, et cet homme, ce sera moi.

Moi seul. Je sens mon cœur, et je connais les hommes. Je ne suis fait comme aucun de ceux que j'ai vus ; j'ose croire n'être fait comme aucun de ceux qui existent. Si je ne vaux pas mieux, au moins je suis autre. Si la nature a bien ou mal fait de briser le moule dans lequel elle m'a jeté, c'est ce dont on ne peut juger qu'après m'avoir lu.

Que la trompette du jugement dernier sonne quand elle voudra,

je viendrai, ce livre à la main, me présenter devant le souverain
juge. Je dirai hautement : Voilà ce que j'ai fait, ce que j'ai pensé,
ce que je fus. J'ai dit le bien et le mal avec la même franchise. Je
n'ai rien tu de mauvais, rien ajouté de bon ; et s'il m'est arrivé
d'employer quelque ornement indifférent, ce n'a jamais été que
pour remplir un vide occasionné par mon défaut de mémoire.
J'ai pu supposer vrai ce que je savais avoir pu l'être, jamais ce
que je savais être faux. Je me suis montré tel que je fus ; mépri-
sable et vil quand je l'ai été ; bon, généreux, sublime, quand je
l'ai été : j'ai dévoilé mon intérieur tel que tu l'as vu toi-même,
Être éternel. Rassemble autour de moi l'innombrable foule de
mes-semblables ; qu'ils écoutent mes confessions, qu'ils gémis-
sent de mes indignités, qu'ils rougissent de mes misères. Que
chacun d'eux découvre à son tour son cœur au pied de ton trône
avec la même sincérité, et puis qu'un seul te dise, s'il l'ose : *Je fus
meilleur que cet homme-là.*

Je suis né à Genève, en 1712, d'Isaac Rousseau, citoyen, et de
Suzanne Bernard, citoyenne. Un bien fort médiocre, à partager
entre quinze enfants, ayant réduit presque à rien la portion de
mon père, il n'avait pour subsister que son métier d'horloger,
dans lequel il était à la vérité fort habile. Ma mère, fille du
ministre Bernard, était plus riche : elle avait de la sagesse et de la
beauté. Ce n'était pas sans peine que mon père l'avait obtenue.
Leurs amours avaient commencé presque avec leur vie ; dès l'âge
de huit à neuf ans ils se promenaient ensemble tous les soirs sur
la Treille ; à dix ans ils ne pouvaient plus se quitter. La sympathie, l'accord des âmes, affermit en eux le sentiment qu'avait produit l'habitude. Tous deux, nés tendres et sensibles, n'attendaient que le moment de trouver dans un autre la même disposition, ou plutôt ce moment les attendait eux-mêmes, et chacun
d'eux jeta son cœur dans le premier qui s'ouvrit pour le recevoir.
Le sort, qui semblait contrarier leur passion, ne fit que l'animer.
Le jeune amant, ne pouvant obtenir sa maîtresse, se consumait
de douleur : elle lui conseilla de voyager pour l'oublier. Il voyagea
sans fruit, et revint plus amoureux que jamais. Il retrouva celle
qu'il aimait tendre et fidèle. Après cette épreuve, il ne restait

qu'à s'aimer toute la vie; ils le jurèrent, et le ciel bénit leur serment.

Gabriel Bernard, frère de ma mère, devint amoureux d'une des sœurs de mon père; mais elle ne consentit à épouser le frère qu'à condition que son frère épouserait la sœur. L'amour arrangea tout, et les deux mariages se firent le même jour. Ainsi mon oncle était le mari de ma tante, et leurs enfants furent doublement mes cousins germains. Il en naquit un de part et d'autre au bout d'une année; ensuite il fallut encore se séparer.

Mon oncle Bernard était ingénieur; il alla servir dans l'Empire et en Hongrie sous le prince Eugène. Il se distingua au siège et à la bataille de Belgrade. Mon père, après la naissance de mon frère unique, partit pour Constantinople, où il était appelé, et devint horloger du sérail. Durant son absence, la beauté de ma mère, son esprit, ses talents, lui attirèrent des hommages. M. de la Closure, résident de France, fut un des plus empressés à lui en offrir. Il fallait que sa passion fût vive, puisqu'au bout de trente ans je l'ai vu s'attendrir en me parlant d'elle. Ma mère avait plus que de la vertu pour s'en défendre; elle aimait tendrement son mari. Elle le pressa de revenir : il quitta tout, et revint. Je fus le triste fruit de ce retour. Dix mois après, je naquis infirme et malade. Je coûtai la vie à ma mère, et ma naissance fut le premier de mes malheurs.

Je n'ai pas su comment mon père supporta cette peine, mais je sais qu'il ne s'en consola jamais. Il croyait la revoir en moi, sans pouvoir oublier que je la lui avais ôtée; jamais il ne m'embrassa que je ne sentisse à ses soupirs, à ses convulsives étreintes, qu'un regret amer se mêlait à ses caresses : elles n'en étaient que plus tendres. Quand il me disait: Jean-Jacques, parlons de ta mère; je lui disais : Hé bien ! mon père, nous allons donc pleurer : et ce mot seul lui tirait déjà des larmes. Ah ! disait-il en gémissant, rends-la-moi, console-moi d'elle, remplis le vide qu'elle a laissé dans mon âme. T'aimerais-je ainsi, si tu n'étais que mon fils ? Quarante ans après l'avoir perdue, il est mort dans les bras d'une seconde femme, mais le nom de la première à la bouche, et son image au fond du cœur.

Tels furent les auteurs de mes jours. De tous les dons que le ciel leur avait départis, un cœur sensible est le seul qu'ils me laissèrent : mais il avait fait leur bonheur, et fit tous les malheurs de ma vie.

J'étais né presque mourant ; on espérait peu de me conserver. J'apportai le germe d'une incommodité que les ans ont renforcée, et qui maintenant ne me donne quelquefois des relâches que pour me laisser souffrir plus cruellement d'une autre façon. Une sœur de mon père, fille aimable et sage, prit si grand soin de moi qu'elle me sauva. Au moment où j'écris ceci, elle est encore en vie, soignant, à l'âge de quatre-vingts ans, un mari plus jeune qu'elle, mais usé par la boisson. Chère tante, je vous pardonne de m'avoir fait vivre, et je m'afflige de ne pouvoir vous rendre à la fin de vos jours les tendres soins que vous m'avez prodigués au commencement des miens ! J'ai aussi ma mie Jacqueline encore vivante, saine et robuste. Les mains qui m'ouvrirent les yeux à ma naissance pourront me les fermer à ma mort.

Je sentis avant de penser ; c'est le sort commun de l'humanité. Je l'éprouvai plus qu'un autre. J'ignore ce que je fis jusqu'à cinq ou six ans. Je ne sais comment j'appris à lire ; je ne me souviens que de mes premières lectures et de leur effet sur moi : c'est le temps d'où je date sans interruption la conscience de moi-même. Ma mère avait laissé des romans ; nous nous mîmes à les lire après souper, mon père et moi. Il n'était question d'abord que de m'exercer à la lecture par des livres amusants ; mais bientôt l'intérêt devint si vif, que nous lisions tour à tour sans relâche, et passions les nuits à cette occupation. Nous ne pouvions jamais quitter qu'à la fin du volume. Quelquefois mon père, entendant le matin les hirondelles, disait tout honteux : Allons nous coucher ; je suis plus enfant que toi.

En peu de temps j'acquis, par cette dangereuse méthode, non seulement une extrême facilité à lire et à m'entendre, mais une intelligence unique à mon âge sur les passions. Je n'avais aucune idée des choses, que tous les sentiments m'étaient déjà connus. Je n'avais rien conçu, j'avais tout senti. Ces émotions confuses, que j'éprouvai coup sur coup, n'altéraient point la raison que je n'avais pas encore; mais elles m'en formèrent une d'une autre trempe, et me donnèrent de la vie humaine des notions bizarres et romanesques, dont l'expérience et la réflexion n'ont jamais bien pu me guérir.

Les romans finirent avec l'été de 1719. L'hiver suivant, ce fut autre chose. La bibliothèque de ma mère épuisée, on eut recours à la portion de celle de son père qui nous était échue. Heureusement il s'y trouva de bons livres; et cela ne pouvait guère être autrement, cette bibliothèque ayant été formée par un ministre, à la vérité, et savant même, car c'était la mode alors, mais homme de goût et d'esprit. L'*Histoire de l'Église et de l'Empire* par Le Sueur, le *Discours* de Bossuet sur l'histoire universelle, les *Hommes illustres* de Plutarque, l'*Histoire de Venise* par Nani, les *Métamorphoses* d'Ovide, La Bruyère, les *Mondes* de Fontenelle, ses *Dialogues des morts*, et quelques tomes de Molière, furent transportés dans le cabinet de mon père, et je les lui lisais tous les jours durant son travail. J'y pris un goût rare, et peut-être unique à cet âge. Plutarque surtout devint ma lecture favorite. Le plaisir que je prenais à le relire sans cesse me guérit un peu des romans, et je préférai bientôt Agésilas, Brutus, Aristide, à Orondate, Artamène et Juba. De ces intéressantes lectures, des entretiens qu'elles occasionnaient entre mon père et moi, se forma cet esprit libre et républicain, ce caractère indomptable et fier, impatient de joug et de servitude, qui m'a tourmenté tout le temps de ma vie dans les situations les moins propres à lui donner l'essor. Sans cesse occupé de Rome et d'Athènes, vivant pour ainsi dire avec leurs grands hommes, né moi-même citoyen d'une république, et fils d'un père dont l'amour de la patrie était la plus forte passion, je m'en enflammais à son exemple, je me croyais Grec ou Romain; je devenais le personnage dont je lisais la vie: le récit des traits de constance et d'intrépidité qui m'avaient frappé me rendait les yeux étincelants et la voix forte. Un jour que je racontais à table l'aventure de Scévola, on fut effrayé de me voir avancer et tenir la main sur un réchaud pour représenter son action.

J'avais un frère plus âgé que moi de sept ans. Il apprenait la profession de mon père. L'extrême affection qu'on avait pour moi le faisait un peu négliger ; et ce n'est pas cela que j'approuve. Son éducation se sentit de cette négligence. Il prit le train du libertinage, même avant l'âge d'être un vrai libertin. On le mit chez un autre maître, d'où il faisait des escapades comme il en avait fait de la maison paternelle. Je ne le voyais presque point, à peine puis-je dire avoir fait connaissance avec lui ; mais je ne laissais pas de l'aimer tendrement, et il m'aimait autant qu'un polisson peut aimer quelque chose. Je me souviens qu'une fois que mon père le châtiait rudement et avec colère, je me jetai impétueusement entre eux deux, l'embrassant étroitement. Je le couvris ainsi de mon corps, recevant les coups qui lui étaient portés ; et je m'obstinai si bien dans cette attitude, qu'il fallut enfin que mon père lui fît grâce, soit désarmé par mes cris et mes larmes, soit pour ne pas me maltraiter plus que lui. Enfin mon frère tourna si mal, qu'il s'enfuit et disparut tout à fait. Quelque temps après, on sut qu'il était en Allemagne. Il n'écrivit pas une seule fois. On n'a plus eu de ses nouvelles depuis ce temps-là ; et voilà comment je suis demeuré fils unique.

Si ce pauvre garçon fut élevé négligemment, il n'en fut pas ainsi de son frère ; et les enfants des rois ne sauraient être soignés avec plus de zèle que je le fus durant mes premiers ans, idolâtré de tout ce qui m'environnait, et toujours, ce qui est bien plus rare, traité en enfant chéri, jamais en enfant gâté. Jamais une seule fois, jusqu'à ma sortie de la maison paternelle, on ne m'a laissé courir seul dans la rue avec les autres enfants ; jamais on n'eut à réprimer en moi ni à satisfaire aucune de ces fantasques humeurs qu'on impute à la nature, et qui naissent toutes de la seule éducation.

J'avais les défauts de mon âge ; j'étais babillard, gourmand, quelquefois menteur. J'aurais volé des fruits, des bonbons, de la mangeaille ; mais jamais je n'ai pris plaisir à faire du mal, du dégât, à charger les autres, à tourmenter de pauvres animaux. Je me souviens pourtant d'avoir une fois pissé dans la marmite d'une de nos voisines, appelée madame Clot, tandis qu'elle était au prêche. J'avoue même que ce souvenir me fait encore rire, parce que madame Clot, bonne femme au demeurant, était bien la vieille la plus grognon que je connus de ma vie. Voilà la courte et véridique histoire de tous mes méfaits enfantins.

Comment serais-je devenu méchant, quand je n'avais sous les yeux que des exemples de douceur, et autour de moi que les meilleures gens du monde? Mon père, ma tante, ma mie, mes parents, nos amis, nos voisins, tout ce qui m'environnait ne m'obéissait pas à la vérité, mais m'aimait; et moi je les aimais de même. Mes volontés étaient si peu excitées et si peu contrariées, qu'il ne me venait pas dans l'esprit d'en avoir. Je puis jurer que, jusqu'à mon asservissement sous un maître, je n'ai pas su ce que c'était qu'une fantaisie. Hors le temps que je passais à lire ou écrire auprès de mon père, et celui où ma mie me menait promener, j'étais toujours avec ma tante, à la voir broder, à l'entendre chanter, assis ou debout à côté d'elle; et j'étais content. Son enjouement, sa douceur, sa figure agréable, m'ont laissé de si fortes impressions que je vois encore son air, son regard, son attitude; je me souviens de ses petits propos caressants; je dirais comment elle était vêtue et coiffée, sans oublier les deux crochets que ses cheveux noirs faisaient sur ses tempes, selon la mode de ce temps-là.

Je suis persuadé que je lui dois le goût ou plutôt la passion pour la musique, qui ne s'est bien développé en moi que longtemps après. Elle savait une quantité prodigieuse d'airs et de chansons qu'elle chantait avec un filet de voix fort douce. La sérénité d'âme de cette excellente fille éloignait d'elle et de tout ce qui l'environnait la rêverie et la tristesse. L'attrait que son chant avait pour moi fut tel, que non seulement plusieurs de ses chansons me sont toujours restées dans la mémoire, mais qu'il m'en revient même, aujourd'hui que je l'ai perdue, qui, totalement oubliées depuis mon enfance, se retracent à mesure que je vieillis, avec un charme que je ne puis exprimer. Dirait-on que moi, vieux radoteur, rongé de soucis et de peines, je me surprends quelquefois à pleurer comme un enfant, en marmottant ces petits airs d'une voix déjà cassée et tremblante? Il y en a un surtout qui m'est bien revenu tout entier quant à l'air; mais la seconde moitié des paroles s'est constamment refusée à tous mes efforts pour me la rappeler, quoiqu'il m'en revienne confusément

les rimes. Voici le commencement, et ce que j'ai pu me rappeler
du reste :

> Tircis, je n'ose
> Écouter ton chalumeau
> Sous l'ormeau ;
> Car on en cause
> Déjà dans notre hameau.
> . . . .
> . . . . . un berger
> . . . . . s'engager
> . . . . . sans danger ;
> Et toujours l'épine est sous la rose.

Je cherche où est le charme attendrissant que mon cœur trouve
à cette chanson : c'est un caprice auquel je ne comprends rien ;
mais il m'est de toute impossibilité de la chanter jusqu'à la fin
sans être arrêté par mes larmes. J'ai cent fois projeté d'écrire à
Paris pour faire chercher le reste des paroles, si tant est que quelqu'un les connaisse encore. Mais je suis presque sûr que le plaisir
que je prends à me rappeler cet air s'évanouirait en partie, si
j'avais la preuve que d'autres que ma pauvre tante Suson l'ont
chanté.

Telles furent les premières affections de mon entrée à la vie ;
ainsi commençait à se former ou à se montrer en moi ce cœur à la
fois si fier et si tendre, ce caractère efféminé, mais pourtant
indomptable, qui, flottant toujours entre la faiblesse et le courage,
entre la mollesse et la vertu, m'a jusqu'au bout mis en contradiction avec moi-même, et a fait que l'abstinence et la jouissance, le
plaisir et la sagesse, m'ont également échappé.

Ce train d'éducation fut interrompu par un accident dont les
suites ont influé sur le reste de ma vie. Mon père eut un démêlé
avec un M. Gautier, capitaine en France, et apparenté dans le
conseil. Ce Gautier, homme insolent et lâche, saigna du nez, et,
pour se venger, accusa mon père d'avoir mis l'épée à la main dans
la ville. Mon père, qu'on voulut envoyer en prison, s'obstinait à
vouloir que, selon la loi, l'accusateur y entrât aussi bien que lui :
n'ayant pu l'obtenir, il aima mieux sortir de Genève et s'expatrier

pour le reste de sa vie, que de céder sur un point où l'honneur et la liberté lui paraissaient compromis.

Je restai sous la tutelle de mon oncle Bernard, alors employé aux fortifications de Genève. Sa fille aînée était morte, mais il avait un fils de même âge que moi. Nous fûmes mis ensemble à Bossey en pension chez le ministre Lambercier, pour y apprendre, avec le latin, tout le menu fatras dont on l'accompagne sous le nom d'éducation.

Deux ans passés au village adoucirent un peu mon âpreté romaine, et me ramenèrenr à l'état d'enfant. A Genève, où l'on ne m'imposait rien, j'aimais l'application, la lecture; c'était presque mon seul amusement: à Bossey, le travail me fit aimer les jeux qui lui servaient de relâche. La campagne était pour moi si nouvelle, que je ne pouvais me lasser d'en jouir. Je pris pour elle un goût si vif, qu'il n'a jamais pu s'éteindre. Le souvenir des jours heureux que j'y ai passés m'a fait regretter son séjour et ses plaisirs dans tous les âges, jusqu'à celui qui m'y a ramené. M. Lambercier était un homme fort raisonnable, qui, sans négliger notre instruction, ne nous chargeait point de devoirs extrêmes. La preuve qu'il s'y prenait bien est que, malgré mon aversion pour la gêne, je ne me suis jamais rappelé avec dégoût mes heures d'étude, et que, si je n'appris pas de lui beaucoup de choses, ce que j'appris je l'appris sans peine, et n'en ai rien oublié.

La simplicité de cette vie champêtre me fit un bien d'un prix inestimable en ouvrant mon cœur à l'amitié. Jusqu'alors je n'avais connu que des sentiments élevés, mais imaginaires. L'habitude de vivre ensemble dans un état paisible m'unit tendrement à mon cousin Bernard. En peu de temps j'eus pour lui des sentiments plus affectueux que ceux que j'avais eus pour mon frère, et qui ne se sont jamais effacés. C'était un grand garçon fort efflanqué, fort fluet, aussi doux d'esprit que faible de corps, et qui n'abusait pas trop de la prédilection qu'on avait pour lui dans la maison, comme fils de mon tuteur. Nos travaux, nos amusements, nos goûts étaient les mêmes: nous étions seuls, nous étions de même âge, chacun des deux avait besoin d'un camarade; nous séparer était, en quelque sorte, nous anéantir. Quoique nous eussions peu d'occasions de

faire preuve de notre attachement l'un pour l'autre, il était extrême ;
et non seulement nous ne pouvions vivre un instant séparés, mais
nous n'imaginions pas que nous pussions jamais l'être. Tous deux
d'un esprit facile à céder aux caresses, complaisants quand on ne
voulait pas nous contraindre, nous étions toujours d'accord sur
tout. Si, par la faveur de ceux qui nous gouvernaient, il avait sur
moi quelque ascendant sous leurs yeux, quand nous étions seuls
j'en avais un sur lui qui rétablissait l'équilibre. Dans nos études,
je lui soufflais sa leçon quand il hésitait ; quand mon thème était
fait, je lui aidais à faire le sien, et, dans nos amusements, mon
goût plus actif lui servait toujours de guide. Enfin nos deux caractères s'accordaient si bien, et l'amitié qui nous unissait était si
vraie, que, dans plus de cinq ans que nous fûmes presque inséparables, tant à Bossey qu'à Genève, nous nous battîmes souvent, je
l'avoue, mais jamais on n'eut besoin de nous séparer, jamais une
de nos querelles ne dura plus d'un quart d'heure, et jamais nous ne
portâmes l'un contre l'autre aucune accusation. Ces remarques
sont, si l'on veut, puériles, mais il en résulte pourtant un exemple
peut-être unique depuis qu'il existe des enfants.

La manière dont je vivais à Bossey me convenait si bien, qu'il
ne lui a manqué que de durer plus longtemps pour fixer absolument
mon caractère. Les sentiments tendres, affectueux, paisibles, en
faisaient le fond. Je crois que jamais individu de notre espèce n'eut
naturellement moins de vanité que moi. Je m'élevais par élans à
des mouvements sublimes, mais je retombais aussitôt dans ma
langueur. Être aimé de tout ce qui m'approchait était le plus vif de
mes désirs. J'étais doux, mon cousin l'était ; ceux qui nous gouvernaient l'étaient eux-mêmes. Pendant deux ans entiers je ne fus
ni témoin ni victime d'un sentiment violent. Tout nourrissait dans
mon cœur les dispositions qu'il reçut de la nature. Je ne connaissais rien d'aussi charmant que de voir tout le monde content de
moi et de toute chose. Je me souviendrai toujours qu'au temple,
répondant au catéchisme, rien ne me troublait plus, quand il
m'arrivait d'hésiter, que de voir sur le visage de mademoiselle
Lambercier des marques d'inquiétude et de peine. Cela seul
m'affligeait plus que la honte de manquer en public, qui m'affec-

tait pourtant extrêmement : car, quoique peu sensible aux louanges, je le fus toujours beaucoup à la honte ; et je puis dire ici que l'attente des réprimandes de mademoiselle Lambercier me donnait moins d'alarmes que la crainte de la chagriner.

Cependant elle ne manquait pas au besoin de sévérité, non plus que son frère ; mais comme cette sévérité, presque toujours juste, n'était jamais emportée, je m'en affligeais et ne m'en mutinais point. J'étais plus fâché de déplaire que d'être puni, et le signe du mécontentement m'était plus cruel que la peine afflictive. Il est embarrassant de m'expliquer mieux, mais cependant il le faut. Qu'on changerait de méthode avec la jeunesse, si l'on voyait mieux les effets éloignés de celle qu'on emploie toujours indistinctement, et souvent indiscrètement ! La grande leçon qu'on peut tirer d'un exemple aussi commun que funeste me fait résoudre à le donner.

Comme mademoiselle Lambercier avait pour nous l'affection d'une mère, elle en avait aussi l'autorité, et la portait quelquefois jusqu'à nous infliger la punition des enfants quand nous l'avions méritée. Assez longtemps elle s'en tint à la menace, et cette menace d'un châtiment tout nouveau pour moi me semblait très effrayante ; mais après l'exécution je la trouvai moins terrible à l'épreuve que l'attente ne l'avait été : et ce qu'il y a de plus bizarre est que ce châtiment m'affectionna davantage encore à celle qui me l'avait imposé. Il fallait même toute la vérité de cette affection et toute ma douceur naturelle pour m'empêcher de chercher le retour du même traitement en le méritant ; car j'avais trouvé dans la douleur, dans la honte même, un mélange de sensualité qui m'avait laissé plus de désir que de crainte de l'éprouver derechef par la même main. Il est vrai que, comme il se mêlait sans doute à cela quelque instinct précoce du sexe, le même châtiment reçu de son frère ne m'eût point du tout paru plaisant. Mais, de l'humeur dont il était, cette substitution n'était guère à craindre : et si je m'abstenais de mériter la correction, c'était uniquement de peur de fâcher mademoiselle Lambercier ; car tel est en moi l'empire de la bienveillance, et même de celle que les sens ont fait naître, qu'elle leur donna toujours la loi dans mon cœur.

Cette récidive, que j'éloignais sans la craindre, arriva sans qu'il y eût de ma faute, c'est-à-dire de ma volonté, et j'en profitai, je puis dire, en sûreté de conscience. Mais cette seconde fois fut aussi la dernière; car mademoiselle Lambercier, s'étant aperçue à quelque signe que ce châtiment n'allait pas à son but, déclara qu'elle y renonçait, et qu'il la fatiguait trop. Nous avions jusque-là couché dans sa chambre, et même en hiver quelquefois dans son lit. Deux jours après on nous fit coucher dans une autre chambre, et j'eus désormais l'honneur, dont je me serais bien passé, d'être traité par elle en grand garçon.

Qui croirait que ce châtiment d'enfant, reçu à huit ans par la main d'une fille de trente, a décidé de mes goûts, de mes désirs, de mes passions, de moi pour le reste de ma vie, et cela précisément dans le sens contraire à ce qui devait s'ensuivre naturellement? En même temps que mes sens furent allumés, mes désirs prirent si bien le change, que, bornés à ce que j'avais éprouvé, ils ne s'avisèrent point de chercher autre chose. Avec un sang brûlant de sensualité presque dès ma naissance, je me conservai pur de toute souillure jusqu'à l'âge où les tempéraments les plus froids et les plus tardifs se développent. Tourmenté longtemps sans savoir de quoi, je dévorais d'un œil ardent les belles personnes; mon imagination me les rappelait sans cesse, uniquement pour les mettre en œuvre à ma mode, et en faire autant de demoiselles Lambercier.

Même après l'âge nubile, ce goût bizarre, toujours persistant et porté jusqu'à la dépravation, jusqu'à la folie, m'a conservé les mœurs honnêtes qu'il semblerait avoir dû m'ôter. Si jamais éducation fut modeste et chaste, c'est assurément celle que j'ai reçue. Mes trois tantes n'étaient pas seulement des personnes d'une sagesse exemplaire, mais d'une réserve que depuis longtemps les femmes ne connaissent plus. Mon père, homme de plaisir, mais galant à la vieille mode, n'a jamais tenu, près des femmes qu'il aimait le plus, des propos dont une vierge eût pu rougir; et jamais on n'a poussé plus loin que dans ma famille et devant moi le respect qu'on doit aux enfants. Je ne trouvai pas moins d'attention chez M. Lambercier sur le même article; et une fort bonne servante y fut mise à la porte pour un mot un peu gaillard qu'elle avait prononcé devant

nous. Non seulement je n'eus jusqu'à mon adolescence aucune
idée distincte de l'union des sexes, mais jamais cette idée confuse
ne s'offrit à moi que sous une image odieuse et dégoûtante. J'avais
pour les filles publiques une horreur qui ne s'est jamais effacée :
je ne pouvais voir un débauché sans dédain, sans effroi même; car
mon aversion pour la débauche allait jusque-là, depuis qu'allant
un jour au petit Sacconex par un chemin creux, je vis, des deux
côtés, des cavités dans la terre, où l'on me dit que ces gens-là faisaient leurs accouplements. Ce que j'avais vu de ceux des chiennes
me revenait aussi toujours à l'esprit en pensant aux autres, et le
cœur me soulevait à ce seul souvenir.

Ces préjugés de l'éducation, propres par eux-mêmes à retarder
les premières explosions d'un tempérament combustible, furent
aidés, comme j'ai dit, par la diversion que firent sur moi les premières pointes de la sensualité. N'imaginant que ce que j'avais
senti, malgré des effervescences de sang très incommodes, je ne
savais porter mes désirs que vers l'espèce de volupté qui m'était
connue, sans aller jamais jusqu'à celle qu'on m'avait rendue haïssable, et qui tenait de si près à l'autre sans que j'en eusse le moindre
soupçon. Dans mes sottes fantaisies, dans mes érotiques fureurs,
dans les actes extravagants auxquels elles me portaient quelquefois, j'empruntais imaginairement le secours de l'autre sexe, sans
penser jamais qu'il fût propre à nul autre usage qu'à celui que je
brûlais d'en tirer.

Non seulement donc c'est ainsi qu'avec un tempérament très
ardent, très lascif, très précoce, je passai toutefois l'âge de puberté
sans désirer, sans connaître d'autres plaisirs des sens que ceux dont
mademoiselle Lambercier m'avait très innocemment donné l'idée :
mais quand enfin le progrès des ans m'eut fait homme, c'est encore
ainsi que ce qui devait me perdre me conserva. Mon ancien goût d'enfant, au lieu de s'évanouir, s'associa tellement à l'autre, que je ne pus
jamais l'écarter des désirs allumés par mes sens; et cette folie, jointe
à ma timidité naturelle, m'a toujours rendu très peu entreprenant
près des femmes, faute d'oser tout dire ou de pouvoir tout faire,
l'espèce de jouissance dont l'autre n'était pour moi que le dernier
terme ne pouvant être usurpée par celui qui la désire, ni devinée

par celle qui peut l'accorder. J'ai ainsi passé ma vie à convoiter et me
taire auprès des personnes que j'aimais le plus. N'osant jamais
déclarer mon goût, je l'amusais du moins par des rapports qui m'en
conservaient l'idée. Être aux genoux d'une maîtresse impérieuse,
obéir à ses ordres, avoir des pardons à lui demander, étaient pour
moi de très douces jouissances ; et plus ma vive imagination m'en-
flammait le sang, plus j'avais l'air d'un amant transi. On conçoit
que cette manière de faire l'amour n'amène pas des progrès bien
rapides, et n'est pas fort dangereuse à la vertu de celles qui en sont
l'objet. J'ai donc fort peu possédé, mais je n'ai pas laissé de jouir
beaucoup à ma manière, c'est-à-dire par l'imagination. Voilà comment mes sens, d'accord avec mon humeur timide et mon esprit
romanesque, m'ont conservé des sentiments purs et des mœurs
honnêtes, par les mêmes goûts qui, peut-être avec un peu plus
d'effronterie, m'auraient plongé dans les plus brutales voluptés.

J'ai fait le premier pas et le plus pénible dans le labyrinthe obscur
et fangeux de mes confessions. Ce n'est pas ce qui est criminel
qui coûte le plus à dire, c'est ce qui est ridicule et honteux. Dès
à présent je suis sûr de moi ; après ce que je viens d'oser dire, rien
ne peut plus m'arrêter. On peut juger de ce qu'ont pu me coûter
semblables aveux, sur ce que, dans tout le cours de ma vie, emporté
quelquefois près de celles que j'aimais par les fureurs d'une passion qui m'ôtait la faculté de voir, d'entendre, hors de sens et saisi
d'un tremblement convulsif dans tout mon corps, jamais je n'ai
pu prendre sur moi de leur déclarer ma folie, et d'implorer d'elles,
dans la plus intime familiarité, la seule faveur qui manquait aux
autres. Cela ne m'est jamais arrivé qu'une fois dans l'enfance avec
une enfant de mon âge, encore fut-ce elle qui en fit la première
proposition.

En remontant de cette sorte aux premières traces de mon être
sensible, je trouve des éléments qui, semblant quelquefois incom-
patibles, n'ont pas laissé de s'unir pour produire avec force un effet
uniforme et simple ; et j'en trouve d'autres qui, les mêmes en apparence, ont formé, par le concours de certaines circonstances, de si
différentes combinaisons, qu'on n'imaginerait jamais qu'ils eussent
entre eux aucun rapport. Qui croirait, par exemple, qu'un des res-

sorts les plus vigoureux de mon âme fut trempé dans la même source d'où la luxure et la mollesse ont coulé dans mon sang? Sans quitter le sujet dont je viens de parler, on en va voir sortir une impression bien différente.

J'étudiais un jour seul ma leçon dans la chambre contiguë à la cuisine. La servante avait mis sécher à la plaque les peignes de mademoiselle Lambercier. Quand elle revint les prendre, il s'en trouva un dont tout un côté de dents était brisé. A qui s'en prendre de ce dégât? personne autre que moi n'était entré dans la chambre. On m'interroge : je nie d'avoir touché le peigne. M. et mademoiselle Lambercier se réunissent, m'exhortent, me pressent, me menacent : je persiste avec opiniâtreté; mais la conviction était trop forte, elle l'emporta sur toutes mes protestations, quoique ce fût la première fois qu'on m'eût trouvé tant d'audace à mentir. La chose fut prise au sérieux; elle méritait de l'être. La méchanceté, le mensonge, l'obstination parurent également dignes de punition; mais pour le coup ce ne fut pas par mademoiselle Lambercier qu'elle me fut infligée. On écrivit à mon oncle Bernard : il vint. Mon pauvre cousin était chargé d'un autre délit non moins grave; nous fûmes enveloppés dans la même exécution. Elle fut terrible. Quand, cherchant le remède dans le mal même, on eût voulu pour jamais amortir mes sens dépravés, on n'aurait pu mieux s'y prendre. Aussi me laissèrent-ils en repos pour longtemps.

On ne put m'arracher l'aveu qu'on exigeait. Repris à plusieurs fois et mis dans l'état le plus affreux, je fus inébranlable. J'aurais souffert la mort, et j'y étais résolu. Il fallut que la force même cédât au diabolique entêtement d'un enfant; car on n'appela pas autrement ma constance. Enfin je sortis de cette cruelle épreuve en pièces, mais triomphant.

Il y a maintenant près de cinquante ans de cette aventure et je n'ai pas peur d'être puni derechef pour le même fait : hé bien! je déclare à la face du ciel que j'en étais innocent, que je n'avais ni cassé ni touché le peigne, que je n'avais pas approché de la plaque, et que je n'y avais pas même songé. Qu'on ne me demande pas comment le dégât se fit, je l'ignore et ne le puis comprendre; ce que je sais très certainement, c'est que j'en étais innocent.

Qu'on se figure un caractère timide et docile dans la vie ordinaire, mais ardent, fier, indomptable dans les passions; un enfant toujours gouverné par la voix de la raison, toujours traité avec douceur, équité, complaisance, qui n'avait pas même l'idée de l'injustice, et qui pour la première fois en éprouve une si terrible de la part précisément des gens qu'il chérit et qu'il respecte le plus : quel renversement d'idées! quel désordre de sentiments! quel bouleversement dans son cœur, dans sa cervelle, dans tout son petit être intelligent et moral! Je dis qu'on s'imagine tout cela, s'il est possible; car pour moi je ne me sens pas capable de démêler, de suivre la moindre trace de ce qui se passait alors en moi.

Je n'avais pas encore assez de raison pour sentir combien les apparences me condamnaient, et pour me mettre à la place des autres. Je me tenais à la mienne, et tout ce que je sentais, c'était la rigueur d'un châtiment effroyable pour un crime que je n'avais pas commis. La douleur du corps, quoique vive, m'était peu sensible, je ne sentais que l'indignation, la rage, le désespoir. Mon cousin, dans un cas à peu près semblable, et qu'on avait puni d'une faute involontaire comme d'un acte prémédité, se mettait en fureur à mon exemple, et se montait, pour ainsi dire, à mon unisson. Tous deux dans le même lit, nous nous embrassions avec des transports convulsifs, nous étouffions; et quand nos jeunes cœurs un peu soulagés pouvaient exhaler leur colère, nous nous levions sur notre séant, et nous nous mettions tous deux à crier cent fois de toute notre force : *Carnifex! carnifex! carnifex!*

Je sens en écrivant ceci que mon pouls s'élève encore; ces moments me seront toujours présents, quand je vivrais cent mille ans. Ce premier sentiment de la violence et de l'injustice est resté si profondément gravé dans mon âme, que toutes les idées qui s'y rapportent me rendent ma première émotion; et ce sentiment, relatif à moi dans son origine, a pris une telle consistance en lui-même, et s'est tellement détaché de tout intérêt personnel, que mon cœur s'enflamme au spectacle ou au récit de toute action injuste, quel qu'en soit l'objet et en quelque lieu qu'elle se commette, comme si l'effet en retombait sur moi. Quand je lis les cruautés d'un tyran féroce, les subtiles noirceurs d'un fourbe de prêtre, je [partirais

LE PEIGNE CASSÉ

volontiers pour aller poignarder ces misérables, dussé-je cent fois
y périr. Je me suis souvent mis en nage à poursuivre à la course ou
à coups de pierre un coq, une vache, un chien, un animal que je
voyais en tourmenter un autre, uniquement parce qu'il se sentait
le plus fort. Ce mouvement peut m'être naturel, et je crois qu'il
l'est; mais le souvenir profond de la première injustice que j'ai
soufferte y fut trop longtemps et trop fortement lié pour ne l'avoir
pas beaucoup renforcé.

Là fut le terme de la sérénité de ma vie enfantine. Dès ce moment
je cessai de jouir d'un bonheur pur, et je sens aujourd'hui même
que le souvenir des charmes de mon enfance s'arrête là. Nous res-
tâmes encore à Bossey quelques mois. Nous y fûmes comme on
nous représente le premier homme encore dans le paradis terrestre,
mais ayant cessé d'en jouir : c'était en apparence la même situation, et en effet une tout autre manière d'être. L'attachement, le
respect, l'intimité, la confiance ne liaient plus les élèves à leurs
guides; nous ne les regardions plus comme des dieux qui lisaient
dans nos cœurs; nous étions moins honteux de mal faire et plus
craintifs d'être accusés; nous commencions à nous cacher, à nous
mutiner, à mentir. Tous les vices de notre âge corrompaient notre
innocence et enlaidissaient nos jeux. La campagne même perdit à
nos yeux cet attrait de douceur et de simplicité qui va au cœur :
elle nous semblait déserte et sombre; elle s'était comme couverte
d'un voile qui nous en cachait les beautés. Nous cessâmes de
cultiver nos petits jardins, nos herbes, nos fleurs. Nous n'allions
plus gratter légèrement la terre, et crier de joie en découvrant le
germe du grain que nous avions semé. Nous nous dégoûtâmes de
cette vie; on se dégoûta de nous; mon oncle nous retira, et nous
nous séparâmes de M. et mademoiselle Lambercier, rassasiés les
uns des autres, et regrettant peu de nous quitter.

Près de trente ans se sont passés depuis ma sortie de Bossey,
sans que je m'en sois rappelé le séjour d'une manière agréable par
des souvenirs un peu liés : mais depuis qu'ayant passé l'âge mûr
je décline vers la vieillesse, je sens que ces mêmes souvenirs
renaissent tandis que les autres s'effacent, et se gravent dans ma
mémoire avec des traits dont le charme et la force augmentent de

jour en jour; comme si, sentant déjà la vie qui s'échappe, je cherchais à la ressaisir par ses commencements. Les moindres faits de ce temps-là me plaisent par cela seul qu'ils sont de ce temps-là. Je me rappelle toutes les circonstances des lieux, des personnes, des heures. Je vois la servante ou le valet agissant dans la chambre, une hirondelle entrant par la fenêtre, une mouche se poser sur ma main tandis que je récitais ma leçon; je vois tout l'arrangement de la chambre où nous étions; le cabinet de M. Lambercier à main droite, une estampe représentant tous les papes, un baromètre, un grand calendrier, des framboisiers qui, d'un jardin fort élevé dans lequel la maison s'enfonçait sur le derrière, venaient ombrager la fenêtre et passaient quelquefois jusqu'en dedans. Je sais bien que le lecteur n'a pas grand besoin de savoir tout cela, mais j'ai besoin moi de le lui dire. Que n'osé-je lui raconter de même toutes les petites anecdotes de cet heureux âge, qui me font encore tressaillir d'aise quand je me les rappelle! cinq ou six surtout... Composons. Je vous fais grâce des cinq; mais j'en veux une, une seule, pourvu qu'on me la laisse conter le plus longuement qu'il me sera possible, pour prolonger mon plaisir.

Si je ne cherchais que le vôtre, je pourrais choisir celle du derrière de mademoiselle Lambercier, qui, par une malheureuse culbute au bas du pré, fut étalé tout en plein devant le roi de Sardaigne à son passage : mais celle du noyer de la terrasse est plus amusante pour moi qui fus acteur, au lieu que je ne fus que spectateur de la culbute; et j'avoue que je ne trouvai pas le moindre mot pour rire à un accident qui, bien que comique en lui-même, m'alarmait pour une personne que j'aimais comme une mère, et peut-être plus.

O vous, lecteurs curieux de la grande histoire du noyer de la terrasse, écoutez-en l'horrible tragédie, et vous abstenez de frémir si vous pouvez !

Il y avait, hors la porte de la cour, une terrasse à gauche en entrant, sur laquelle on allait souvent s'asseoir l'après-midi, mais qui n'avait point d'ombre. Pour lui en donner, M. Lambercier y fit planter un noyer. La plantation de cet arbre se fit avec solennité : les deux pensionnaires en furent les parrains ; et, tandis qu'on comblait le creux, nous tenions l'arbre chacun d'une main avec des chants de triomphe. On fit, pour l'arroser, une espèce de bassin tout autour du pied. Chaque jour, ardents spectateurs de cet arrosement, nous nous confirmions, mon cousin et moi, dans l'idée très naturelle qu'il était plus beau de planter un arbre sur la terrasse qu'un drapeau sur la brèche, et nous résolûmes de nous procurer cette gloire sans la partager avec qui que ce fût.

Pour cela nous allâmes couper une bouture d'un jeune saule, et nous la plantâmes sur la terrasse, à huit ou dix pieds de l'auguste noyer. Nous n'oubliâmes pas de faire aussi un creux autour de notre arbre : la difficulté était d'avoir de quoi le remplir ; car l'eau venait d'assez loin, et on ne nous laissait pas courir pour en aller prendre. Cependant il en fallait absolument pour notre saule. Nous employâmes toutes sortes de ruses pour lui en fournir durant quelques jours ; et cela lui réussit si bien, que nous le vîmes bourgeonner et pousser de petites feuilles dont nous mesurions l'accroissement d'heure en heure, persuadés, quoiqu'il ne fût pas à un pied de terre, qu'il ne tarderait pas à nous ombrager.

Comme notre arbre, nous occupant tout entiers, nous rendait incapables de toute application, de toute étude, que nous étions comme en délire, et que, ne sachant à qui nous en avions, on nous tenait de plus court qu'auparavant, nous vîmes l'instant fatal où l'eau nous allait manquer, et nous nous désolions dans l'attente de voir notre arbre périr de sécheresse. Enfin la nécessité, mère de l'industrie, nous suggéra une invention pour garantir l'arbre et nous d'une mort certaine : ce fut de faire par-dessous terre une rigole qui conduisît secrètement au saule une partie de l'eau dont on arrosait le noyer. Cette entreprise, exécutée avec ardeur, ne réussit pourtant pas d'abord. Nous avions si mal pris la pente, que l'eau ne coulait point ; la terre s'éboulait et bouchait la rigole ; l'entrée se remplissait d'ordures ; tout allait de travers. Rien ne nous rebuta : *Labor omnia vincit improbus.* Nous creusâmes davantage la terre et notre bassin, pour donner à l'eau son écoulement ; nous coupâmes des fonds de boîtes en petites planches étroites, dont les unes mises de plat à la file, et d'autres posées en angle des deux côtés sur celles-là, nous firent un canal triangulaire pour notre conduit. Nous plantâmes à l'entrée de petits bouts de bois minces et à claire-voie, qui, faisant une espèce de grillage ou de crapaudine, retenaient le limon et les pierres sans boucher le passage à l'eau. Nous recouvrîmes soigneusement notre ouvrage de terre bien foulée ; et le jour où tout fut fait, nous attendîmes dans des transes d'espérance et de crainte l'heure de l'arrosement. Après des siècles d'attente, cette heure vint enfin : M. Lambercier vint aussi à son ordinaire assister à l'opération, durant laquelle nous nous tenions tous deux derrière lui pour cacher notre arbre, auquel très heureusement il tournait le dos.

À peine achevait-on de verser le premier seau d'eau, que nous commençâmes d'en voir couler dans notre bassin. A cet aspect, la prudence nous abandonna ; nous nous mîmes à pousser des cris de joie qui firent retourner M. Lambercier : et ce fut dommage, car il prenait grand plaisir à voir comment la terre du noyer était bonne, et buvait avidement son eau. Frappé de la voir se partager en deux bassins, il s'écrie à son tour, regarde, aperçoit la friponnerie, se fait brusquement apporter une pioche, donne un coup, fait voler deux ou trois éclats de nos planches, et, criant à pleine tête : *Un aqueduc* ! *un aqueduc* ! il frappe de toutes parts des coups impitoyables, dont chacun portait au milieu de nos cœurs. En un moment les planches, le conduit, le bassin, le saule, tout fut détruit, tout fut labouré, sans qu'il y eût, durant cette expédition terrible, nul autre mot prononcé, sinon l'exclamation qu'il répétait sans cesse : *Un aqueduc*! s'écriait-il en brisant tout, *un aqueduc* ! *un aqueduc* !

On croira que l'aventure finit mal pour les petits architectes ; on se trompera : tout fut fini. M. Lambercier ne nous dit pas un mot de reproche, ne nous fit pas plus mauvais visage et ne nous en parla plus ; nous l'entendîmes même un peu après rire auprès de sa sœur à gorge déployée, car le rire de M. Lambercier s'entendait de loin : et ce qu'il y eut de plus étonnant encore, c'est que, passé le premier saisissement, nous ne fûmes pas nous-mêmes fort affligés. Nous plantâmes ailleurs un autre arbre, et nous nous rappelions souvent la catastrophe du premier, en répétant entre

Maurice Leloir, inv. Champollion, sc

L'AQUEDUC

nous avec emphase : *Un aqueduc* ! *un aqueduc* ! Jusque-là j'avais eu
des accès d'orgueil par intervalles, quand j'étais Aristide ou
Brutus : ce fut ici mon premier mouvement de vanité bien marquée. Avoir pu construire un aqueduc de nos mains, avoir mis en
concurrence une bouture avec un grand arbre, me paraissait le
suprême degré de la gloire. A dix ans j'en jugeais mieux que
César à trente.

L'idée de ce noyer et la petite histoire qui s'y rapporte m'est si
bien restée ou revenue, qu'un de mes plus agréables projets dans
mon voyage de Genève, en 1754, était d'aller à Bossey revoir les
monuments des jeux de mon enfance, et surtout le cher noyer,
qui devait alors avoir déjà le tiers d'un siècle. Je fus si continuellement obsédé, si peu maître de moi-même, que je ne pus trouver
le moment de me satisfaire. Il y a peu d'apparence que cette
occasion renaisse jamais pour moi : cependant je n'en ai pas
perdu le désir avec l'espérance; et je suis presque sûr que si
jamais, retournant dans ces lieux chéris, j'y retrouvais mon cher
noyer encore en être, je l'arroserais de mes pleurs.

De retour à Genève, je passai deux ou trois ans chez mon
oncle, en attendant qu'on résolût ce que l'on ferait de moi.
Comme il destinait son fils au génie, il lui fit apprendre un peu
de dessin, et lui enseignait les *Éléments* d'Euclide. J'apprenais tout
cela par compagnie, et j'y pris goût, surtout au dessin. Cependant
on délibérait si l'on me ferait horloger, procureur ou ministre.
J'aimais mieux être ministre, car je trouvais bien beau de prêcher ;
mais le petit revenu du bien de ma mère à partager entre mon
frère et moi ne suffisait pas pour pousser mes études. Comme
l'âge où j'étais ne rendait pas ce choix bien pressant encore, je
restais en attendant chez mon oncle, perdant à peu près mon
temps, et ne laissant pas de payer, comme il était juste, une assez
forte pension.

Mon oncle, homme de plaisir ainsi que mon père, ne savait pas
comme lui se captiver pour ses devoirs, et prenait assez peu de
soin de nous. Ma tante était une dévote un peu piétiste, qui
aimait mieux chanter les psaumes que veiller à notre éducation.
On nous laissait presque une liberté entière, dont nous n'abu-

sâmes jamais. Toujours inséparables, nous nous suffisions l'un à
l'autre ; et, n'étant point tentés de fréquenter les polissons de
notre âge, nous ne prîmes aucune des habitudes libertines que
l'oisiveté nous pouvait inspirer. J'ai même tort de nous supposer
oisifs, car de la vie nous ne le fûmes moins ; et ce qu'il y avait
d'heureux était que tous les amusements dont nous nous passion-
nions successivement nous tenaient ensemble occupés dans la
maison, sans que nous fussions même tentés de descendre à la
rue. Nous faisions des cages, des flûtes, des volants, des tam-
bours, des maisons, des *équiffles*, des arbalètes. Nous gâtions les
outils de mon bon vieux grand-père, pour faire des montres à son
imitation. Nous avions surtout un goût de préférence pour bar-
bouiller du papier, dessiner, laver, enluminer, faire un dégât de
couleurs. Il vint à Genève un charlatan italien appelé Gamba-
Corta ; nous allâmes le voir une fois, et puis nous n'y voulûmes
plus aller ; mais il avait des marionnettes, et nous nous mîmes à
faire des marionnettes : ses marionnettes jouaient des manières
de comédies, et nous fîmes des comédies pour les nôtres. Faute
de pratique, nous contrefaisions du gosier la voix de Polichinelle,
pour jouer ces charmantes comédies que nos pauvres bons
parents avaient la patience de voir et d'entendre. Mais mon oncle
Bernard ayant un jour lu dans la famille un très beau sermon de
sa façon, nous quittâmes les comédies, et nous nous mîmes à
composer des sermons. Ces détails ne sont pas fort intéressants,
je l'avoue ; mais ils montrent à quel point il fallait que notre
première éducation eût été bien dirigée, pour que, maîtres presque
de notre temps et de nous dans un âge si tendre, nous fussions si
peu tentés d'en abuser. Nous avions si peu besoin de nous faire
des camarades, que nous en négligions même l'occasion. Quand
nous allions nous promener, nous regardions en passant leurs
jeux sans convoitise, sans songer même à y prendre part. L'amitié
remplissait si bien nos cœurs, qu'il nous suffisait d'être ensemble
pour que les plus simples goûts fissent nos délices.

A force de nous voir inséparables, on y prit garde ; d'autant
plus que mon cousin étant très grand et moi très petit, cela faisait
un couple assez plaisamment assorti. Sa longue figure effilée, son

petit visage de pomme cuite, son air mou, sa démarche noncha-
lante, excitaient les enfants à se moquer de lui. Dans le patois du
pays on lui donna le surnom de *Barná Bredanna* ; et sitôt que nous
sortions nous n'entendions que *Barná Bredanna* tout autour de
nous. Il endurait cela plus tranquillement que moi. Je me fâchai,
je voulus me battre ; c'était ce que les petits coquins demandaient.
Je battis, je fus battu. Mon pauvre cousin me soutenait de son
mieux ; mais il était faible, d'un coup de poing on le renversait.
Alors je devenais furieux. Cependant, quoique j'attrapasse force
horions, ce n'était pas à moi qu'on en voulait, c'était à *Barná Bredanna* : mais j'augmentai tellement le mal par ma mutine colère,
que nous n'osions plus sortir qu'aux heures où l'on était en
classe, de peur d'être hués et suivis par les écoliers.

Me voilà déjà redresseur des torts. Pour être un paladin dans
les formes, il ne me manquait que d'avoir une dame ; j'en eus
deux. J'allais de temps en temps voir mon père à Nyon, petite
ville du pays de Vaud, où il s'était établi. Mon père était fort
aimé, et son fils se sentait de cette bienveillance. Pendant le peu
de séjour que je faisais près de lui, c'était à qui me fêterait. Une
madame de Vulson surtout me faisait mille caresses ; et, pour y
mettre le comble, sa fille me prit pour son galant. On sent ce que
c'est qu'un galant de onze ans pour une fille de vingt-deux. Mais
toutes ces friponnes sont si aises de mettre ainsi de petites pou-
pées en avant pour cacher les grandes, ou pour les tenter par
l'image d'un jeu qu'elles savent rendre attirant ! Pour moi, qui ne
voyais point entre elle et moi de disconvenance, je pris la chose
au sérieux ; je me livrai de tout mon cœur, ou plutôt de toute ma
tête, car je n'étais guère amoureux que par là, quoique je le fusse
à la folie, et que mes transports, mes agitations, mes fureurs,
donnassent des scènes à pâmer de rire.

Je connais deux sortes d'amours, très distincts, très réels, et qui
n'ont presque rien de commun, quoique très vifs l'un et l'autre,
et tous deux différents de la tendre amitié. Tout le cours de ma
vie s'est partagé entre ces deux amours de si diverses natures, et
je les ai même éprouvés tous deux à la fois ; car, par exemple, au
moment dont je parle, tandis que je m'emparais de mademoiselle

de Vulson, si publiquement et si tyranniquement que je ne pouvais souffrir qu'aucun homme approchât d'elle, j'avais avec une petite mademoiselle Goton des tête-à-tête assez courts, mais assez vifs, dans lesquels elle daignait faire la maîtresse d'école, et c'était tout : mais ce tout, qui en effet était tout pour moi, me paraissait le bonheur suprême ; et sentant déjà le prix du mystère, quoique je n'en susse user qu'en enfant, je rendais à mademoiselle de Vulson, qui ne s'en doutait guère, le soin qu'elle prenait de m'employer à cacher d'autres amours. Mais à mon grand regret mon secret fut découvert, ou moins bien gardé de la part de ma petite maîtresse d'école que de la mienne, car on ne tarda pas à nous séparer.

C'était en vérité une singulière personne que cette petite mademoiselle Goton. Sans être belle, elle avait une figure difficile à oublier, et que je me rappelle encore, souvent beaucoup trop pour un vieux fou. Ses yeux surtout n'étaient pas de son âge, ni sa taille, ni son maintien. Elle avait un petit air imposant et fier très propre à son rôle, et qui en avait occasionné la première idée entre nous. Mais ce qu'elle avait de plus bizarre était un mélange d'audace et de réserve difficile à concevoir. Elle se permettait avec moi les plus grandes privautés, sans jamais m'en permettre aucune avec elle ; elle me traitait exactement en enfant : ce qui me fait croire, ou qu'elle avait déjà cessé de l'être, ou qu'au contraire elle l'était encore assez elle-même pour ne voir qu'un jeu dans le péril auquel elle s'exposait.

J'étais tout entier, pour ainsi dire, à chacune de ces deux personnes, et si parfaitement, qu'avec aucune des deux il ne m'arrivait jamais de songer à l'autre. Mais du reste rien de semblable en ce qu'elles me faisaient éprouver. J'aurais passé ma vie entière avec mademoiselle de Vulson, sans songer à la quitter ; mais en l'abordant ma joie était tranquille et n'allait pas à l'émotion. Je l'aimais surtout en grande compagnie ; les plaisanteries, les agaceries, les jalousies même m'attachaient, m'intéressaient ; je triomphais avec orgueil de ses préférences près des grands rivaux qu'elle paraissait maltraiter. J'étais tourmenté, mais j'aimais ce tourment. Les applaudissements, les encouragements, les ris m'échauffaient, m'animaient. J'avais des emportements, des saillies, j'étais transporté d'amour ; dans un cercle, tête à tête j'aurais été contraint, froid, peut-être ennuyé. Cependant je m'intéressais tendrement à elle, je souffrais quand elle était malade : j'aurais donné ma santé pour rétablir la sienne ; et notez que je savais très bien par expérience ce que c'était que maladie, et ce que c'était que santé. Absent d'elle, j'y pensais, elle me manquait ; présent, ses caresses m'étaient douces au cœur, non aux sens. J'étais impunément familier avec elle ; mon imagination ne me demandait que ce qu'elle m'accordait : cependant je n'aurais pu supporter de lui en voir faire autant à d'autres. Je l'aimais en frère ; mais j'en étais jaloux en amant.

Je l'eusse été de mademoiselle Goton en Turc, en furieux, en tigre, si j'avais seulement imaginé qu'elle pût faire à un autre le même traitement qu'elle m'accordait ; car cela même était une grâce qu'il fallait demander à genoux. J'abordais mademoiselle de Vulson avec un plaisir très vif, mais sans trouble ; au lieu qu'en voyant mademoiselle Goton je ne voyais plus rien, tous mes sens étaient bouleversés. J'étais familier avec la première sans avoir de familiarité ; au contraire, j'étais aussi tremblant qu'agité devant la seconde, même au fort des plus grandes familiarités. Je crois que si j'étais resté trop longtemps avec elle, je n'aurais pu vivre ; les palpitations m'auraient étouffé. Je craignais également de leur déplaire ; mais j'étais plus complaisant pour l'une et plus obéissant pour l'autre. Pour rien au monde je n'aurais voulu fâcher mademoiselle de Vulson ; mais si mademoiselle Goton m'eût ordonné de me jeter dans les flammes, je crois qu'à l'instant j'aurais obéi.

Mes amours, ou plutôt mes rendez-vous avec celle-ci, durèrent peu, très heureusement pour elle et pour moi. Quoique mes liaisons avec mademoiselle de Vulson n'eussent pas le même danger, elles ne laissèrent pas d'avoir aussi leur catastrophe, après avoir un peu plus longtemps duré. Les fins de tout cela devaient toujours avoir l'air un peu romanesque, et donner prise aux exclamations. Quoique mon commerce avec mademoiselle de Vulson fût moins vif, il était plus attachant peut-être. Nos séparations ne se faisaient jamais sans larmes, et il est singulier dans quel vide accablant je me sentais plongé après l'avoir quittée. Je ne pouvais parler que d'elle, ni penser qu'à elle : mes regrets étaient vrais et vifs; mais je crois qu'au fond ces héroïques regrets n'étaient pas tous pour elle, et que, sans que je m'en aperçusse, les amusements dont elle était le centre y avaient leur bonne part. Pour tempérer les douleurs de l'absence, nous nous écrivions des lettres d'un pathétique à faire fendre les rochers. Enfin, j'eus la gloire qu'elle n'y put plus tenir, et qu'elle vint me voir à Genève. Pour le coup la tête acheva de me tourner; je fus ivre et fou les deux jours qu'elle y resta. Quand elle partit, je voulais me jeter dans l'eau après elle, et je fis longtemps retentir l'air de mes cris. Huit jours après, elle m'envoya des bonbons et des gants ; ce qui m'eût paru fort galant, si je n'eusse appris en même temps qu'elle était mariée, et que ce voyage dont il lui avait plu de me faire honneur était pour acheter ses habits de noces. Je ne décrirai pas ma fureur; elle se conçoit. Je jurai dans mon noble courroux de ne plus revoir la perfide, n'imaginant pas pour elle de plus terrible punition. Elle n'en mourut pas cependant ; car vingt ans après, étant allé voir mon père et me promenant avec lui sur le lac, je demandai qui étaient des dames que je voyais dans un bateau peu loin du nôtre. Comment ! me dit mon père en souriant, le cœur ne te le dit pas? ce sont tes anciennes amours : c'est madame Cristin, c'est mademoiselle de Vulson. Je tressaillis à ce nom presque oublié; mais je dis aux bateliers de changer de route, ne jugeant pas, quoique j'eusse assez beau jeu pour prendre alors ma revanche, que ce fût la peine d'être parjure, et de renouveler une querelle de vingt ans avec une femme de quarante.

Ainsi se perdait en niaiseries le plus précieux temps de mon enfance avant qu'on eût décidé de ma destination. Après de longues délibérations pour suivre mes dispositions naturelles, on prit enfin le parti pour lequel j'en avais le moins, et l'on me mit chez M. Masseron, greffier de la ville, pour apprendre sous lui, comme disait M. Bernard, l'utile métier de grapignan. Ce surnom me déplaisait souverainement ; l'espoir de gagner force écus par une voie ignoble flattait peu mon humeur hautaine; l'occupation

me paraissait ennuyeuse, insupportable ; l'assiduité, l'assujettissement, achevèrent de m'en rebuter, et je n'entrais jamais au
greffe qu'avec une horreur qui croissait de jour en jour. M. Masseron, de son côté, peu content de moi, me traitait avec mépris,
me reprochant sans cesse mon engourdissement, ma bêtise ; me
répétant tous les jours que mon oncle l'avait assuré *que je savais,
que je savais*, tandis que dans le vrai je ne savais rien ; qu'il lui
avait promis un joli garçon, et qu'il ne lui avait donné qu'un âne.
Enfin je fus renvoyé du greffe ignominieusement pour mon ineptie, et il fut prononcé par les clercs de M. Masseron que je n'étais
bon qu'à mener la lime.

Ma vocation ainsi déterminée, je fus mis en apprentissage, non
toutefois chez un horloger, mais chez un graveur. Les dédains du
greffier m'avaient extrêmement humilié, et j'obéis sans murmure.
Mon maître, M. Ducommun, était un jeune homme rustre et violent, qui vint à bout, en très peu de temps, de ternir tout l'éclat
de mon enfance, d'abrutir mon caractère aimant et vif, et de me
réduire, par l'esprit ainsi que par la fortune, à mon véritable état
d'apprenti. Mon latin, mes antiquités, mon histoire, tout fut pour
longtemps oublié ; je ne me souvenais pas même qu'il y eût eu des
Romains au monde. Mon père, quand je l'allais voir, ne trouvait
plus en moi son idole ; je n'étais plus pour les dames le galant
Jean-Jacques ; et je sentais si bien moi-même que M. et mademoiselle Lambercier n'auraient plus reconnu en moi leur élève,
que j'eus honte de me représenter à eux, et ne les ai plus revus
depuis lors. Les goûts les plus vils, la plus basse polissonnerie
succédèrent à mes aimables amusements, sans m'en laisser même
la moindre idée. Il faut que, malgré l'éducation la plus honnête,
j'eusse un grand penchant à dégénérer ; car cela se fit très rapidement sans la moindre peine, et jamais César si précoce ne
devint si promptement Laridon.

Le métier ne me déplaisait pas en lui-même : j'avais un goût vif
pour le dessin, le jeu du burin m'amusait assez ; et comme le
talent du graveur pour l'horlogerie est très borné, j'avais l'espoir
d'en atteindre la perfection. J'y serais parvenu peut-être, si la brutalité de mon maître et la gêne excessive ne m'avaient rebuté du

travail. Je lui dérobais mon temps pour l'employer en occupations
du même genre, mais qui avaient pour moi l'attrait de la liberté.
Je gravais des espèces de médailles pour nous servir, à moi et à
mes camarades, d'ordre de chevalerie. Mon maître me surprit à ce
travail de contrebande, et me roua de coups, disant que je m'exerçais à faire de la fausse monnaie, parce que nos médailles avaient
les armes de la République. Je puis bien jurer que je n'avais
nulle idée de la fausse monnaie, et très peu de la véritable; je
savais mieux comment se faisaient les as romains que nos pièces
de trois sous.

La tyrannie de mon maître finit par me rendre insupportable le
travail que j'aurais aimé, et par me donner des vices que j'aurais
haïs, tels que le mensonge, la fainéantise, le vol. Rien ne m'a
mieux appris la différence qu'il y a de la dépendance filiale à
l'esclavage servile, que le souvenir des changements que produisit
en moi cette époque. Naturellement timide et honteux, je n'eus
jamais plus d'éloignement pour aucun défaut que pour l'effronterie; mais j'avais joui d'une liberté honnête, qui seulement s'était
restreinte jusque-là par degrés, et s'évanouit enfin tout à fait.
J'étais hardi chez mon père, libre chez M. Lambercier, discret
chez mon oncle; je devins craintif chez mon maître, et dès lors je
fus un enfant perdu. Accoutumé à une égalité parfaite avec mes
supérieurs dans la manière de vivre, à ne pas connaître un plaisir
qui ne fût à ma portée, à ne pas voir un mets dont je n'eusse ma
part, à n'avoir pas un désir que je ne témoignasse, à mettre enfin
tous les mouvements de mon cœur sur mes lèvres: qu'on juge de
ce que je dus devenir dans une maison où je n'osais pas ouvrir la
bouche, où il fallait sortir de table au tiers du repas, et de la
chambre aussitôt que je n'y avais rien à faire; où, sans cesse
enchaîné à mon travail, je ne voyais qu'objets de jouissances
pour d'autres et de privations pour moi seul; où l'image de la
liberté du maître et des compagnons augmentait le poids de mon
assujettissement; où, dans les disputes sur ce que je savais le
mieux, je n'osais ouvrir la bouche; où tout enfin ce que je voyais
devenait pour mon cœur un objet de convoitise, uniquement
parce que j'étais privé de tout. Adieu l'aisance, la gaieté, les mots

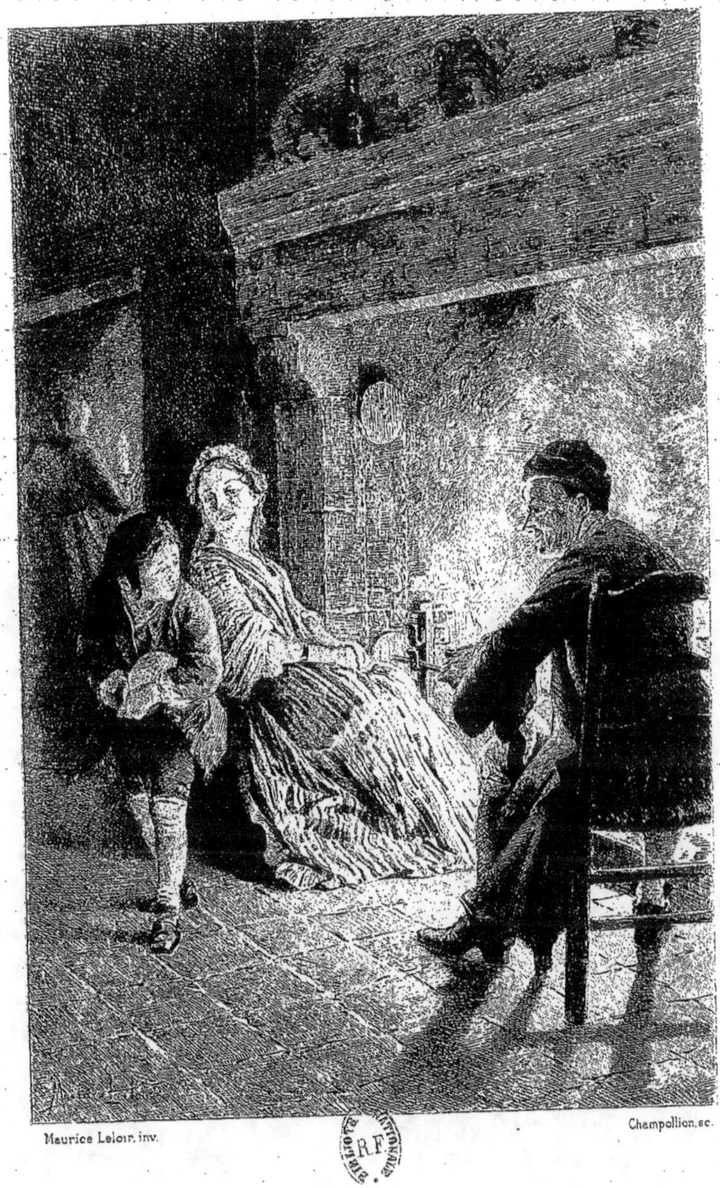

Maurice Leloir, inv.

Champollion, sc.

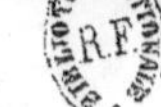

ADIEU ROTI

heureux qui jadis, souvent dans mes fautes, m'avaient fait échapper au châtiment. Je ne puis me rappeler sans rire qu'un soir chez mon père, étant condamné pour quelque espièglerie à m'aller coucher sans souper, et passant par la cuisine avec mon triste morceau de pain, je vis et flairai le rôti tournant à la broche. On était autour du feu : il fallut en passant saluer tout le monde. Quand la ronde fut faite, lorgnant du coin de l'œil ce rôti, qui avait si bonne mine et qui sentait si bon, je ne pus m'abstenir de lui faire aussi la révérence, et de lui dire d'un ton piteux : *Adieu, rôti*. Cette saillie de naïveté parut si plaisante, qu'on me fit rester à souper. Peut-être eût-elle eu le même bonheur chez mon maître, mais il est sûr qu'elle ne m'y serait pas venue, ou que je n'aurais osé m'y livrer.

Voilà comment j'appris à convoiter en silence, à me cacher, à dissimuler, à mentir, et à dérober enfin ; fantaisie qui jusqu'alors ne m'était pas venue, et dont je n'ai pu depuis lors bien me guérir. La convoitise et l'impuissance mènent toujours là. Voilà pourquoi tous les laquais sont fripons, et pourquoi tous les apprentis doivent l'être : mais dans un état égal et tranquille, où tout ce qu'ils voient est à leur portée, ces derniers perdent en grandissant ce honteux penchant. N'ayant pas eu le même avantage, je n'en ai pu tirer le même profit.

Ce sont presque toujours de bons sentiments mal dirigés qui font faire aux enfants le premier pas vers le mal. Malgré les privations et les tentations continuelles, j'avais demeuré plus d'un an chez mon maître sans pouvoir me résoudre à rien prendre, pas même des choses à manger. Mon premier vol fut une affaire de complaisance, mais il ouvrit la porte à d'autres qui n'avaient pas une si louable fin.

Il y avait chez mon maître un compagnon appelé M. Verrat, dont la maison, dans le voisinage, avait un jardin assez éloigné qui produisait de très belles asperges. Il prit envie à M. Verrat, qui n'avait pas beaucoup d'argent, de voler à sa mère des asperges dans leur primeur, et de les vendre pour faire quelques bons déjeuners. Comme il ne voulait pas s'exposer lui-même, et qu'il n'était pas fort ingambe, il me choisit pour cette expédition.

Après quelques cajoleries préliminaires, qui me gagnèrent d'autant mieux que je n'en voyais pas le but, il me la proposa comme une idée qui lui venait sur-le-champ. Je disputai beaucoup ; il insista. Je n'ai jamais pu résister aux caresses ; je me rendis. J'allais tous les matins moissonner les plus belles asperges : je les portais au Molard, où quelque bonne femme, qui voyait que je venais de les voler, me le disait pour les avoir à meilleur compte. Dans ma frayeur, je prenais ce qu'elle voulait me donner ; je le portais à M. Verrat. Cela se changeait promptement en un déjeuner dont j'étais le pourvoyeur, et qu'il partageait avec un autre camarade ; car pour moi, très content d'en avoir quelques bribes, je ne touchais pas même à leur vin.

Ce petit manège dura plusieurs jours sans qu'il me vînt même à l'esprit de voler le voleur, et de dîmer sur M. Verrat le produit de ses asperges. J'exécutais ma friponnerie avec la plus grande fidélité ; mon seul motif était de complaire à celui qui me la faisait faire. Cependant si j'eusse été surpris, que de coups, que d'injures, quels traitements cruels n'eussé-je point essuyés, tandis que le misérable, en me démentant, eût été cru sur sa parole, et moi doublement puni pour avoir osé le charger, attendu qu'il était compagnon, et que je n'étais qu'apprenti! Voilà comment en tout état le fort coupable se sauve aux dépens du faible innocent.

J'appris ainsi qu'il n'était pas si terrible de voler que je l'avais cru ; et je tirai bientôt si bon parti de ma science, que rien de ce que je convoitais n'était à ma portée en sûreté. Je n'étais pas absolument mal nourri chez mon maître, et la sobriété ne m'était pénible qu'en la lui voyant si mal garder. L'usage de faire sortir de table les jeunes gens quand on y sert ce qui les tente le plus, me paraît très bien entendu pour les rendre aussi friands que fripons. Je devins en peu de temps l'un et l'autre ; et je m'en trouvais fort bien pour l'ordinaire, quelquefois fort mal quand j'étais surpris.

Un souvenir qui me fait frémir encore et rire tout à la fois, est celui d'une chasse aux pommes qui me coûta cher. Ces pommes étaient au fond d'une dépense qui, par une jalousie élevée, recevait du jour de la cuisine. Un jour que j'étais seul dans la mai-

son, je montai sur la may pour regarder dans le jardin des Hes-
pérides ce précieux fruit dont je ne pouvais approcher. J'allai
chercher la broche pour voir si elle y pourrait atteindre : elle était
trop courte. Je l'allongeai par une autre petite broche qui servait
pour le menu gibier ; car mon maître aimait la chasse. Je piquai
plusieurs fois sans succès ; enfin je sentis avec transport que
j'amenais une pomme. Je tirai très doucement : déjà la pomme
touchait à la jalousie, j'étais prêt à la saisir. Qui dira ma douleur ?
La pomme était trop grosse, elle ne put passer par le trou. Que
d'inventions ne mis-je point en usage pour la tirer ! Il fallut
trouver des supports pour tenir la broche en état, un couteau
assez long pour fendre la pomme, une latte pour la soutenir. A
force d'adresse et de temps je parvins à la partager, espérant tirer
ensuite les pièces l'une après l'autre : mais à peine furent-elles
séparées, qu'elles tombèrent toutes deux dans la dépense. Lecteur pitoyable, partagez mon affliction.

Je ne perdis point courage ; mais j'avais perdu beaucoup de
temps. Je craignais d'être surpris ; je renvoie au lendemain une
tentative plus heureuse, et je me remets à l'ouvrage tout aussi
tranquillement que si je n'avais rien fait, sans songer aux deux
témoins indiscrets qui déposaient contre moi dans la dépense.

Le lendemain, retrouvant l'occasion belle, je tente un nouvel
essai. Je monte sur mes tréteaux, j'allonge la broche, je l'ajuste ;
j'étais prêt à piquer... Malheureusement le dragon ne dormait
pas : tout à coup la porte de la dépense s'ouvre ; mon maître en
sort, croise les bras, me regarde, et me dit : Courage !... La plume
me tombe des mains.

Bientôt, à force d'essuyer de mauvais traitements, j'y devins
moins sensible ; ils me parurent enfin une sorte de compensation
du vol, qui me mettait en droit de le continuer. Au lieu de retourner les yeux en arrière et de regarder la punition, je les portais en
avant et je regardais la vengeance. Je jugeais que me battre
comme fripon, c'était m'autoriser à l'être. Je trouvais que voler et
être battu allaient ensemble, et constituaient en quelque sorte un
état, et qu'en remplissant la partie de cet état qui dépendait de
moi, je pouvais laisser le soin de l'autre à mon maître. Sur cette

idée je me mis à voler plus tranquillement qu'auparavant. Je me disais : Qu'en arrivera-t-il enfin ? Je serai battu. Soit : je suis fait pour l'être.

J'aime à manger, sans être avide ; je suis sensuel, et non pas gourmand. Trop d'autres goûts me distraient de celui-là. Je ne me suis jamais occupé de ma bouche que quand mon cœur était oisif ; et cela m'est si rarement arrivé dans ma vie, que je n'ai guère eu le temps de songer aux bons morceaux. Voilà pourquoi je ne bornai pas longtemps ma friponnerie au comestible, je l'étendis bientôt à tout ce qui me tentait ; et si je ne devins pas un voleur en forme, c'est que je n'ai jamais été beaucoup tenté d'argent. Dans le cabinet commun mon maître avait un autre cabinet à part, qui fermait à clef : je trouvai le moyen d'en ouvrir la porte et de la refermer sans qu'il y parût. Là je mettais à contribution ses bons outils, ses meilleurs dessins, ses empreintes, tout ce qui me faisait envie et qu'il affectait d'éloigner de moi. Dans le fond ces vols étaient bien innocents, puisqu'ils n'étaient faits que pour être employés à son service : mais j'étais transporté de joie d'avoir ces bagatelles en mon pouvoir ; je croyais voler le talent avec ses productions. Du reste, il y avait dans des boîtes des recoupes d'or et d'argent, de petits bijoux, des pièces de prix, de la monnaie. Quand j'avais quatre ou cinq sous dans ma poche, c'était beaucoup ; cependant, loin de toucher à rien de tout cela, je ne me souviens pas même d'y avoir jeté de ma vie un regard de convoitise : je le voyais avec plus d'effroi que de plaisir. Je crois bien que cette horreur du vol de l'argent et de ce qui en produit me venait en grande partie de l'éducation. Il se mêlait à cela des idées secrètes d'infamie, de prison, de châtiment, de potence, qui m'auraient fait frémir si j'avais été tenté ; au lieu que mes tours ne me semblaient que des espiègleries, et n'étaient pas autre chose en effet. Tout cela ne pouvait valoir que d'être bien étrillé par mon maître, et d'avance je m'arrangeais là-dessus.

Mais, encore une fois, je ne convoitais pas même assez pour avoir à m'abstenir ; je ne sentais rien à combattre. Une seule feuille de beau papier à dessiner me tentait plus que l'argent pour en payer une rame. Cette bizarrerie tient à une des singula-

Maurice Leloir, inv Champollion, sc.

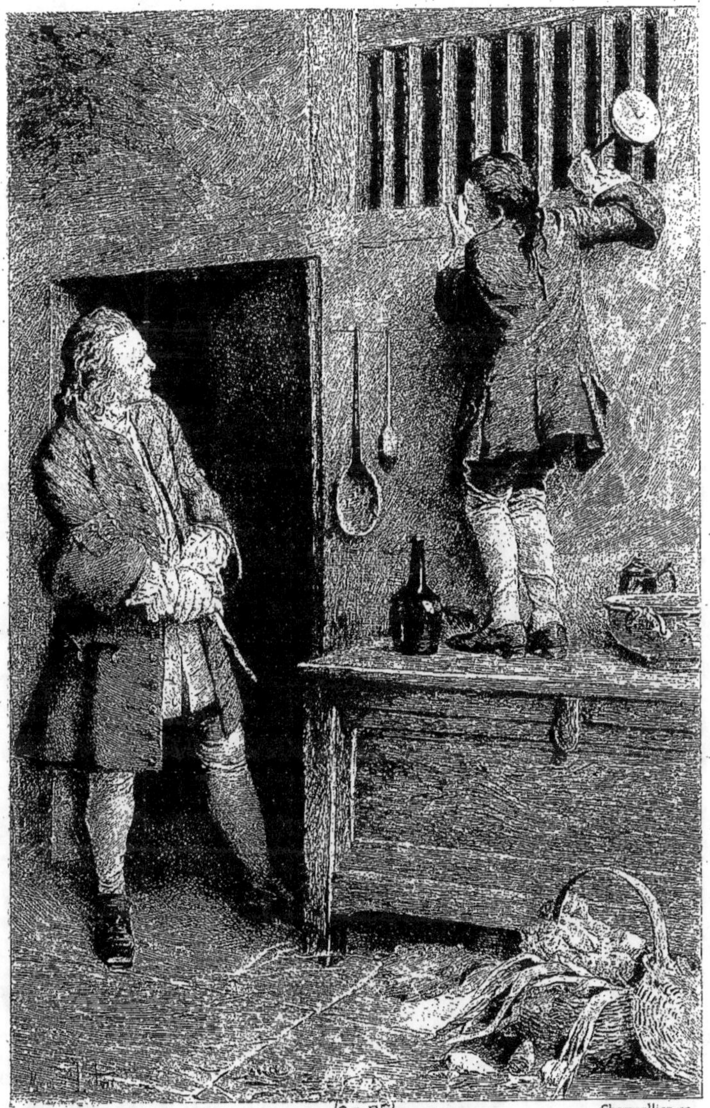

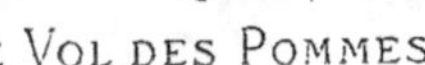

LE VOL DES POMMES

rités de mon caractère ; elle a eu tant d'influence sur ma conduite qu'il importe de l'expliquer.

J'ai des passions très ardentes, et tandis qu'elles m'agitent rien n'égale mon impétuosité ; je ne connais plus ni ménagements, ni respect, ni crainte, ni bienséance ; je suis cynique, effronté, violent, intrépide : il n'y a ni honte qui m'arrête, ni danger qui m'effraie : hors le seul objet qui m'occupe, l'univers n'est plus rien pour moi. Mais tout cela ne dure qu'un moment, et le moment qui suit me jette dans l'anéantissement. Prenez-moi dans le calme, je suis l'indolence et la timidité mêmes ; tout m'effarouche, tout me rebute ; une mouche en volant me fait peur ; un mot à dire, un geste à faire, épouvante ma paresse ; la crainte et la honte me subjuguent à tel point que je voudrais m'éclipser aux yeux de tous les mortels. S'il faut agir, je ne sais que faire ; s'il faut parler, je ne sais que dire ; si l'on me regarde, je suis décontenancé. Quand je me passionne, je sais trouver quelquefois ce que j'ai à dire ; mais dans les entretiens ordinaires je ne trouve rien, rien du tout ; ils me sont insupportables par cela seul que je suis obligé de parler.

Ajoutez qu'aucun de mes goûts dominants ne consiste en choses qui s'achètent. Il ne me faut que des plaisirs purs, et l'argent les empoisonne tous. J'aime, par exemple, ceux de la table ; mais, ne pouvant souffrir ni la gêne de la bonne compagnie, ni la crapule du cabaret, je ne puis les goûter qu'avec un ami ; car seul, cela ne m'est pas possible : mon imagination s'occupe alors d'autre chose, et je n'ai pas le plaisir de manger. Si mon sang allumé me demande des femmes, mon cœur ému me demande encore plus de l'amour. Des femmes à prix d'argent perdraient pour moi tous leurs charmes ; je doute même s'il serait en moi d'en profiter. Il en est ainsi de tous les plaisirs à ma portée ; s'ils ne sont gratuits, je les trouve insipides. J'aime les seuls biens qui ne sont à personne qu'au premier qui sait les goûter.

Jamais l'argent ne me parut une chose aussi précieuse qu'on la trouve. Bien plus, il ne m'a même jamais paru fort commode : il n'est bon à rien par lui-même, il faut le transformer pour en jouir ; il faut acheter, marchander, souvent être dupe, bien payer, être mal servi. Je voudrais une chose bonne dans sa qualité : avec mon argent je suis sûr de l'avoir mauvaise. J'achète cher un œuf frais, il est vieux ; un beau fruit, il est vert ; une fille, elle est gâtée. J'aime le bon vin, mais où en prendre ? Chez un marchand de vin ? comme que je fasse, il m'empoisonnera. Veux-je absolument être bien servi ? que de soins, que d'embarras ! avoir des amis, des correspondants, donner des commissions, écrire, aller, venir, attendre ; et souvent au bout être encore trompé. Que de peine avec mon argent ! je la crains plus que je n'aime le bon vin.

Mille fois, durant mon apprentissage et depuis, je suis sorti dans le dessein d'acheter quelque friandise. J'approche de la boutique d'un pâtissier, j'aperçois des femmes au comptoir ; je crois déjà les voir rire et se moquer entre elles du petit gourmand. Je passe devant une fruitière, je lorgne du coin de l'œil de belles poires, leur parfum me tente ; deux ou trois jeunes gens tout près de là me regardent ; un homme qui me connaît est devant sa boutique ; je vois de loin venir une fille : n'est-ce point la servante de la maison ? Ma vue courte me fait mille illusions. Je prends tous ceux qui passent pour des gens de ma connaissance ; partout je suis intimidé, retenu par quelque obstacle ; mon désir croît avec ma honte, et je rentre enfin comme un sot, dévoré de convoitise, ayant dans ma poche de quoi la satisfaire, et n'ayant osé rien acheter.

J'entrerais dans les plus insipides détails, si je suivais dans l'emploi de mon argent, soit par moi, soit par d'autres, l'embarras, la honte, la répugnance, les inconvénients, les dégoûts de toute espèce que j'ai toujours éprouvés. A mesure qu'avançant dans ma vie le lecteur prendra connaissance de mon humeur, il sentira tout cela sans que je m'appesantisse à le lui dire.

Cela compris, on comprendra sans peine une de mes prétendues contradictions, celle d'allier une avarice presque sordide avec le plus grand mépris pour l'argent. C'est un meuble pour moi si peu commode, que je ne m'avise pas même de désirer celui que je n'ai pas, et que quand j'en ai je le garde longtemps sans le dépenser, faute de savoir l'employer à ma fantaisie : mais l'occasion commode et agréable se présente-t-elle, j'en profite si bien que ma bourse se vide avant que je m'en sois aperçu. Du reste, ne cherchez pas en moi le tic des avares, celui de dépenser pour l'ostentation; tout au contraire, je dépense en secret et pour le plaisir : loin de me faire gloire de dépenser, je m'en cache. Je sens si bien que l'argent n'est pas à mon usage, que je suis presque honteux d'en avoir, encore plus de m'en servir. Si j'avais eu jamais un revenu suffisant pour vivre commodément, je n'aurais point été tenté d'être avare, j'en suis très sûr; je dépenserais tout mon revenu sans chercher à l'augmenter : mais ma situation précaire me tient en crainte. J'adore la liberté; j'abhorre la gêne, la peine, l'assujettissement. Tant que dure l'argent que j'ai dans ma bourse, il assure mon indépendance; il me dispense de m'intriguer pour en trouver d'autre, nécessité que j'eus toujours en horreur; mais de peur de le voir finir, je le choie. L'argent qu'on possède est l'instrument de la liberté; celui qu'on pourchasse est celui de la servitude. Voilà pourquoi je serre bien et ne convoite rien.

Mon désintéressement n'est donc que paresse; le plaisir d'avoir ne vaut pas la peine d'acquérir : et ma dissipation n'est encore que paresse; quand l'occasion de dépenser agréablement se présente, on ne peut trop la mettre à profit. Je suis moins tenté de l'argent que des choses, parce qu'entre l'argent et la possession désirée il y a toujours un intermédiaire; au lieu qu'entre la chose même et sa jouissance il n'y en a point. Je vois la chose, elle me tente; si je ne vois que le moyen de l'acquérir, il ne me tente pas. J'ai donc été fripon, et quelquefois je le suis encore de bagatelles qui me tentent, et que j'aime mieux prendre que demander : mais, petit ou grand, je ne me souviens pas d'avoir pris de ma vie un liard à personne; hors une seule fois, il n'y a pas quinze ans, que je volai sept livres dix sous. L'aventure vaut la peine d'être contée, car il s'y trouve un concours impayable d'effronterie et de bêtise, que j'aurais peine moi-même à croire s'il regardait un autre que moi.

C'était à Paris. Je me promenais avec M. de Francueil au Palais-Royal, sur les cinq heures. Il tire sa montre, la regarde, et me dit : Allons à l'Opéra. Je le veux bien; nous allons. Il prend deux billets d'amphithéâtre, m'en donne un, et passe le premier avec l'autre : je le suis, il entre. En entrant après lui, je trouve la porte embarrassée. Je regarde, je vois tout le monde debout; je juge que je pourrais bien me perdre dans cette foule, ou du moins laisser supposer à M. de Francueil que j'y suis perdu. Je sors, je reprends ma contre-marque, puis mon argent, et je m'en vais, sans songer qu'à peine avais-je atteint la porte que tout le monde était assis, et qu'alors M. de Francueil voyait clairement que je n'y étais plus.

Comme jamais rien ne fut plus éloigné de mon humeur que ce trait-là, je le note, pour montrer qu'il y a des moments d'une espèce de délire où il ne faut point juger des hommes par leurs actions. Ce n'était pas précisement voler cet argent; c'était en voler l'emploi : moins c'était un vol, plus c'était une infamie.

Je ne finirais pas ces détails si je voulais suivre toutes les routes par lesquelles, durant mon apprentissage, je passai de la sublimité de l'héroïsme à la bassesse d'un vaurien. Cependant en prenant les vices de mon état, il me fut impossible d'en prendre tout à fait les goûts. Je m'ennuyais des amusements de mes camarades; et quand la trop grande gêne m'eut aussi rebuté du travail, je m'ennuyai de tout. Cela me rendit le goût de la lecture, que j'avais perdu depuis longtemps. Ces lectures, prises sur mon travail, devinrent un nouveau crime qui m'attira de nouveaux châtiments. Ce goût irrité par la contrainte devint passion, bientôt fureur. La Tribu, fameuse loueuse de livres, m'en fournissait de toute espèce. Bons et mauvais, tout passait; je ne choisissais point ; je lisais tout avec une égale avidité. Je lisais à l'établi, je lisais en allant faire mes messages, je lisais à la garde-robe, et m'y oubliais des heures entières; la tête me tournait de la lecture, je ne faisais plus que lire. Mon maître m'épiait, me surprenait, me battait, me prenait mes livres. Que de volumes furent déchirés, brûlés, jetés par les fenêtres ! que d'ouvrages restèrent dépareillés chez la Tribu ! Quand je n'avais plus de quoi la payer, je lui donnais mes chemises, mes cravates, mes hardes; mes trois sous d'étrennes tous les dimanches lui étaient régulièrement portés.

Voilà donc, me dira-t-on, l'argent devenu nécessaire. Il est

vrai, mais ce fut quand la lecture m'eut ôté toute activité. Livré
tout entier à mon nouveau goût, je ne faisais plus que lire, je ne
volais plus. C'est encore ici une de mes différences caractéristiques. Au fort d'une certaine habitude d'être, un rien me distrait,
me change, m'attache, enfin me passionne : et alors tout est
oublié, je ne songe plus qu'au nouvel objet qui m'occupe. Le
cœur me battait d'impatience de feuilleter le nouveau livre que
j'avais dans la poche; je le tirais aussitôt que j'étais seul, et ne
songeais plus à fouiller le cabinet de mon maître. J'ai même peine
à croire que j'eusse volé, quand même j'aurais eu des passions
plus coûteuses. Borné au moment présent, il n'était pas dans
mon tour d'esprit de m'arranger ainsi pour l'avenir. La Tribu me
faisait crédit : les avances étaient petites; et quand j'avais
empoché mon livre, je ne songeais plus à rien. L'argent qui me
venait naturellement passait de même à cette femme; et quand
elle devenait pressante, rien n'était plus tôt sous ma main que
mes propres effets. Voler par avance était trop de prévoyance, et
voler pour payer n'était pas même une tentation.

A force de querelles, de coups, de lectures dérobées et mal
choisies, mon humeur devint taciturne, sauvage ; ma tête commençait à s'altérer, et je vivais en vrai loup-garou. Cependant si
mon goût ne me préserva pas des livres plats et fades, mon
bonheur me préserva des livres obscènes et licencieux : non que
la Tribu, femme à tous égards très accommodante, se fît un scrupule de m'en prêter; mais, pour les faire valoir, elle me les nommait avec un air de mystère qui me forçait précisément à les
refuser, tant par dégoût que par honte; et le hasard seconda si
bien mon humeur pudique, que j'avais plus de trente ans avant
que j'eusse jeté les yeux sur aucun de ces dangereux livres qu'une
belle dame de par le monde trouve incommodes, en ce qu'on ne
peut les lire que d'une main.

En moins d'un an j'épuisai la mince boutique de la Tribu, et
alors je me trouvai dans mes loisirs cruellement désœuvré. Guéri
de mes goûts d'enfant et de polisson par celui de la lecture, et
même par mes lectures, qui, bien que sans choix et souvent mauvaises, ramenaient pourtant mon cœur à des sentiments plus

nobles que ceux que m'avait donnés mon état; dégoûté de tout ce qui était à ma portée, et sentant trop loin de moi tout ce qui m'aurait tenté, je ne voyais rien de possible qui pût flatter mon cœur. Mes sens émus depuis longtemps me demandaient une jouissance dont je ne savais pas même imaginer l'objet. J'étais aussi loin du véritable que si je n'avais point eu de sexe; et déjà pubère et sensible, je pensais quelquefois à mes folies, mais je ne voyais rien au delà. Dans cette étrange situation, mon inquiète imagination prit un parti qui me sauva de moi-même et calma ma naissante sensualité : ce fut de se nourrir des situations qui m'avaient intéressé dans mes lectures, de les rappeler, de les varier, de les combiner, de me les approprier tellement que je devinsse un des personnages que j'imaginais, que je me visse toujours dans les positions les plus agréables selon mon goût; enfin que l'état fictif où je venais à bout de me mettre me fît oublier mon état réel, dont j'étais si mécontent. Cet amour des objets imaginaires et cette facilité de m'en occuper achevèrent de me dégoûter de tout ce qui m'entourait, et déterminèrent ce goût pour la solitude qui m'est toujours resté depuis ce temps-là. On verra plus d'une fois dans la suite les bizarres effets de cette disposition si misanthrope et si sombre en apparence, mais qui vient en effet d'un cœur trop affectueux, trop aimant, trop tendre, qui, faute d'en trouver d'existants qui lui ressemblent, est forcé de s'alimenter de fictions. Il me suffit, quant à présent, d'avoir marqué l'origine et la première cause d'un penchant qui a modifié toutes mes passions, et qui, les contenant par elles-mêmes, m'a toujours rendu paresseux à faire, par trop d'ardeur à désirer.

J'atteignis ainsi ma seizième année, inquiet, mécontent de tout et de moi, sans goût de mon état, sans plaisir de mon âge, dévoré de désirs dont j'ignorais l'objet, pleurant sans sujet de larmes, soupirant sans savoir de quoi; enfin caressant tendrement mes chimères, faute de rien voir autour de moi qui les valût. Les dimanches, mes camarades venaient me chercher après le prêche pour aller m'ébattre avec eux. Je leur aurais volontiers échappé si j'avais pu; mais une fois en train dans leurs jeux, j'étais plus ardent et j'allais plus loin qu'aucun autre; difficile à ébranler et à retenir. Ce fut là de tout temps ma disposition constante. Dans nos promenades hors de la ville, j'allais toujours en avant sans songer au retour, à moins que d'autres n'y songeassent pour moi. J'y fus pris deux fois; les portes furent fermées avant que je pusse arriver. Le lendemain je fus traité comme on s'imagine; et la seconde fois il me fut promis un tel accueil pour la troisième, que je résolus de ne m'y pas exposer. Cette troisième fois si redoutée arriva pourtant. Ma vigilance fut mise en défaut par un maudit capitaine appelé M. Minutoli, qui fermait toujours la porte où il était de garde une demi-heure avant les autres. Je revenais avec deux camarades. A demi-lieue de la ville j'entends sonner la retraite, je double le pas; j'entends battre la caisse, je cours à toutes jambes : j'arrive essoufflé, tout en nage; le cœur me bat : je vois de loin les soldats à leur poste; j'accours, je crie d'une voix étouffée. Il était trop tard. A vingt pas de l'avancée je vois lever le premier pont. Je frémis en voyant en l'air ces cornes terribles, sinistre et fatal augure du sort inévitable que ce moment commençait pour moi.

Dans le premier transport de ma douleur, je me jetai sur les glacis et mordis la terre. Mes camarades, riant de leur malheur, prirent à l'instant leur parti. Je pris aussi le mien; mais ce fut d'une autre manière. Sur le lieu même je jurai de ne retourner jamais chez mon maître; et le lendemain, quand à l'heure de la découverte ils rentrèrent en ville, je leur dis adieu pour jamais, les priant seulement d'avertir en secret mon cousin Bernard de la résolution que j'avais prise, et du lieu où il pourrait me voir encore une fois.

A mon entrée en apprentissage, étant plus séparé de lui, je le vis moins : toutefois, durant quelque temps nous nous rassemblions les dimanches; mais insensiblement chacun prit d'autres habitudes, et nous nous vîmes plus rarement. Je suis persuadé que sa mère contribua beaucoup à ce changement. Il était, lui, un garçon *du haut*; moi, chétif apprenti, je n'étais plus qu'un enfant de *Saint-Gervais*. Il n'y avait plus entre nous d'égalité, malgré la naissance; c'était déroger que de me fréquenter. Cepen-

dant les liaisons ne cessèrent point tout à fait entre nous; et
comme c'était un garçon d'un bon naturel, il suivait quelquefois
son cœur malgré les leçons de sa mère. Instruit de ma résolution,
il accourut, non pour m'en dissuader ou la partager, mais pour
jeter, par de petits présents, quelque agrément dans ma fuite, car
mes propres ressources ne pouvaient me mener fort loin. Il me
donna entre autres une petite épée, dont j'étais fort épris, et que
j'ai portée jusqu'à Turin, où le besoin m'en fit défaire, et où je
me la passai, comme on dit, au travers du corps. Plus j'ai réfléchi
depuis à la manière dont il se conduisit avec moi dans ce moment
critique, plus je me suis persuadé qu'il suivit les instructions de
sa mère, et peut-être de son père, car il n'est pas possible que de
lui-même il n'eût fait quelque effort pour me retenir, ou qu'il
n'eût tenté de me suivre : mais point. Il m'encouragea dans mon
dessein plutôt qu'il ne m'en détourna, puis, quand il me vit bien
résolu, il me quitta sans beaucoup de larmes. Nous ne nous
sommes jamais écrit ni revus. C'est dommage : il était d'un caractère essentiellement bon; nous étions faits pour nous aimer.

Avant de m'abandonner à la fatalité de ma destinée, qu'on me
permette de tourner un moment les yeux sur celle qui m'attendait
naturellement, si j'étais tombé dans les mains d'un meilleur
maître. Rien n'était plus convenable à mon humeur, ni plus
propre à me rendre heureux, que l'état tranquille et obscur d'un
bon artisan, dans certaines classes surtout, telle qu'est à Genève
celle des graveurs. Cet état, assez lucratif pour donner une
subsistance aisée, et pas assez pour mener à la fortune, eût borné
mon ambition pour le reste de mes jours; et me laissant un loisir
honnête pour cultiver des goûts modérés, il m'eût contenu dans
ma sphère sans m'offrir aucun moyen d'en sortir. Ayant une
imagination assez riche pour orner de ses chimères tous les états,
assez puissante pour me transporter, pour ainsi dire, à mon gré
de l'un à l'autre, il m'importait peu dans lequel je fusse en effet.
Il ne pouvait y avoir si loin du lieu où j'étais au premier château
en Espagne, qu'il ne me fût aisé de m'y établir. De cela seul il
suivait que l'état le plus simple, celui qui donnait le moins de
tracas et de soins, celui qui laissait l'esprit le plus libre, était

celui qui me convenait le mieux; et c'était précisément le mien.
J'aurais passé dans le sein de ma religion, de ma patrie, de ma
famille et de mes amis, une vie paisible et douce, telle qu'il la
fallait à mon caractère, dans l'uniformité d'un travail de mon goût
et d'une société selon mon cœur. J'aurais été bon chrétien, bon
citoyen, bon père de famille, bon ami, bon ouvrier, bon homme
en toute chose. J'aurais aimé mon état, je l'aurais honoré peut-
être; et, après avoir passé une vie obscure et simple, mais égale
et douce, je serais mort paisiblement dans le sein des miens.
Bientôt oublié sans doute, j'aurais été regretté du moins aussi
longtemps qu'on se serait souvenu de moi.

Au lieu de cela... Quel tableau vais-je faire? Ah! n'anticipons
point sur les misères de ma vie; je n'occuperai que trop mes
lecteurs de ce triste sujet.

LIVRE II

LIVRE SECOND

1728-1731

Autant le moment où l'effroi me suggéra le projet de fuir m'avait
paru triste, autant celui où je l'exécutai me parut charmant. Encore
enfant, quitter mon pays, mes parents, mes appuis, mes ressources;
laisser un apprentissage à moitié fait sans savoir mon métier assez
pour en vivre; me livrer aux horreurs de la misère sans avoir
aucun moyen d'en sortir; dans l'âge de la faiblesse et de l'innocence, m'exposer à toutes les tentations du vice et du désespoir;
chercher au loin les maux, les erreurs, les pièges, l'esclavage et la
mort, sous un joug bien plus inflexible que celui que je n'avais
pu souffrir, c'était là ce que j'allais faire, c'était la perspective
que j'aurais dû envisager. Que celle que je me peignais était diffé-

rente ! L'indépendance que je croyais avoir acquise était le seul sentiment qui m'affectait. Libre et maître de moi-même, je croyais pouvoir tout faire, atteindre à tout : je n'avais qu'à m'élancer pour m'élever et voler dans les airs. J'entrais avec sécurité dans le vaste espace du monde; mon mérite allait le remplir; à chaque pas j'allais trouver des festins, des trésors, des aventures, des amis prêts à me servir, des maîtresses empressées à me plaire : en me montrant j'allais occuper de moi l'univers; non pas pourtant l'univers tout entier, je l'en dispensais en quelque sorte, il ne m'en fallait pas tant; une société charmante me suffisait, sans m'embarrasser du reste. Ma modération m'inscrivait dans une sphère étroite, mais délicieusement choisie, où j'étais assuré de régner. Un seul château bornait mon ambition : favori du seigneur et de la dame, amant de la demoiselle, ami du frère et protecteur des voisins, j'étais content; il ne m'en fallait pas davantage.

En attendant ce modeste avenir, j'errai quelques jours autour de la ville, logeant chez des paysans de ma connaissance, qui tous me reçurent avec plus de bonté que n'auraient fait des urbains. Ils m'accueillaient, me logeaient, me nourrissaient trop bonnement pour en avoir le mérite. Cela ne pouvait pas s'appeler faire l'aumône; ils n'y mettaient pas assez l'air de la supériorité.

A force de voyager et de parcourir le monde, j'allai jusqu'à Confignon, terres de Savoie à deux lieues de Genève. Le curé s'appelait M. de Pontverre. Ce nom, fameux dans l'histoire de la République, me frappa beaucoup. J'étais curieux de voir comment étaient faits les descendants des gentilshommes de la Cuiller. J'allai voir M. de Pontverre. Il me reçut bien, me parla de l'hérésie de Genève, de l'autorité de la sainte mère Église, et me donna à dîner. Je trouvai peu de choses à répondre à des arguments qui finissaient ainsi, et je jugeai que des curés chez qui l'on dînait si bien valaient tout au moins nos ministres. J'étais certainement plus savant que M. de Pontverre, tout gentilhomme qu'il était; mais j'étais trop bon convive pour être si bon théologien; et son vin de Frangi, qui me parut excellent, argumentait si victorieusement pour lui, que j'aurais rougi de fermer la bouche à un si bon hôte. Je cédais donc, ou du moins je ne résistais pas en face. A voir les ménagements dont j'usais, on m'aurait cru faux. On se fût trompé ; je n'étais qu'honnête, cela est certain. La flatterie, ou plutôt la condescendance n'est pas toujours un vice ; elle est plus souvent une vertu, surtout dans les jeunes gens. La bonté avec laquelle un homme nous traite nous attache à lui ; ce n'est pas pour l'abuser qu'on lui cède, c'est pour ne pas l'attrister, pour ne pas lui rendre le mal pour le bien. Quel intérêt avait M. de Pontverre à m'accueillir, à me bien traiter, à vouloir me convaincre ? nul autre que le mien propre. Mon jeune cœur se disait cela. J'étais touché de reconnaissance et de respect pour le bon prêtre. Je sentais ma supériorité, je ne voulais pas l'en accabler pour prix de son hospitalité. Il n'y avait point de motif hypocrite à cette conduite : je ne songeais point à changer de religion ; et, bien loin de me familiariser si vite avec cette idée, je ne l'envisageais qu'avec une horreur qui devait l'écarter de moi pour longtemps : je voulais seulement ne point fâcher ceux qui me caressaient dans cette vue ; je voulais cultiver leur bienveillance, et leur laisser l'espoir du succès, en paraissant moins armé que je ne l'étais en effet. Ma faute en cela ressemblait à la coquetterie des honnêtes femmes, qui quelquefois, pour parvenir à leurs fins, savent, sans rien permettre ni rien promettre, faire espérer plus qu'elles ne veulent tenir.

La raison, la pitié, l'amour de l'ordre, exigeaient assurément que, loin de se prêter à ma folie, on m'éloignât de ma perte où je courais, en me renvoyant dans ma famille. C'est là ce qu'aurait fait ou tâché de faire tout homme vraiment vertueux. Mais quoique M. de Pontverre fût un bon homme, ce n'était assurément pas un homme vertueux ; au contraire, c'était un dévot qui ne connaissait d'autre vertu que d'adorer les images et de dire le rosaire ; une espèce de missionnaire qui n'imaginait rien de mieux, pour le bien de la foi, que de faire des libelles contre les ministres de Genève. Loin de penser à me renvoyer chez moi, il profita du désir que j'avais de m'en éloigner, pour me mettre hors d'état d'y retourner quand même il m'en prendrait envie. Il y avait tout à parier qu'il m'envoyait périr de misère, ou devenir un vaurien. Ce n'était point là ce qu'il voyait. Il voyait une âme ôtée à l'hérésie et rendue à l'Église. Honnête homme ou vaurien, qu'importait cela, pourvu que j'allasse à la messe? Il ne faut pas croire, au reste, que cette façon de penser soit particulière aux catholiques, elle est celle de toute religion dogmatique où l'on fait l'essentiel, non de faire, mais de croire.

Dieu vous appelle, me dit M. de Pontverre : allez à Annecy; vous y trouverez une bonne dame bien charitable, que les bienfaits du roi mettent en état de retirer d'autres âmes de l'erreur dont elle est sortie elle-même. Il s'agissait de madame de Warens, nouvelle convertie, que les prêtres forçaient en effet de partager avec la canaille qui venait vendre sa foi, une pension de deux mille francs que lui donnait le roi de Sardaigne. Je me sentais fort humilié d'avoir besoin d'une bonne dame bien charitable. J'aimais fort qu'on me donnât mon nécessaire, mais non pas qu'on me fît la charité; et une dévote n'était pas pour moi fort attirante. Toutefois, pressé par M. de Pontverre, par la faim qui me talonnait, bien aise aussi de faire un voyage et d'avoir un but, je prends mon parti, quoique avec peine, et je pars pour Annecy. J'y pouvais être aisément en un jour; mais je ne me pressais pas, j'en mis trois. Je ne voyais pas un château à droite ou à gauche, sans aller chercher l'aventure que j'étais sûr qui m'y attendait. Je n'osais entrer dans le château ni heurter, car j'étais fort timide; mais je chantais sous la fenêtre qui avait le plus d'apparence, fort surpris, après m'être longtemps époumoné, de ne voir paraître ni dames ni demoiselles qu'attirât la beauté de ma voix ou le sel de mes chansons, vu que j'en savais d'admirables que mes camarades m'avaient apprises, et que je chantais admirablement.

J'arrive enfin : je vois madame de Warens. Cette époque de ma vie a décidé de mon caractère; je ne puis me résoudre à la passer légèrement. J'étais au milieu de ma seizième année. Sans être ce qu'on appelle un beau garçon, j'étais bien pris dans ma petite taille, j'avais un joli pied, une jambe fine, l'air dégagé, la physionomie animée, la bouche mignonne, les sourcils et les cheveux noirs, les yeux petits et même enfoncés, mais qui lançaient avec force le feu dont mon sang était embrasé. Malheureusement je ne savais rien de tout cela, et de ma vie il ne m'est arrivé de songer à ma figure que lorsqu'il n'était plus temps d'en tirer parti. Ainsi

Entrevue de J. J. Rousseau et Mme de Warens

j'avais avec la timidité de mon âge celle d'un naturel très aimant,
toujours troublé par la crainte de déplaire. D'ailleurs quoique
j'eusse l'esprit assez orné, n'ayant jamais vu le monde, je manquais
totalement de manières; et mes connaissances, loin d'y suppléer,
ne servaient qu'à m'intimider davantage en me faisant sentir combien j'en manquais.

Craignant donc que mon abord ne prévînt pas en ma faveur, je
pris autrement mes avantages, et je fis une belle lettre en style
d'orateur, où, cousant des phrases de livres avec des locutions
d'apprenti, je déployais toute mon éloquence pour capter la bienveillance de madame de Warens. J'enfermai la lettre de M. de
Pontverre dans la mienne, et je partis pour cette terrible audience.
Je ne trouvai point madame de Warens; on me dit qu'elle venait
de sortir pour aller à l'église. C'était le jour des Rameaux de l'année 1728. Je cours pour la suivre : je la vois, je l'atteins, je lui
parle... Je dois me souvenir du lieu, je l'ai souvent depuis mouillé
de mes larmes et couvert de mes baisers. Que ne puis-je entourer
d'un balustre d'or cette heureuse place! que n'y puis-je attirer les
hommages de toute la terre! Quiconque aime à honorer les monuments du salut des hommes n'en devrait approcher qu'à genoux.

C'était un passage derrière sa maison, entre un ruisseau à main
droite qui la séparait du jardin, et le mur de la cour à gauche,
conduisant par une fausse porte à l'église des cordeliers. Prête à
entrer dans cette porte, madame de Warens se retourne à ma voix.
Que devins-je à cette vue? Je m'étais figuré une vieille dévote bien
rechignée; la bonne dame de M. de Pontverre ne pouvait être
autre chose à mon avis. Je vois un visage pétri de grâces, de beaux
yeux bleus pleins de douceur, un teint éblouissant, le contour
d'une gorge enchanteresse. Rien n'échappa au rapide coup d'œil
du jeune prosélyte; car je devins à l'instant le sien, sûr qu'une
religion prêchée par de tels missionnaires ne pouvait manquer de
mener en paradis. Elle prend en souriant la lettre que je lui présente d'une main tremblante, l'ouvre, jette un coup d'œil sur celle
de M. de Pontverre, revient à la mienne, qu'elle lit tout entière, et
qu'elle eût relue encore si son laquais ne l'eût avertie qu'il était
temps d'entrer. Eh! mon enfant, me dit-elle d'un ton qui me fit

tressaillir, vous voilà courant le pays bien jeune; c'est dommage
en vérité. Puis, sans attendre ma réponse, elle ajouta : Allez chez
moi m'attendre; dites qu'on vous donne à déjeuner; après la messe
j'irai causer avec vous.

Louise-Éléonore de Warens était une demoiselle de la Tour de
Pil, noble et ancienne famille de Vevai, ville du pays de Vaud.
Elle avait épousé fort jeune M. de Warens de la maison de Loys,
fils aîné de M. de Villardin, de Lausanne. Ce mariage, qui ne produisit point d'enfant, n'ayant pas trop réussi, madame de Warens,
poussée par quelque chagrin domestique, prit le temps que le roi
Victor-Amédée était à Évian, pour passer le lac et venir se jeter
aux pieds de ce prince, abandonnant ainsi son mari, sa famille et
son pays par une étourderie assez semblable à la mienne, et qu'elle
a eu tout le temps de pleurer aussi. Le roi, qui aimait à faire le
zélé catholique, la prit sous sa protection, lui donna une pension
de quinze cents livres de Piémont, ce qui était beaucoup pour un
prince aussi peu prodigue; et, voyant que sur cet accueil on l'en
croyait amoureux, il l'envoya à Annecy, escortée par un détache-
ment de ses gardes, où, sous la direction de Michel-Gabriel de
Bernex, évêque titulaire de Genève, elle fit abjuration au couvent
de la Visitation.

Il y avait six ans qu'elle y était quand j'y vins, et elle en avait
alors vingt-huit, étant née avec le siècle. Elle avait de ces beautés
qui se conservent, parce qu'elles sont plus dans la physionomie
que dans les traits; aussi la sienne était-elle encore dans tout son
premier éclat. Elle avait un air caressant et tendre, un regard très
doux, un sourire angélique, une bouche à la mesure de la mienne,
des cheveux cendrés d'une beauté peu commune, et auxquels elle
donnait un tour négligé qui la rendait très piquante. Elle était
petite de stature, courte même, et ramassée un peu dans sa taille,
quoique sans difformité; mais il était impossible de voir une plus
belle tête, un plus beau sein, de plus belles mains et de plus beaux
bras.

Son éducation avait été fort mêlée : elle avait ainsi que moi
perdu sa mère dès sa naissance; et, recevant indifféremment des
instructions comme elles s'étaient présentées, elle avait appris un

peu de sa gouvernante, un peu de son père, un peu de ses maîtres, et beaucoup de ses amants, surtout d'un M. de Tavel, qui, ayant du goût et des connaissances, en orna la personne qu'il aimait. Mais tant de genres différents se nuisirent les uns aux autres, et le peu d'ordre qu'elle y mit empêcha que ses diverses études n'étendissent la justesse naturelle de son esprit. Ainsi, quoiqu'elle eût quelques principes de philosophie et de physique, elle ne laissa pas de prendre le goût que son père avait pour la médecine empirique et pour l'alchimie : elle faisait des élixirs, des teintures, des baumes, des magistères; elle prétendait avoir des secrets. Les charlatans, profitant de sa faiblesse, s'emparèrent d'elle, l'obsédèrent, la ruinèrent, et consumèrent, au milieu des fourneaux et des drogues, son esprit, ses talents et ses charmes, dont elle eût pu faire les délices des meilleures sociétés.

Mais si de vils fripons abusèrent de son éducation mal dirigée pour obscurcir les lumières de sa raison, son excellent cœur fut à l'épreuve et demeura toujours le même : son caractère aimant et doux, sa sensibilité pour les malheureux, son inépuisable bonté, son humeur gaie, ouverte et franche, ne s'altérèrent jamais; et même aux approches de la vieillesse, dans le sein de l'indigence, des maux, des calamités diverses, la sérénité de sa belle âme lui conserva jusqu'à la fin de sa vie toute la gaieté de ses plus beaux jours.

Ses erreurs lui vinrent d'un fonds d'activité inépuisable qui voulait sans cesse de l'occupation. Ce n'était pas des intrigues de femmes qu'il lui fallait; c'était des entreprises à faire et à diriger. Elle était née pour les grandes affaires. A sa place, madame de Longueville n'eût été qu'une tracassière; à la place de madame de Longueville, elle eût gouverné l'État. Ses talents ont été déplacés; et ce qui eût fait sa gloire dans une situation plus élevée, a fait sa perte dans celle où elle a vécu. Dans les choses qui étaient à sa portée, elle étendait toujours son plan dans sa tête et voyait toujours son objet en grand. Cela faisait qu'employant des moyens proportionnés à ses vues plus qu'à ses forces, elle échouait par la faute des autres; et son projet venant à manquer, elle était ruinée où d'autres n'auraient presque rien perdu. Ce goût des affaires,

1. — 4

qui lui fit tant de maux, lui fit du moins un grand bien dans son
asile monastique, en l'empêchant de s'y fixer pour le reste de ses
jours comme elle en était tentée. La vie uniforme et simple des
religieuses, leur petit cailletage de parloir, tout cela ne pouvait
flatter un esprit toujours en mouvement, qui, formant chaque jour
de nouveaux systèmes, avait besoin de liberté pour s'y livrer. Le
bon évêque de Bernex, avec moins d'esprit que François de Sales,
lui ressemblait sur bien des points; et madame de Warens, qu'il
appelait sa fille, et qui ressemblait à madame de Chantal sur
beaucoup d'autres, eût pu lui ressembler encore dans sa retraite,
si son goût ne l'eût détournée de l'oisiveté d'un couvent. Ce ne fut
point manqué de zèle si cette aimable femme ne se livra pas aux
menues pratiques de dévotion qui semblaient convenir à une nouvelle convertie vivant sous la direction d'un prélat. Quel qu'eût
été le motif de son changement de religion, elle fut sincère dans
celle qu'elle avait embrassée. Elle a pu se repentir d'avoir commis
la faute, mais non pas désirer d'en revenir. Elle n'est pas seulement morte bonne catholique, elle a vécu telle de bonne foi; et
j'ose affirmer, moi qui pense avoir lu dans le fond de son âme,
que c'était uniquement par aversion pour les simagrées qu'elle ne
faisait point en public la dévote. Elle avait une piété trop solide
pour affecter de la dévotion. Mais ce n'est pas ici le lieu de
m'étendre sur ses principes; j'aurai d'autres occasions d'en parler.

Que ceux qui nient la sympathie des âmes expliquent, s'ils
peuvent, comment, de la première entrevue, du premier mot, du
premier regard, madame de Warens m'inspira non seulement le
plus vif attachement, mais une confiance parfaite et qui ne s'est
jamais démentie. Supposons que ce que j'ai senti pour elle fût
véritablement de l'amour, ce qui paraîtra tout au moins douteux
à qui suivra l'histoire de nos liaisons; comment cette passion
fut-elle accompagnée, dès sa naissance, des sentiments qu'elle
inspire le moins, la paix du cœur, le calme, la sérénité, la sécurité,
l'assurance? Comment, en approchant pour la première fois d'une
femme aimable, polie, éblouissante, d'une dame d'un état supérieur
au mien, dont je n'avais jamais abordé la pareille, de celle dont
dépendait mon sort en quelque sorte par l'intérêt plus ou moins

grand qu'elle y prendrait; comment, dis-je, avec tout cela me trouvai-je à l'instant aussi libre, aussi à mon aise que si j'eusse été parfaitement sûr de lui plaire? Comment n'eus-je pas un moment d'embarras, de timidité, de gêne? Naturellement honteux, décontenancé, n'ayant jamais vu le monde, comment pris-je avec elle, du premier jour, du premier instant, les manières faciles, le langage tendre, le ton familier que j'avais dix ans après, lorsque la plus grande intimité l'eut rendu naturel? A-t-on de l'amour, je ne dis pas sans désirs, j'en avais; mais sans inquiétude, sans jalousie? Ne veut-on pas au moins apprendre de l'objet qu'on aime si l'on est aimé? C'est une question qu'il ne m'est pas plus venu dans l'esprit de lui faire une fois en ma vie que de me demander à moi-même si je m'aimais; et jamais elle n'a été plus curieuse avec moi. Il y eut certainement quelque chose de singulier dans mes sentiments pour cette charmante femme, et l'on y trouvera dans la suite des bizarreries auxquelles on ne s'attend pas.

Il fut question de ce que je deviendrais; et pour en causer plus à loisir, elle me retint à dîner. Ce fut le premier repas de ma vie où j'eusse manqué d'appétit; et sa femme de chambre, qui nous servait, dit aussi que j'étais le premier voyageur de mon âge et de mon étoffe qu'elle en eût vu manquer. Cette remarque, qui ne me nuisit pas dans l'esprit de sa maîtresse, tombait un peu à plomb sur un gros manant qui dînait avec nous, et qui dévora lui tout seul un repas honnête pour six personnes. Pour moi, j'étais dans un ravissement qui ne me permettait pas de manger. Mon cœur se nourrissait d'un sentiment tout nouveau dont il occupait tout mon être; il ne me laissait des esprits pour nulle autre fonction.

Madame de Warens voulut savoir les détails de ma petite histoire : je retrouvai pour la lui conter tout le feu que j'avais perdu chez mon maître. Plus j'intéressais cette excellente âme en ma faveur, plus elle plaignait le sort auquel j'allais m'exposer. Sa tendre compassion se marquait dans son air, dans son regard, dans ses gestes. Elle n'osait m'exhorter à retourner à Genève; dans sa position c'eût été un crime de lèse-catholicité, et elle n'ignorait pas combien elle était surveillée et combien ses discours étaient pesés. Mais elle me parlait d'un ton si touchant de l'affliction de mon père, qu'on voyait bien qu'elle eût approuvé que j'allasse le consoler. Elle ne savait pas combien sans y songer elle plaidait contre elle-même. Outre que ma résolution était prise, comme je crois l'avoir dit, plus je la trouvais éloquente, persuasive, plus ses discours m'allaient au cœur, et moins je pouvais me résoudre à me détacher d'elle. Je sentais que retourner à Genève était mettre entre elle et moi une barrière presque insurmontable, à moins de revenir à la démarche que j'avais faite, et à laquelle mieux valait me tenir tout d'un coup. Je m'y tins donc. Madame de Warens, voyant ses efforts inutiles, ne les poussa pas jusqu'à se compromettre; mais elle me dit avec un regard de commisération : Pauvre petit, tu dois aller où Dieu t'appelle; mais quand tu seras grand, tu te souviendras de moi. Je crois qu'elle ne pensait pas elle-même que cette prédiction s'accomplirait si cruellement.

La difficulté restait tout entière. Comment subsister si jeune hors de son pays? A peine à la moitié de mon apprentissage, j'étais bien loin de savoir mon métier. Quand je l'aurais su, je n'en aurais pu vivre en Savoie, pays trop pauvre pour avoir des arts. Le manant qui dînait pour nous, forcé de faire une pause pour reposer sa mâchoire, ouvrit un avis qu'il disait venir du ciel, et qui, à juger par les suites, venait bien plutôt du côté contraire : c'était que j'allasse à Turin, où, dans un hospice établi pour l'instruction des catéchumènes, j'aurais, dit-il, la vie temporelle et spirituelle, jusqu'à ce qu'entré dans le sein de l'Église je trouvasse, par la charité des bonnes âmes, une place qui me convînt. A l'égard des frais du voyage, continua mon homme, Sa Grandeur monseigneur l'évêque ne manquera pas, si madame lui propose cette sainte œuvre, de vouloir charitablement y pourvoir; et madame la baronne, qui est si charitable, dit-il en s'inclinant sur son assiette, s'empressera sûrement d'y contribuer aussi.

Je trouvais toutes ces charités bien dures : j'avais le cœur serré, je ne disais rien; et madame de Warens, sans saisir ce projet avec autant d'ardeur qu'il était offert, se contenta de répondre que chacun devait contribuer au bien selon son pouvoir, et qu'elle en parlerait à monseigneur : mais mon diable d’homme, qui craignait qu’elle n’en parlât pas à son gré, et qui avait son petit intérêt dans cette affaire, courut prévenir les aumôniers, et emboucha si bien les bons prêtres, que quand madame de Warens, qui craignait pour moi ce voyage, en voulut parler à l’évêque, elle trouva que c’était une affaire arrangée, et il lui remit à l’instant l’argent destiné pour mon petit viatique. Elle n’osa insister pour me faire rester : j’approchais d’un âge où une femme du sien ne pouvait décemment vouloir retenir un jeune homme auprès d’elle.

Mon voyage étant ainsi réglé par ceux qui prenaient soin de moi, il fallut bien me soumettre, et c’est même ce que je fis sans beaucoup de répugnance. Quoique Turin fût plus loin que Genève, je jugeai qu’étant la capitale, elle avait avec Annecy des relations plus étroites qu’une ville étrangère d’État et de religion : et puis, partant pour obéir à madame de Warens, je me regardais comme vivant toujours sous sa direction : c’était plus que vivre à son voisinage. Enfin l’idée d’un grand voyage flattait ma manie ambulante, qui déjà commençait à se déclarer. Il me paraissait beau de passer les monts à mon âge, et de m’élever au-dessus de mes camarades de toute la hauteur des Alpes. Voir du pays est un appât auquel un Genevois ne résiste guère : je donnai donc mon consentement. Mon manant devait partir dans deux jours avec sa femme. Je leur fus confié et recommandé. Ma bourse leur fut remise, renforcée par madame de Warens, qui de plus me donna secrètement un petit pécule auquel elle joignit d’amples instructions; et nous partîmes le mercredi saint.

Le lendemain de mon départ d’Annecy, mon père y arriva, courant à ma piste avec un M. Rival, son ami, horloger comme lui, homme d’esprit, bel esprit même, qui faisait des vers mieux que La Motte, et parlait presque aussi bien que lui; de plus, parfaitement honnête homme, mais dont la littérature déplacée n’aboutit qu’à faire un de ses fils comédien.

Ces messieurs virent madame de Warens, et se contentèrent de pleurer mon sort avec elle, au lieu de me suivre et de m’atteindre, comme ils l’auraient pu facilement, étant à cheval et moi à pied. La même chose était arrivée à mon oncle Bernard. Il était venu à

Confignon; et de là, sachant que j'étais à Annecy, il s'en retourna à Genève. Il semblait que mes proches conspirassent avec mon étoile pour me livrer au destin qui m'attendait. Mon frère s'était perdu par une semblable négligence, et si bien perdu, qu'on n'a jamais su ce qu'il était devenu.

Mon père n'était pas seulement un homme d'honneur, c'était un homme d'une probité sûre, et il avait une de ces âmes fortes qui font les grandes vertus; de plus, il était bon père, surtout pour moi. Il m'aimait très tendrement; mais il aimait aussi ses plaisirs, et d'autres goûts avaient un peu attiédi l'affection paternelle depuis que je vivais loin de lui. Il s'était remarié à Nyon; et quoique sa femme ne fût pas en âge de me donner des frères, elle avait des parents : cela faisait une autre famille, d'autres objets, un nouveau ménage, qui ne rappelait plus si souvent mon souvenir. Mon père vieillissait, et n'avait aucun bien pour soutenir sa vieillesse. Nous avions, mon frère et moi, quelque bien de ma mère, dont le revenu devait appartenir à mon père durant notre éloignement. Cette idée ne s'offrait pas à lui directement, et ne l'empêchait pas de faire son devoir; mais elle agissait sourdement sans qu'il s'en aperçût lui-même, et ralentissait quelquefois son zèle, qu'il eût poussé plus loin sans cela. Voilà, je crois, pourquoi, venu d'abord à Annecy sur mes traces, il ne me suivit pas jusqu'à Chambéri, où il était moralement sûr de m'atteindre. Voilà pourquoi encore, l'étant allé voir souvent depuis ma fuite, je reçus toujours de lui des caresses de père, mais sans grands efforts pour me retenir.

Cette conduite d'un père dont j'ai si bien connu la tendresse et la vertu, m'a fait faire des réflexions sur moi-même qui n'ont pas peu contribué à me maintenir le cœur sain. J'en ai tiré cette grande maxime de morale, la seule peut-être d'usage dans la pratique, d'éviter les situations qui mettent nos devoirs en opposition avec nos intérêts, et qui nous montrent notre bien dans le mal d'autrui, sûr que, dans de telles situations, quelque sincère amour de la vertu qu'on y porte, on faiblit tôt ou tard sans s'en apercevoir; et l'on devient injuste et méchant dans le fait, sans avoir cessé d'être juste et bon dans l'âme.

Cette maxime fortement imprimée au fond de mon cœur, et mise en pratique, quoique un peu tard, dans toute ma conduite, est une de celles qui m'ont donné l'air le plus bizarre et le plus fou dans le public, et surtout parmi mes connaissances. On m'a imputé de vouloir être original et faire autrement que les autres. En vérité je ne songeais guère à faire ni comme les autres ni autrement qu'eux. Je désirais sincèrement de faire ce qui était bon. Je me dérobais de toute ma force à des situations qui me donnassent un intérêt contraire à l'intérêt d'un autre homme, et par conséquent un désir secret, quoique involontaire, du mal de cet homme-là.

Il y a deux ans que milord Maréchal voulut me mettre dans son testament. Je m'y opposai de toute ma force. Je lui marquai que je ne voudrais pour rien au monde me savoir dans le testament de qui que ce fût, et beaucoup moins dans le sien. Il se rendit : maintenant il veut me faire une pension viagère, et je ne m'y oppose pas. On dira que je trouve mon compte à ce changement : cela peut être. Mais, ô mon bienfaiteur et mon père, si j'ai le malheur de vous survivre, je sais qu'en vous perdant j'ai tout à perdre, et que je n'ai rien à gagner.

C'est là, selon moi, la bonne philosophie, la seule vraiment assortie au cœur humain. Je me pénètre chaque jour davantage de sa profonde solidité, et je l'ai retournée de différentes manières dans tous mes derniers écrits : mais le public, qui est frivole, ne l'y a pas su remarquer. Si je survis assez à cette entreprise consommée pour en reprendre une autre, je me propose de donner dans la suite de l'*Émile* un exemple si charmant et si frappant de cette même maxime, que mon lecteur soit forcé d'y faire attention. Mais c'est assez de réflexions pour un voyageur ; il est temps de reprendre ma route.

Je la fis plus agréablement que je n'aurais dû m'y attendre, et mon manant ne fut pas si bourru qu'il en avait l'air. C'était un homme entre deux âges, portant en queue ses cheveux noirs grisonnants, l'air grenadier, la voix forte, assez gai, marchant bien, mangeant mieux, et qui faisait toutes sortes de métiers, faute d'en savoir aucun. Il avait proposé, je crois, d'établir à

Annecy je ne sais quelle manufacture. Madame de Warens n'avait pas manqué de donner dans le projet, et c'était pour tâcher de le faire agréer au ministre, qu'il faisait, bien défrayé, le voyage de Turin. Notre homme avait le talent d'intriguer en se fourrant toujours avec les prêtres; et, faisant l'empressé pour les servir, il avait pris à leur école un certain jargon dévot dont il usait sans cesse, se piquant d'être un grand prédicateur. Il savait même un passage latin de la Bible; et c'était comme s'il en avait su mille, parce qu'il le répétait mille fois le jour. Du reste, manquant rarement d'argent quand il en savait dans la bourse des autres. Plus adroit pourtant que fripon, et qui, débitant d'un ton de racoleur ses capucinades, ressemblait à l'ermite Pierre, prêchant la croisade le sabre au côté.

Pour madame Sabran son épouse, c'était une assez bonne femme, plus tranquille le jour que la nuit. Comme je couchais toujours dans leur chambre, ses bruyantes insomnies m'éveillaient souvent, et m'auraient éveillé bien davantage si j'en avais compris le sujet. Mais je ne m'en doutais pas même, et j'étais sur ce chapitre d'une bêtise qui a laissé à la seule nature tout le soin de mon instruction.

Je m'acheminais gaiement avec mon dévot guide et sa sémillante compagne. Nul accident ne troubla mon voyage : j'étais dans la plus heureuse situation de corps et d'esprit où j'aie été de mes jours. Jeune, vigoureux, plein de santé, de sécurité, de confiance en moi et aux autres, j'étais dans ce court mais précieux moment de la vie où sa plénitude expansive étend pour ainsi dire notre être par toutes nos sensations, et embellit à nos yeux la nature entière du charme de notre existence. Ma douce inquiétude avait un objet qui la rendait moins errante et fixait mon imagination. Je me regardais comme l'ouvrage, l'élève, l'ami, presque l'amant de madame de Warens. Les choses obligeantes qu'elle m'avait dites, les petites caresses qu'elle m'avait faites, l'intérêt si tendre qu'elle avait paru prendre à moi, ses regards charmants, qui me semblaient pleins d'amour parce qu'ils m'en inspiraient; tout cela nourrissait mes idées durant la marche, et me faisait rêver délicieusement. Nulle crainte, nul doute sur mon

sort ne troublait ces rêveries. M'envoyer à Turin, c'était, selon
moi, s'engager à m'y faire vivre, à m'y placer convenablement. Je
n'avais plus de souci sur moi-même; d'autres s'étaient chargés de
ce soin. Ainsi je marchais légèrement, allégé de ce poids; les
jeunes désirs, l'espoir enchanteur, les brillants projets remplis-
saient mon âme. Tous les objets que je voyais me semblaient les
garants de ma prochaine félicité. Dans les maisons j'imaginais
des festins rustiques; dans les prés, de folâtres jeux; le long des
eaux, les bains, des promenades, la pêche; sur les arbres, des
fruits délicieux; sous leur ombre, de voluptueux tête-à-tête; sur
les montagnes, des cuves de lait et de crème, une oisiveté charmante, la paix, la simplicité, le plaisir d'aller sans savoir où.
Enfin rien ne frappait mes yeux sans porter à mon cœur quelque
attrait de jouissance. La grandeur, la variété, la beauté réelle du
spectacle rendaient cet attrait digne de la raison; la vanité même
y mêlait sa pointe. Si jeune aller en Italie, avoir déjà vu tant de
pays, suivre Annibal à travers les monts, me paraissait une gloire
au-dessus de mon âge. Joignez à tout cela des stations fréquentes
et bonnes, un grand appétit et de quoi le contenter; car en vérité
ce n'était pas la peine de m'en faire faute, et sur le dîner de
M. Sabran, le mien ne paraissait pas.

Je ne me souviens pas d'avoir eu dans tout le cours de ma vie
d'intervalle plus parfaitement exempt de soucis et de peine que
celui des sept ou huit jours que nous mîmes à ce voyage; car le
pas de madame Sabran, sur lequel il fallait régler le nôtre, n'en
fit qu'une longue promenade. Ce souvenir m'a laissé le goût le
plus vif pour tout ce qui s'y rapporte, surtout pour les montagnes
et les voyages pédestres. Je n'ai voyagé à pied que dans mes
beaux jours, et toujours avec délices. Bientôt les devoirs, les
affaires, un bagage à porter, m'ont forcé de faire le monsieur et de
prendre des voitures; les soucis rongeants, les embarras, la gêne,
y sont montés avec moi; et dès lors, au lieu qu'auparavant dans
mes voyages je ne sentais que le plaisir d'aller, je n'ai plus senti
que le besoin d'arriver. J'ai cherché longtemps, à Paris, deux
camarades du même goût que moi qui voulussent consacrer chacun cinquante louis de sa bourse et un an de son temps à faire

ensemble, à pied, le tour de l'Italie, sans autre équipage qu'un garçon qui portât avec nous un sac de nuit. Beaucoup de gens se sont présentés, enchantés de ce projet en apparence, mais au fond le prenant tous pour un pur château en Espagne, dont on cause en conversation sans vouloir l'exécuter en effet. Je me souviens que, parlant avec passion de ce projet avec Diderot et Grimm, je leur en donnai enfin la fantaisie. Je crus une fois l'affaire faite : le tout se réduisit à vouloir faire un voyage par écrit, dans lequel Grimm ne trouvait rien de si plaisant que de faire faire à Diderot beaucoup d'impiétés, et de me faire fourrer à l'inquisition à sa place.

Mon regret d'arriver si vite à Turin fut tempéré par le plaisir de voir une grande ville, et par l'espoir d'y faire bientôt une figure digne de moi; car déjà les fumées de l'ambition me montaient à la tête; déjà je me regardais comme infiniment au-dessus de mon ancien état d'apprenti : j'étais bien loin de prévoir que dans peu j'allais être fort au-dessous.

Avant que d'aller plus loin, je dois au lecteur mon excuse ou ma justification tant sur les menus détails où je viens d'entrer que sur ceux où j'entrerai dans la suite, et qui n'ont rien d'intéressant à ses yeux. Dans l'entreprise que j'ai faite de me montrer tout entier au public, il faut que rien de moi ne lui reste obscur ou caché; il faut que je me tienne incessamment sous ses yeux; qu'il me suive dans tous les égarements de mon cœur, dans tous les recoins de ma vie; qu'il ne me perde pas de vue un seul instant, de peur que, trouvant dans mon récit la moindre lacune, le moindre vide, et se demandant : Qu'a-t-il fait durant ce temps-là? il ne m'accuse de n'avoir pas voulu tout dire. Je donne assez de prise à la malignité des hommes par mes récits, sans lui en donner encore par mon silence.

Mon petit pécule était parti : j'avais jasé, et mon indiscrétion ne fut pas pour mes conducteurs à pure perte. Madame Sabran trouva le moyen de m'arracher jusqu'à un petit ruban glacé d'argent que madame de Warens m'avait donné pour ma petite épée, et que je regrettai plus que tout le reste; l'épée même eût resté dans leurs mains si je m'étais moins obstiné. Ils m'avaient fidèle-

L'HOSPICE DES CATÉCHUMÈNES

ment défrayé dans la route; mais ils ne m'avaient rien laissé. J'arrive à Turin sans habits, sans argent, sans linge, et laissant très exactement à mon seul mérite tout l'honneur de la fortune que j'allais faire.

J'avais des lettres, je les portai; et tout de suite je fus mené à l'hospice des catéchumènes, pour y être instruit dans la religion pour laquelle on me vendait ma subsistance. En entrant je vis une grosse porte à barreaux de fer, qui dès que je fus passé fut fermée à double tour sur mes talons. Ce début me parut plus imposant qu'agréable, et commençait à me donner à penser, quand on me fit entrer dans une grande pièce. J'y vis pour tout meuble un autel de bois surmonté d'un grand crucifix au fond de la chambre, et autour, quatre ou cinq chaises aussi de bois, qui paraissaient avoir été cirées, mais qui seulement étaient luisantes à force de s'en servir et de les frotter. Dans cette salle d'assemblée étaient quatre ou cinq affreux bandits, mes camarades d'instruction et qui semblaient plutôt des archers du diable que des aspirants à se faire enfants de Dieu. Deux de ces coquins étaient des Esclavons, qui se disaient Juifs et Mores, et qui, comme ils me l'avouèrent, passaient leur vie à courir l'Espagne et l'Italie, embrassant le christianisme et se faisant baptiser partout où le produit en valait la peine. On ouvrit une autre porte de fer qui partageait en deux un grand balcon régnant sur la cour. Par cette porte entrèrent nos sœurs les catéchumènes, qui comme moi s'allaient régénérer, non par le baptême, mais par une solennelle abjuration. C'étaient bien les plus grandes salopes et les plus vilaines coureuses qui jamais aient empuanti le bercail du Seigneur. Une seule me parut jolie et assez intéressante. Elle était à peu près de mon âge, peut-être un an ou deux de plus. Elle avait des yeux fripons qui rencontraient quelquefois les miens. Cela m'inspira quelque désir de faire connaissance avec elle : mais, pendant près de deux mois qu'elle demeura encore dans cette maison, où elle était depuis trois, il me fut absolument impossible de l'accoster, tant elle était recommandée à notre vieille geôlière, et obsédée par le saint missionnaire qui travaillait à sa conversion avec plus de zèle que de diligence. Il fallait qu'elle fût extrêmement stupide, quoiqu'elle n'en eût pas l'air, car jamais instruction ne fut plus longue. Le saint homme ne la trouvait toujours point en état d'abjurer. Mais elle s'ennuya de sa clôture, et dit qu'elle voulait sortir, chrétienne ou non. Il fallut la prendre au mot tandis qu'elle consentait encore à l'être, de peur qu'elle ne se mutinât et qu'elle ne le voulût plus.

La petite communauté fut assemblée en l'honneur du nouveau venu. On nous fit une courte exhortation : à moi, pour m'engager à répondre à la grâce que Dieu me faisait ; aux autres, pour les inviter à m'accorder leurs prières et à m'édifier par leurs exemples. Après quoi, nos vierges étant rentrées dans leur clôture, j'eus le temps de m'étonner tout à mon aise de celle où je me trouvais.

Le lendemain matin on nous assembla de nouveau pour l'instruction ; et ce fut alors que je commençai à réfléchir pour la première fois sur le pas que j'allais faire, et sur les démarches qui m'y avaient entraîné.

J'ai dit, je répète et je répéterai peut-être encore une chose dont je suis tous les jours plus pénétré : c'est que si jamais enfant reçut une éducation raisonnable et saine, ç'a été moi. Né dans une famille que ses mœurs distinguaient du peuple, je n'avais reçu que des leçons de sagesse et des exemples d'honneur de tous mes parents. Mon père, quoique homme de plaisir, avait non seulement une probité sûre, mais beaucoup de religion. Galant homme dans le monde, et chrétien dans l'intérieur, il m'avait inspiré de bonne heure les sentiments dont il était pénétré. De mes trois tantes, toutes sages et vertueuses, les deux aînées étaient dévotes ; et la troisième, fille à la fois pleine de grâce, d'esprit et de sens, l'était peut-être encore plus qu'elles, quoique avec moins d'ostentation. Du sein de cette estimable famille je passai chez M. Lambercier, qui, bien qu'homme d'Église et prédicateur, était croyant en dedans, et faisait presque aussi bien qu'il disait. Sa sœur et lui cultivèrent, par des instructions douces et judicieuses, les principes de piété qu'ils trouvèrent dans mon cœur. Ces dignes gens employèrent pour cela des moyens si vrais, si discrets, si raisonnables, que, loin de m'ennuyer au sermon, je n'en sortais jamais sans être intérieurement touché et sans faire des résolutions de bien vivre, auxquelles je manquais rarement en y pensant. Chez ma tante Bernard la dévotion m'ennuyait un peu plus, parce qu'elle en faisait un métier. Chez mon maître je n'y pensais plus guère, sans pourtant penser différemment. Je ne trouvai point de jeunes gens qui me pervertissent. Je devins polisson, mais non libertin.

J'avais donc de la religion tout ce qu'un enfant à l'âge où j'étais en pouvait avoir. J'en avais même davantage, car pourquoi déguiser ici ma pensée? Mon enfance ne fut point d'un enfant; je sentis, je pensai toujours en homme. Ce n'est qu'en grandissant que je suis rentré dans la classe ordinaire; en naissant, j'en étais sorti. L'on rira de me voir me donner modestement pour un prodige. Soit: mais quand on aura bien ri, qu'on trouve un enfant qu'à six ans les romans attachent, intéressent, transportent au point d'en pleurer à chaudes larmes; alors je sentirai ma vanité ridicule, et je conviendrai que j'ai tort.

Ainsi, quand j'ai dit qu'il ne fallait point parler aux enfants de religion si l'on voulait qu'un jour ils en eussent, et qu'ils étaient incapables de connaître Dieu, même à notre manière, j'ai tiré mon sentiment de mes observations, non de ma propre expérience: je savais qu'elle ne concluait rien pour les autres. Trouvez des Jean-Jacques Rousseau à six ans, et parlez-leur de Dieu à sept, je vous réponds que vous ne courez aucun risque.

On sent, je crois, qu'avoir de la religion, pour un enfant, et même pour un homme, c'est suivre celle où il est né. Quelquefois on en ôte; rarement on y ajoute: la foi dogmatique est un fruit de l'éducation. Outre ce principe commun qui m'attachait au culte de mes pères, j'avais l'aversion particulière à notre ville pour le catholicisme, qu'on nous donnait pour une affreuse idolâtrie, et dont on nous peignait le clergé sous les plus noires couleurs. Ce sentiment allait si loin chez moi, qu'au commencement je n'entrevoyais jamais le dedans d'une église, je ne rencontrais jamais un prêtre en surplis, je n'entendais jamais la sonnette d'une procession, sans un frémissement de terreur et d'effroi, qui me quitta bientôt dans les villes, mais qui souvent m'a repris dans les paroisses de campagne, plus semblables à celles où je l'avais

d'abord éprouvé. Il est vrai que cette impression était singulièrement contrastée par le souvenir des caresses que les curés des
environs de Genève font volontiers aux enfants de la ville. En
même temps que la sonnette du viatique me faisait peur, la cloche
de la messe et de vêpres me rappelait un déjeuner, un goûter, du
beurre frais, des fruits, du laitage. Le bon dîner de M. de Pontverre avait produit encore un grand effet. Ainsi je m'étais aisément étourdi sur tout cela. N'envisageant le papisme que par ses
liaisons avec les amusements et la gourmandise, je m'étais appri-
voisé sans peine avec l'idée d'y vivre ; mais celle d'y entrer solen-
nellement ne s'était présentée à moi qu'en fuyant, et dans un avenir éloigné. Dans ce moment il n'y eut plus moyen de prendre le
change : je vis avec l'horreur la plus vive l'espèce d'engagement
que j'avais pris, et sa suite inévitable. Les futurs néophytes que
j'avais autour de moi n'étaient pas propres à soutenir mon courage par leur exemple, et je ne pus me dissimuler que la sainte
œuvre que j'allais faire n'était au fond que l'action d'un bandit.
Tout jeune encore, je sentis que quelque religion qui fût la vraie,
j'allais vendre la mienne, et que, quand même je choisirais bien,
j'allais au fond de mon cœur mentir au Saint-Esprit et mériter le
mépris des hommes. Plus j'y pensais, plus je m'indignais contre
moi-même ; et je gémissais du sort qui m'avait amené là, comme
si ce sort n'eût pas été mon ouvrage. Il y eut des moments où ces
réflexions devinrent si fortes, que si j'avais un instant trouvé la
porte ouverte, je me serais certainement évadé : mais il ne me fut
pas possible, et cette résolution ne tint pas non plus bien fortement.

Trop de désirs secrets la combattaient pour ne la pas vaincre.
D'ailleurs l'obstination du dessein formé de ne pas retourner à
Genève, la honte, la difficulté même de repasser les monts,
l'embarras de me voir loin de mon pays sans amis, sans ressources ; tout cela concourait à me faire regarder comme un
repentir tardif les remords de ma conscience : j'affectais de me
reprocher ce que j'avais fait, pour excuser ce que j'allais faire. En
aggravant les torts du passé, j'en regardais l'avenir comme une
suite nécessaire. Je ne me disais pas : Rien n'est fait encore, et tu

peux être innocent si tu veux ; mais je me disais : Gémis du crime
dont tu t'es rendu coupable, et que tu t'es mis dans la nécessité
d'achever.

En effet, quelle rare force d'âme ne me fallait-il point à mon âge
pour révoquer tout ce que jusque-là j'avais pu promettre ou laisser
espérer, pour rompre les chaînes que je m'étais données, pour
déclarer avec intrépidité que je voulais rester dans la religion de
mes pères, au risque de tout ce qui en pouvait arriver ! Cette
vigueur n'était pas de mon âge, et il est peu probable qu'elle eût eu
un heureux succès. Les choses étaient trop avancées pour qu'on
voulût en avoir le démenti ; et plus ma résistance eût été grande,
plus, de manière ou d'autre, on se fût fait une loi de la surmonter.

Le sophisme qui me perdit est celui de la plupart des hommes,
qui se plaignent de manquer de force quand il est déjà trop tard
pour en user. La vertu ne nous coûte que par notre faute ; et si
nous voulions être toujours sages, rarement aurions-nous besoin
d'être vertueux. Mais des penchants faciles à surmonter nous
entraînent sans résistance ; nous cédons à des tentations légères
dont nous méprisons le danger. Insensiblement nous tombons
dans des situations périlleuses, dont nous pouvions aisément nous
garantir, mais dont nous ne pouvons plus nous tirer sans des
efforts héroïques qui nous effrayent ; et nous tombons enfin dans
l'abîme, en disant à Dieu : Pourquoi m'as-tu fait si faible ? Mais
malgré nous, il répond à nos consciences : Je t'ai fait trop faible
pour sortir du gouffre, parce que je t'ai fait assez fort pour n'y
pas tomber.

Je ne pris pas précisément la résolution de me faire catholique ;
mais, voyant le terme encore éloigné, je pris le temps de m'apprivoiser à cette idée ; et en attendant je me figurais quelque événement imprévu qui me tirerait d'embarras. Je résolus, pour gagner
du temps, de faire la plus belle défense qu'il me serait possible.
Bientôt ma vanité me dispensa de songer à ma résolution ; et dès
que je m'aperçus que j'embarrassais quelquefois ceux qui voulaient m'instruire, il ne m'en fallut pas davantage pour chercher à
les terrasser tout à fait. Je mis même à cette entreprise un zèle

bien ridicule ; car, tandis qu'ils travaillaient sur moi, je voulus travailler sur eux. Je croyais bonnement qu'il ne fallait que les convaincre pour les engager à se faire protestants.

Ils ne trouvèrent donc pas en moi tout à fait autant de facilité qu'ils en attendaient ni du côté des lumières, ni du côté de la volonté. Les protestants sont généralement mieux instruits que les catholiques. Cela doit être : la doctrine des uns exige la discussion, celle des autres la soumission. Le catholique doit adopter la décision qu'on lui donne ; le protestant doit apprendre à se décider. On savait cela ; mais on n'attendait ni de mon état ni de mon âge de grandes difficultés pour des gens exercés. D'ailleurs je n'avais point fait encore ma première communion, ni reçu les instructions qui s'y rapportent : on le savait encore ; mais on ne savait pas qu'en revanche j'avais été bien instruit chez M. Lambercier, et que de plus j'avais par devers moi un petit magasin fort incommode à ces messieurs dans l'*Histoire de l'Église et de l'Empire*, que j'avais apprise presque par cœur chez mon père, et depuis à peu près oubliée, mais qui me revint à mesure que la dispute s'échauffait.

Un vieux prêtre, petit, mais assez vénérable, nous fit en commun la première conférence. Cette conférence était pour mes camarades un catéchisme plutôt qu'une controverse, et il avait plus à faire à les instruire qu'à résoudre leurs objections. Il n'en fut pas de même avec moi. Quand mon tour vint, je l'arrêtai sur tout ; je ne lui sauvai pas une des difficultés que je pus lui faire. Cela rendit la conférence fort longue et fort ennuyeuse pour les assistants. Mon vieux prêtre parlait beaucoup, s'échauffait, battait la campagne, et se tirait d'affaire en disant qu'il n'entendait pas bien le français. Le lendemain, de peur que mes indiscrètes objections ne scandalisassent mes camarades, on me mit à part dans une autre chambre avec un autre prêtre, plus jeune, beau parleur, c'est-à-dire faiseur de longues phrases, et content de lui si jamais docteur le fut. Je ne me laissai pourtant pas trop subjuguer à sa mine imposante ; et, sentant qu'après tout je faisais ma tâche, je me mis à lui répondre avec assez d'assurance, et à le bourrer par-ci par-là du mieux que je pus. Il croyait m'assommer avec saint

Augustin, saint Grégoire et les autres Pères, et il trouvait, avec
une surprise incroyable, que je maniais tous ces Pères-là presque
aussi légèrement que lui : ce n'était pas que je les eusse jamais lus,
ni lui peut-être ; mais j'en avais retenu beaucoup de passages
tirés de mon Le Sueur; et sitôt qu'il m'en citait un, sans disputer
sur la citation, je lui ripostais par un autre du même Père, et qui
souvent l'embarrassait beaucoup. Il l'emportait pourtant à la fin,
par deux raisons: l'une, qu'il était le plus fort, et que, me sentant
pour ainsi dire à sa merci, je jugeais très bien, quelque jeune que
je fusse, qu'il ne fallait pas le pousser à bout; car je voyais assez
que le vieux petit prêtre n'avait pris en amitié ni mon érudition
ni moi : l'autre raison était que le jeune avait de l'étude et que je
n'en avais point. Cela faisait qu'il mettait dans sa manière d'argumenter une méthode que je ne pouvais pas suivre, et que, sitôt
qu'il se sentait pressé d'une objection imprévue, il la remettait au
lendemain, disant que je sortais du sujet présent. Il rejetait
même quelquefois toutes mes citations, soutenant qu'elles étaient
fausses; et, s'offrant à m'aller chercher le livre, me défiait de les
y trouver. Il sentait qu'il ne risquait pas grand'chose, et qu'avec
toute mon érudition d'emprunt, j'étais trop peu exercé à manier
les livres, et trop peu latiniste pour trouver un passage dans un
gros volume quand même je serais assuré qu'il y est. Je le soup-
çonne même d'avoir usé de l'infidélité dont il accusait les ministres, et d'avoir fabriqué quelquefois des passages pour se tirer
d'une objection qui l'incommodait.

Tandis que duraient ces petites ergoteries, et que les jours se
passaient à disputer, à marmotter des prières, et à faire le vaurien, il m'arriva une petite vilaine aventure assez dégoûtante, et
qui faillit même à tourner fort mal pour moi.

Il n'y a point d'âme si vile et de cœur si barbare qui ne soit
susceptible de quelque sorte d'attachement. L'un de ces deux
bandits qui se disaient Mores me prit en affection. Il m'accostait
volontiers, causait avec moi dans son baragouin franc, me rendait
de petits services, me faisait part quelquefois de sa portion à
table, et me donnait surtout de fréquents baisers avec une ardeur
qui m'était fort incommode. Quelque effroi que j'eusse naturelle-

ment de ce visage de pain d'épice orné d'une longue balafre, et
de ce regard allumé qui semblait plutôt furieux que tendre,
j'endurais ces baisers en me disant en moi-même: Le pauvre
homme a conçu pour moi une amitié bien vive; j'aurais tort de le
rebuter. Il passait par degrés à des manières plus libres, et me
tenait quelquefois de si singuliers propos, que je croyais que la
tête lui avait tourné. Un soir il voulut venir coucher avec moi; je
m'y opposai, disant que mon lit était trop petit. Il me pressa
d'aller dans le sien; je le refusai encore: car ce misérable était
si malpropre et puait si fort le tabac mâché, qu'il me faisait mal
au cœur.

Le lendemain, d'assez bon matin, nous étions tous deux seuls
dans la salle d'assemblée; il recommença ses caresses, mais avec
des mouvements si violents, qu'il en était effrayant. Enfin il voulut passer par degrés aux privautés les plus choquantes, et me
forcer, en disposant de ma main, d'en faire autant. Je me déga-
geai impétueusement en poussant un cri et faisant un saut en
arrière; et, sans marquer ni indignation ni colère, car je n'avais
pas la moindre idée de ce dont il s'agissait, j'exprimai ma surprise et mon dégoût avec tant d'énergie, qu'il me laissa là; mais
tandis qu'il achevait de se démener, je vis partir vers la cheminée
et tomber à terre je ne sais quoi de gluant et de blanchâtre qui
me fit soulever le cœur. Je m'élançai sur le balcon, plus ému,
plus troublé, plus effrayé même que je ne l'avais été de ma vie, et
prêt à me trouver mal.

Je ne pouvais comprendre ce qu'avait ce malheureux; je le crus
atteint du haut mal, ou de quelque autre frénésie encore plus terrible; et véritablement je ne sache rien de plus hideux à voir pour
quelqu'un de sang-froid que cet obscène et sale maintien, et ce
visage affreux enflammé de la brutale concupiscence. Je n'ai
jamais vu d'autre homme en pareil état; mais si nous sommes
ainsi près des femmes, il faut qu'elles aient les yeux bien fascinés
pour ne pas nous prendre en horreur.

Je n'eus rien de plus pressé que d'aller conter à tout le monde
ce qui venait de m'arriver. Notre vieille intendante me dit de me
taire; mais je vis que cette histoire l'avait fort affectée, et je

l'entendais grommeler entre ses dents : *Can maledet ! brutta bestia !*
Comme je ne comprenais pas pourquoi je devais me taire, j'allai
toujours mon train malgré la défense, et je bavardai tant, que le
lendemain un des administrateurs vint de bon matin m'adresser
une mercuriale assez vive, m'accusant de commettre l'honneur
d'une maison sainte, et de faire beaucoup de bruit pour peu de
mal.

Il prolongea sa censure en m'expliquant beaucoup de choses
que j'ignorais, mais qu'il ne croyait pas m'apprendre, persuadé
que je m'étais défendu sachant ce qu'on me voulait, mais n'y
voulant pas consentir. Il me dit bravement que c'était une œuvre
défendue comme la paillardise, mais dont au reste l'intention
n'était pas plus offensante pour la personne qui en était l'objet,
et qu'il n'y avait pas de quoi s'irriter si fort pour avoir été trouvé
aimable. Il me dit sans détour que lui-même, dans sa jeunesse,
avait eu le même honneur, et qu'ayant été surpris hors d'état de
faire résistance, il n'avait rien trouvé là de si cruel. Il poussa
l'impudence jusqu'à se servir des propres termes ; et, s'imaginant
que la cause de ma résistance était la crainte de la douleur, il
m'assura que cette crainte était vaine, et qu'il ne fallait pas s'alar-
mer de rien.

J'écoutais cet infâme avec un étonnement d'autant plus grand,
qu'il ne parlait point pour lui-même ; il semblait ne m'instruire
que pour mon bien. Son discours lui paraissait si simple, qu'il
n'avait pas même cherché le secret du tête-à-tête ; et nous avions
en tiers un ecclésiastique que tout cela n'effarouchait pas plus que
lui. Cet air naturel m'en imposa tellement, que j'en vins à croire
que c'était sans doute un usage admis dans le monde, et dont je
n'avais pas eu plus tôt occasion d'être instruit. Cela fit que je
l'écoutai sans colère, mais non sans dégoût. L'image de ce qui
lui était arrivé, mais surtout de ce que j'avais vu, restait si fortement empreinte dans ma mémoire, qu'en y pensant le cœur me
soulevait encore. Sans que j'en susse davantage, l'aversion de la
chose s'étendit à l'apologiste ; et je ne pus me contraindre assez
pour qu'il ne vît pas le mauvais effet de ses leçons. Il me lança
un regard peu caressant, et dès lors il n'épargna rien pour me

rendre le séjour de l'hospice désagréable. Il y parvint si bien, que, n'apercevant pour en sortir qu'une seule voie, je m'empressai de la prendre, autant que jusque-là je m'étais efforcé de l'éloigner.

Cette aventure me mit pour l'avenir à couvert des entreprises des chevaliers de la manchette ; et la vue des gens qui passaient pour en être me rappelant l'air et les gestes de mon effroyable More, m'a toujours inspiré tant d'horreur, que j'avais peine à la cacher. Au contraire, les femmes gagnèrent beaucoup dans mon esprit à cette comparaison : il me semblait que je leur devais en tendresse de sentiments, en hommage de ma personne, la réparation des offenses de mon sexe ; et la plus laide guenon devenait à mes yeux un objet adorable, par le souvenir de ce faux Africain.

Pour lui, je ne sais ce qu'on put lui dire ; il ne me parut pas que, excepté la dame Lorenza, personne le vît de plus mauvais œil qu'auparavant. Cependant il ne m'accosta ni ne me parla plus. Huit jours après, il fut baptisé en grande cérémonie, et habillé de blanc de la tête aux pieds, pour représenter la candeur de son âme régénérée. Le lendemain il sortit de l'hospice, et je ne l'ai jamais revu.

Mon tour vint un mois après ; car il fallut tout ce temps-là pour donner à mes directeurs l'honneur d'une conversion difficile, et l'on me fit passer en revue tous les dogmes, pour triompher de ma nouvelle docilité.

Enfin, suffisamment instruit et suffisamment disposé au gré de mes maîtres, je fus mené processionnellement à l'église métropolitaine de Saint-Jean pour y faire une abjuration solennelle et recevoir les accessoires du baptême, quoiqu'on ne me baptisât pas réellement : mais comme ce sont à peu près les mêmes cérémonies, cela sert à persuader au peuple que les protestants ne sont pas chrétiens. J'étais revêtu d'une certaine robe grise garnie de brandebourgs blancs, et destinée pour ces sortes d'occasions. Deux hommes portaient, devant et derrière moi, des bassins de cuivre sur lesquels ils frappaient avec une clef, et où chacun mettait son aumône au gré de sa dévotion ou de l'intérêt qu'il prenait au nouveau converti. Enfin rien du faste catholique ne fut omis pour rendre la solennité plus édifiante pour le public, et plus humiliante pour moi. Il n'y eut que l'habit blanc qui m'eût été fort utile, et qu'on ne me donna pas comme au More, attendu que je n'avais pas l'honneur d'être Juif.

Ce ne fut pas tout : il fallut ensuite aller à l'inquisition recevoir l'absolution du crime d'hérésie, et rentrer dans le sein de l'Église avec la même cérémonie à laquelle Henri IV fut soumis par son ambassadeur. L'air et les manières du très révérend père inquisiteur n'étaient pas propres à dissiper la terreur secrète qui m'avait saisi en entrant dans cette maison. Après plusieurs questions sur ma foi, sur mon état, sur ma famille, il me demanda brusquement si ma mère était damnée. L'effroi me fit réprimer le premier mouvement de mon indignation ; je me contentai de répondre que je voulais espérer qu'elle ne l'était pas, et que Dieu avait pu l'éclairer à sa dernière heure. Le moine se tut, mais il fit une grimace qui ne me parut point du tout un signe d'approbation.

Tout cela fait, au moment où je pensais être enfin placé selon mes espérances, on me mit à la porte avec un peu plus de vingt francs en petite monnaie qu'avait produits ma quête. On me recommanda de vivre en bon chrétien, d'être fidèle à la grâce ; on me souhaita bonne fortune, on ferma sur moi la porte, et tout disparut.

Ainsi s'éclipsèrent en un instant toutes mes grandes espérances, et il ne me resta de la démarche intéressée que je venais de faire, que le souvenir d'avoir été apostat et dupé tout à la fois. Il est aisé de juger quelle brusque révolution dut se faire dans mes idées, lorsque de mes brillants projets de fortune je me vis tomber dans la plus complète misère, et qu'après avoir délibéré le matin sur le choix du palais que j'habiterais, je me vis le soir réduit à coucher dans la rue. On croira que je commençai par me livrer à un désespoir d'autant plus cruel que le regret de mes fautes devait s'irriter, en me reprochant que tout mon malheur était mon ouvrage. Rien de tout cela. Je venais pour la première fois de ma vie d'être enfermé pendant plus de deux mois. Le premier sentiment que je goûtai fut celui de la liberté que j'avais recouvrée. Après un long esclavage, redevenu maître de moi-même et de mes actions, je me voyais au milieu d'une grande ville abondante en ressources, pleine de gens de condition, dont mes talents et mon mérite ne pouvaient manquer de me faire accueillir sitôt que j'en serais connu. J'avais, de plus, tout le temps d'attendre, et vingt francs que j'avais dans ma poche me semblaient un trésor qui ne pouvait s'épuiser. J'en pouvais disposer à mon gré, sans rendre compte à personne. C'était la première fois que je m'étais vu si riche. Loin de me livrer au découragement et aux larmes, je ne fis que changer d'espérances, et l'amour-propre n'y perdit rien. Jamais je ne me sentis tant de confiance et de sécurité : je croyais déjà ma fortune faite, et je trouvais beau de n'en avoir l'obligation qu'à moi seul.

La première chose que je fis fut de satisfaire ma curiosité en parcourant toute la ville, quand ce n'eût été que pour faire un acte de ma liberté. J'allai voir monter la garde ; les instruments militaires me plaisaient beaucoup. Je suivis des processions ; j'aimais le faux-bourdon des prêtres. J'allai voir le palais du roi : j'en approchais avec crainte ; mais voyant d'autres gens entrer je fis comme eux ; on me laissa faire. Peut-être dus-je cette grâce au petit paquet que j'avais sous le bras. Quoi qu'il en soit, je conçus une grande opinion de moi-même en me trouvant dans ce palais ; déjà je m'en regardais presque comme un habitant. Enfin, à force d'aller et venir, je me lassai ; j'avais faim, il faisait chaud : j'entrai chez une marchande de laitage ; on me donna de la giuncà, du lait caillé ; et avec deux grisses de cet excellent pain de Piémont, que j'aime plus qu'aucun autre, je fis pour mes cinq ou six sous un des bons dîners que j'aie faits de mes jours.

Il fallut chercher un gîte. Comme je savais déjà assez de piémontais pour me faire entendre, il ne fut pas difficile à trouver, et j'eus la prudence de le choisir plus selon ma bourse que selon mon goût. On m'enseigna dans la rue du Pô la femme d'un soldat qui retirait à un sou par nuit des domestiques hors de service. Je trouvai chez elle un grabat vide, et je m'y établis. Elle était jeune et nouvellement mariée, quoiqu'elle eût déjà cinq ou six enfants. Nous couchâmes tous dans la même chambre, la mère, les enfants, les hôtes ; et cela dura de cette façon tant que je restai chez elle. Au demeurant c'était une bonne femme, jurant comme un charretier, toujours débraillée et décoiffée, mais douce de cœur, officieuse, qui me prit en amitié, et qui même me fut utile.

Je passai plusieurs jours à me livrer uniquement au plaisir de l'indépendance et de la curiosité. J'allais errant dedans et dehors la ville, furetant, visitant tout ce qui me paraissait curieux et nouveau ; et tout l'était pour un jeune homme sortant de sa niche, qui n'avait jamais vu de capitale. J'étais surtout fort exact à faire ma cour, et j'assistais régulièrement tous les matins à la messe du roi. Je trouvais beau de me voir dans la même chapelle avec ce prince et sa suite : mais ma passion pour la musique, qui commençait à se déclarer, avait plus de part à mon assiduité que la pompe de la cour, qui, bientôt vue, et toujours la même, ne frappe pas longtemps. Le roi de Sardaigne avait alors la meilleure symphonie de l'Europe. Somis, Desjardins, les Bezuzzi y brillaient alternativement. Il n'en fallait pas tant pour attirer un jeune homme que le jeu du moindre instrument, pourvu qu'il fût juste, transportait d'aise. Du reste, je n'avais pour la magnificence qui frappait mes yeux qu'une admiration stupide et sans convoitise. La seule chose qui m'intéressât dans tout l'éclat de la cour était de voir s'il n'y aurait point là quelque jeune princesse qui méritât mon hommage, et avec laquelle je pusse faire un roman.

Je faillis en commencer un dans un état moins brillant, mais où, si je l'eusse mis à fin, j'aurais trouvé des plaisirs mille fois plus délicieux.

Quoique je vécusse avec beaucoup d'économie, ma bourse insensiblement s'épuisait. Cette économie, au reste, était moins l'effet de la prudence que d'une simplicité de goût que même aujourd'hui l'usage des grandes tables n'a point altérée. Je ne connaissais pas, et je ne connais pas encore, de meilleure chère que celle d'un repas rustique. Avec du laitage, des œufs, des herbes, du fromage, du pain bis et du vin passable, on est toujours sûr de me bien régaler ; mon bon appétit fera le reste quand un maître d'hôtel et des laquais autour de moi ne me rassasieront

pas de leur importun aspect. Je faisais alors de beaucoup meilleurs repas avec six ou sept sous de dépense, que je ne les ai faits
depuis à six ou sept francs. J'étais donc sobre, faute d'être tenté
de ne pas l'être : encore ai-je tort d'appeler tout cela sobriété, car
j'y mettais toute la sensualité possible. Mes poires, ma giuncà,
mon fromage, mes grisses, et quelques verres d'un gros vin de
Montferrat à couper par tranches, me rendaient le plus heureux
des gourmands. Mais encore avec tout cela pouvait-on voir la fin
de vingt livres. C'était ce que j'apercevais plus sensiblement de
jour en jour ; et, malgré l'étourderie de mon âge, mon inquiétude
sur l'avenir alla bientôt jusqu'à l'effroi. De tous mes châteaux en
Espagne il ne me resta que celui de trouver une occupation qui
me fît vivre ; encore n'était-il pas facile à réaliser. Je songeai à
mon ancien métier ; mais je ne le savais pas assez pour aller travailler chez un maître, et les maîtres mêmes n'abondaient pas à
Turin. Je pris donc, en attendant mieux, le parti d'aller m'offrir
de boutique en boutique pour graver un chiffre ou des armes sur
de la vaisselle, espérant tenter les gens par le bon marché, en me
mettant à leur discrétion. Cet expédient ne fut pas fort heureux.
Je fus presque partout éconduit ; et ce que je trouvais à faire était
si peu de chose, qu'à peine y gagnai-je quelques repas. Un jour
cependant, passant d'assez bon matin dans la Contrà nova, je vis,
à travers les vitres d'un comptoir, une jeune marchande de si
bonne grâce et d'un air si attirant, que, malgré ma timidité près
des dames, je n'hésitai pas d'entrer, et de lui offrir mon petit
talent. Elle ne me rebuta point, me fit asseoir, conter ma peti
histoire, me plaignit, me dit d'avoir bon courage, et que les bons
chrétiens ne m'abandonneraient pas ; puis, tandis qu'elle envoyait
chercher chez un orfèvre du voisinage les outils dont j'avais dit
avoir besoin, elle monta dans sa cuisine, et m'apporta elle-même
à déjeuner. Ce début me parut de bon augure ; la suite ne le
démentit pas. Elle parut contente de mon petit travail, encore
plus de mon petit babil quand je me fus un peu rassuré : car elle
était brillante et parée ; et, malgré son air gracieux, cet éclat m'en
avait imposé. Mais son accueil plein de bonté, son ton compatissant, ses manières douces et caressantes, me mirent bientôt à

mon aise. Je vis que je réussissais, et cela me fit réussir davantage. Mais quoique Italienne, et trop jolie pour n'être pas un peu
coquette, elle était pourtant si modeste, et moi si timide, qu'il
était difficile que cela vînt sitôt à bien. On ne nous laissa pas le
temps d'achever l'aventure. Je ne m'en rappelle qu'avec plus de
charmes les courts moments que j'ai passés auprès d'elle : et je
puis dire y avoir goûté dans leurs prémices les plus doux ainsi
que les plus purs plaisirs de l'amour.

C'était une brune extrêmement piquante, mais dont le bon
naturel peint sur son joli visage rendait la vivacité touchante.
Elle s'appelait madame Basile. Son mari, plus âgé qu'elle et passablement jaloux, la laissait, durant ses voyages, sous la garde
d'un commis trop maussade pour être séduisant, et qui ne laissait
pas d'avoir pour son compte des prétentions, qu'il ne montrait
guère que par sa mauvaise humeur. Il en prit beaucoup contre
moi, quoique j'aimasse à l'entendre jouer de la flûte, dont il
jouait assez bien. Ce nouvel Égisthe grognait toujours quand il
me voyait entrer chez sa dame : il me traitait avec un dédain qu'elle
lui rendait bien. Il semblait même qu'elle se plût, pour le tourmenter, à me caresser en sa présence ; et cette sorte de vengeance, quoique fort de mon goût, l'eût été bien plus dans le
tête-à-tête. Mais elle ne la poussait pas jusque-là, ou du moins
ce n'était pas de la même manière. Soit qu'elle me trouvât trop
jeune, soit qu'elle ne sût point faire les avances, soit qu'elle
voulût sérieusement être sage, elle avait alors une sorte de réserve
qui n'était pas repoussante, mais qui m'intimidait sans que je
susse pourquoi. Quoique je ne me sentisse pas pour elle ce respect aussi vrai que tendre que j'avais pour madame de Warens,
je me sentais plus de crainte et bien moins de familiarité. J'étais
embarrassé, tremblant ; je n'osais la regarder, je n'osais respirer
auprès d'elle ; cependant je craignais plus que la mort de m'en
éloigner. Je dévorais d'un œil avide tout ce que je pouvais
regarder sans être aperçu, les fleurs de sa robe, le bout de son
joli pied, l'intervalle d'un bras ferme et blanc qui paraissait entre
son gant et sa manchette, et celui qui se faisait quelquefois entre
son tour de gorge et son mouchoir. Chaque objet ajoutait à l'im-

pression des autres. A force de regarder ce que je pouvais voir et même au delà, mes yeux se troublaient, ma poitrine s'oppressait ; ma respiration, d'instant en instant plus embarrassée, me donnait beaucoup de peine à gouverner, et tout ce que je pouvais faire était de filer sans bruit des soupirs fort incommodes dans le silence où nous étions assez souvent. Heureusement madame Basile, occupée à son ouvrage, ne s'en apercevait pas, à ce qu'il me semblait. Cependant je voyais quelquefois, par une sorte de sympathie, son fichu se renfler assez fréquemment. Ce dangereux spectacle achevait de me perdre ; et quand j'étais prêt à céder à mon transport, elle m'adressait quelque mot d'un ton tranquille, qui me faisait rentrer en moi-même à l'instant.

Je la vis plusieurs fois seule de cette manière, sans que jamais un mot, un geste, un regard même trop expressif, marquât entre nous la moindre intelligence. Cet état, très tourmentant pour moi, faisait cependant mes délices, et à peine dans la simplicité de mon cœur pouvais-je imaginer pourquoi j'étais si tourmenté. Il paraissait que ces petits tête-à-tête ne lui déplaisaient pas non plus, du moins elle en rendait les occasions assez fréquentes ; soin bien gratuit assurément de sa part, pour l'usage qu'elle en faisait et qu'elle m'en laissait faire.

Un jour qu'ennuyée des sots colloques du commis, elle avait monté dans sa chambre, je me hâtai, dans l'arrière-boutique où j'étais, d'achever ma petite tâche, et je la suivis. Sa chambre était entr'ouverte ; j'y entrai sans être aperçu. Ele brodait près d'une fenêtre, ayant en face le côté de la chambre opposé à la porte. Elle ne pouvait me voir entrer ni m'entendre, à cause du bruit que des chariots faisaient dans la rue. Elle se mettait toujours bien : ce jour-là sa parure approchait de la coquetterie. Son attitude était gracieuse ; sa tête un peu baissée laissait voir la blancheur de son cou ; ses cheveux, relevés avec élégance, étaient ornés de fleurs. Il régnait dans toute sa figure un charme que j'eus le temps de considérer, et qui me mit hors de moi. Je me jetai à genoux à l'entrée de la chambre, en tendant les bras vers elle d'un mouvement passionné, bien sûr qu'elle ne pouvait m'entendre, et ne pensant pas qu'elle pût me voir : mai il y avait à la

Maurice Leloir, inv.

L. Ruet, sc.

J. J. ROUSSEAU CHEZ MME BASILE

cheminée une glace qui me trahit. Je ne sais quel effet ce transport fit sur elle : elle ne me regarda point, ne me parla point ;
mais tournant à demi la tête, d'un simple mouvement de doigt
elle me montra la natte à ses pieds. Tressaillir, pousser un cri,
m'élancer à la place qu'elle m'avait marquée, ne fut pour moi
qu'une même chose : mais ce qu'on aurait peine à croire, est que
dans cet état je n'osai rien entreprendre au delà, ni dire un seul
mot, ni lever les yeux sur elle, ni la toucher même, dans une attitude aussi contrainte, pour m'appuyer un instant sur ses genoux.
J'étais muet, immobile, mais non pas tranquille assurément : tout
marquait en moi l'agitation, la joie, la reconnaissance, les ardents
désirs incertains dans leur objet, et contenus par la frayeur de
déplaire, sur laquelle mon jeune cœur ne pouvait se rassurer.

Elle ne paraissait ni plus tranquille ni moins timide que moi.
Troublée de me voir là, interdite de m'y avoir attiré, et commençant à sentir toute la conséquence d'un signe parti sans doute
avant la réflexion, elle ne m'accueillait ni ne me repoussait ; elle
n'ôtait pas les yeux de dessus son ouvrage, elle tâchait de faire
comme si elle ne m'eût pas vu à ses pieds : mais toute ma bêtise
ne m'empêchait pas de juger qu'elle partageait mon embarras,
peut-être mes désirs, et qu'elle était retenue par une honte semblable à la mienne, sans que cela me donnât la force de la surmonter. Cinq ou six ans qu'elle avait de plus que moi devaient,
selon moi, mettre de son côté toute la hardiesse ; et je me disais
que puisqu'elle ne faisait rien pour exciter la mienne, elle ne voulait pas que j'en eusse. Même encore aujourd'hui je trouve que
je pensais juste, et sûrement elle avait trop d'esprit pour ne pas
voir qu'un novice tel que moi avait besoin non seulement d'être
encouragé, mais d'être instruit.

Je ne sais comment eût fini cette scène vive et muette, ni combien de temps j'aurais demeuré immobile dans cet état ridicule et
délicieux, si nous n'eussions été interrompus. Au plus fort de mes
agitations, j'entendis ouvrir la porte de la cuisine qui touchait la
chambre où nous étions, et madame Basile alarmée me dit vivement de la voix et du geste : Levez-vous, voici Rosina. En me
levant en hâte, je saisis une main qu'elle me tendait, et j'y appli-

quai deux baisers brûlants, au second desquels je sentis cette charmante main se presser un peu contre mes lèvres. De mes jours je n'eus un si doux moment : mais l'occasion que j'avais perdue ne revint plus, et nos jeunes amours en restèrent là.

C'est peut-être pour cela même que l'image de cette aimable femme est restée empreinte au fond de mon cœur en traits si charmants. Elle s'y est même embellie à mesure que j'ai mieux connu le monde et les femmes. Pour peu qu'elle eût eu d'expérience, elle s'y fût prise autrement pour animer un petit garçon, mais si son cœur était faible, il était honnête ; elle cédait involontairement au penchant qui l'entraînait : c'était, selon toute apparence, sa première infidélité, et j'aurais peut-être eu plus à faire à vaincre sa honte que la mienne. Sans en être venu là, j'ai goûté près d'elle des douceurs inexprimables. Rien de tout ce que m'a fait sentir la possession des femmes ne vaut les deux minutes que j'ai passées à ses pieds sans même oser toucher à sa robe. Non, il n'y a point de jouissances pareilles à celles que peut donner une honnête femme qu'on aime ; tout est faveur auprès d'elle. Un petit signe du doigt, une main légèrement pressée contre ma bouche, sont les seules faveurs que je reçus jamais de madame Basile, et le souvenir de ces faveurs si légères me transporte encore en y pensant.

Les deux jours suivants j'eus beau guetter un nouveau tête-à-tête, il me fut impossible d'en trouver le moment, et je n'aperçus de sa part aucun soin pour le ménager. Elle eut même le maintien, non plus froid, mais plus retenu qu'à l'ordinaire ; et je crois qu'elle évitait mes regards, de peur de ne pouvoir assez gouverner les siens. Son maudit commis fut plus désolant que jamais : il devint même railleur, goguenard ; il me dit que je ferais mon chemin près des dames. Je tremblais d'avoir commis quelque indiscrétion ; et, me regardant déjà comme d'intelligence avec elle, je voulus couvrir du mystère un goût qui jusqu'alors n'en avait pas grand besoin. Cela me rendit plus circonspect à saisir les occasions de le satisfaire ; et à force de les vouloir sûres, je n'en trouvai plus du tout.

Voici encore une autre folie romanesque dont jamais je n'ai pu me guérir, et qui, jointe à ma timidité naturelle, a beaucoup démenti les prédictions du commis. J'aimais trop sincèrement, trop parfaitement, j'ose dire, pour pouvoir aisément être heureux. Jamais passions ne furent en même temps plus vives et plus pures que les miennes ; jamais amour ne fut plus tendre, plus vrai, plus désintéressé. J'aurais mille fois sacrifié mon bonheur à celui de la personne que j'aimais ; sa réputation m'était plus chère que ma vie, et jamais, pour tous les plaisirs de la jouissance, je n'aurais voulu compromettre un moment son repos. Cela m'a fait apporter tant de soins, tant de secret, tant de précaution dans mes entreprises, que jamais aucune n'a pu réussir. Mon peu de succès près des femmes est toujours venu de les trop aimer.

Pour revenir au flûteur Égisthe, ce qu'il y avait de singulier était qu'en devenant plus insupportable, le traître semblait devenir plus complaisant. Dès le premier jour que sa dame m'avait pris en affection, elle avait songé à me rendre utile dans le magasin. Je savais passablement l'arithmétique ; elle lui avait proposé de m'apprendre à tenir les livres : mais mon bourru reçut très mal la proposition, craignant peut-être d'être supplanté. Ainsi tout mon travail, après mon burin, était de transcrire quelques comptes et mémoires, de mettre au net quelques livres, et de traduire quelques lettres de commerce d'italien en français. Tout d'un coup mon homme s'avisa de revenir à la proposition faite et rejetée, et dit qu'il m'apprendrait les comptes à parties doubles, et qu'il voulait me mettre en état d'offrir mes services à M. Basile quand il serait de retour. Il y avait dans son ton, dans son air, je ne sais quoi de faux, de malin, d'ironique, qui ne me donnait pas de la confiance. Madame Basile, sans attendre ma réponse, lui dit sèchement que je lui étais obligé de ses offres, qu'elle espérait que la fortune favoriserait enfin mon mérite, et que ce serait grand dommage qu'avec tant d'esprit je ne fusse qu'un commis.

Elle m'avait dit plusieurs fois qu'elle voulait me faire faire une connaissance qui pourrait m'être utile. Elle pensait assez sagement pour sentir qu'il était temps de me détacher d'elle. Nos muettes déclarations s'étaient faites le jeudi. Le dimanche elle donna un dîner où je me trouvai, et où se trouva aussi un jacobin de bonne mine, auquel elle me présenta. Le moine me traita très affectueusement, me félicita sur ma conversion, et me dit plusieurs choses sur mon histoire qui m'apprirent qu'elle la lui avait détaillée, puis, me donnant deux petits coups d'un revers de main sur la joue, il me dit d'être sage, d'avoir bon courage, et de l'aller voir; que nous causerions plus à loisir ensemble. Je jugeai, par les égards que tout le monde avait pour lui, que c'était un homme de considération; et par le ton paternel qu'il prenait avec madame Basile, qu'il était son confesseur. Je me rappelle bien aussi que sa décente familiarité était mêlée de marques d'estime et même de respect pour sa pénitente, qui me firent alors moins d'impression qu'elles ne m'en font aujourd'hui. Si j'avais eu plus d'intelligence, combien j'eusse été touché d'avoir pu rendre sensible une jeune femme respectée par son confesseur!

La table ne se trouva pas assez grande pour le nombre que nous étions : il en fallut une petite, où j'eus l'agréable tête-à-tête de monsieur le commis. Je n'y perdis rien du côté des attentions et de la bonne chère; il y eut bien des assiettes envoyées à la petite table, dont l'intention n'était sûrement pas pour lui. Tout allait très bien jusque-là : les femmes étaient fort gaies, les hommes fort galants; madame Basile faisait les honneurs avec une grâce charmante. Au milieu du dîner, l'on entend arrêter une chaise à la porte; quelqu'un monte, c'est M. Basile. Je le vois comme s'il entrait actuellement, en habit d'écarlate à boutons d'or, couleur que j'ai prise en aversion depuis ce jour-là. M. Basile était un grand et bel homme, qui se présentait très bien. Il entre avec fracas, et de l'air de quelqu'un qui surprend son monde, quoiqu'i n'y eût là que de ses amis. Sa femme lui saute au cou, lui prend les mains, lui fait mille caresses qu'il reçoit sans les lui rendre. Il salue la compagnie, on lui donne un couvert, il mange. A peine avait-on commencé de parler de son voyage, que, jetant les yeux sur la petite table, il demande d'un ton sévère ce que c'est que ce petit garçon qu'il aperçoit là. Madame Basile le lui dit tout naïvement. Il demande si je loge dans la maison. On lui dit que non. Pourquoi non? reprend-il grossièrement : puisqu'il s'y tient le jour, il peut bien y rester la nuit. Le moine prit la parole ; et après un éloge grave et vrai de madame Basile, il fit le mien en peu de mots, ajoutant que, loin de blâmer la pieuse charité de sa femme, il devait s'empresser d'y prendre part, puisque rien n'y passait les bornes de la discrétion. Le mari répliqua d'un ton d'humeur, dont il cachait la moitié, contenu par la présence du moine, mais qui suffit pour me faire sentir qu'il avait des instructions sur mon compte, et que le commis m'avait servi de sa façon.

A peine était-on hors de table, que celui-ci, dépêché par son bourgeois, vint en triomphe me signifier de sa part de sortir à l'instant de chez lui, et de n'y remettre les pieds de ma vie. Il assaisonna sa commission de tout ce qui pouvait la rendre insultante et cruelle. Je partis sans rien dire, mais le cœur navré, moins de quitter cette aimable femme, que de la laisser en proie à la brutalité de son mari. Il avait raison sans doute de ne vouloir pas qu'elle fût infidèle ; mais, quoique sage et bien née, elle était Italienne, c'est-à-dire sensible et vindicative ; et il avait tort, ce me semble, de prendre avec elle les moyens les plus propres à s'attirer le malheur qu'il craignait.

Tel fut le succès de ma première aventure. Je voulus essayer de repasser deux ou trois fois dans la rue, pour revoir au moins celle que mon cœur regrettait sans cesse ; mais au lieu d'elle je ne vis que son mari et le vigilant commis, qui, m'ayant aperçu, me fit, avec l'aune de la boutique, un geste plus expressif qu'attirant. Me voyant si bien guetté, je perdis courage, et n'y passai plus. Je voulus aller voir au moins le patron qu'elle m'avait ménagé. Malheureusement je ne savais pas son nom. Je rôdai plusieurs fois inutilement autour du couvent pour tâcher de le rencontrer. Enfin d'autres événements m'ôtèrent les charmants souvenirs de madame Basile, et dans peu je l'oubliai si bien, qu'aussi simple et aussi novice qu'auparavant, je ne restai pas même affriandé de jolies femmes.

Cependant ses libéralités avaient un peu remonté mon petit équipage, très modestement toutefois, et avec la précaution d'une femme prudente qui regardait plus à la propreté qu'à la parure, et qui voulait m'empêcher de souffrir, et non pas me faire briller. Mon habit, que j'avais apporté de Genève, était bon et portable encore; elle y ajouta un chapeau et quelque linge. Je n'avais point de manchettes; elle ne voulut point m'en donner, quoique j'en eusse bonne envie. Elle se contenta de me mettre en état de me tenir propre, et c'est un soin qu'il ne fallut pas me recommander tant que je parus devant elle.

Peu de jours après ma catastrophe, mon hôtesse, qui, comme j'ai dit, m'avait pris en amitié, me dit qu'elle m'avait peut-être trouvé une place, et qu'une dame de condition voulait me voir. A ce mot, je me crus tout de bon dans les hautes aventures : car j'en revenais toujours là. Celle-ci ne se trouva pas aussi brillante que je me l'étais figurée. Je fus chez cette dame avec le domestique qui lui avait parlé de moi. Elle m'interrogea, m'examina : je ne lui déplus pas; et tout de suite j'entrai à son service, non pas tout à fait en qualité de favori, mais en qualité de laquais. Je fus vêtu de la couleur de ses gens; la seule distinction fut qu'ils portaient l'aiguillette, et qu'on ne me la donna pas : comme il n'y avait pas de galons à sa livrée, cela faisait à peu près un habit bourgeois. Voilà le terme inattendu auquel aboutirent enfin toutes mes grandes espérances.

Madame la comtesse de Vercellis, chez qui j'entrai, était veuve et sans enfants : son mari était Piémontais; pour elle, je l'ai toujours crue Savoyarde, ne pouvant imaginer qu'une Piémontaise parlât si bien français et eût un accent si pur. Elle était entre deux âges, d'une figure fort noble, d'un esprit orné, aimant la littérature française, et s'y connaissant. Elle écrivait beaucoup et toujours en français. Ses lettres avaient le tour et presque la grâce de celles de madame de Sévigné; on aurait pu s'y tromper à quelques-unes. Mon principal emploi, et qui ne me déplaisait pas, était de les écrire sous sa dictée, un cancer au sein, qui la faisait beaucoup souffrir, ne lui permettant pas d'écrire elle-même.

Madame de Vercellis avait non seulement beaucoup d'esprit, mais une âme élevée et forte. J'ai suivi sa dernière maladie; je l'ai vue souffrir et mourir sans jamais marquer un instant de faiblesse, sans faire le moindre effort pour se contraindre, sans sortir de son rôle de femme, et sans se douter qu'il y eût à cela de la philosophie : mot qui n'était pas encore à la mode, et qu'elle ne connaissait même pas dans le sens qu'il porte aujourd'hui. Cette force de caractère allait quelquefois jusqu'à la sécheresse. Elle m'a toujours paru aussi peu sensible pour autrui que pour elle-même ; et quand elle faisait du bien aux malheureux, c'était pour faire ce qui était bien en soi, plutôt que par une véritable commisération. J'ai un peu éprouvé cette insensibilité pendant les trois mois que j'ai passés auprès d'elle. Il était naturel qu'elle prît en affection un jeune homme de quelque espérance, qu'elle avait incessamment sous les yeux, et qu'elle songeât, se sentant mourir, qu'après elle il aurait besoin de secours et d'appui : cependant, soit qu'elle ne me jugeât pas digne d'une attention particulière, soit que les gens qui l'obsédaient ne lui aient permis de songer qu'à eux, elle ne fit rien pour moi.

Je me rappelle pourtant fort bien qu'elle avait marqué quelque curiosité de me connaître. Elle m'interrogeait quelquefois ; elle était bien aise que je lui montrasse les lettres que j'écrivais à madame de Warens, que je lui rendisse compte de mes sentiments ; mais elle ne s'y prenait assurément pas bien pour les connaître, en ne me montrant jamais les siens. Mon cœur aimait à s'épancher, pourvu qu'il sentît que c'était dans un autre. Des interrogations sèches et froides, sans aucun signe d'approbation ni de blâme sur mes réponses, ne me donnaient aucune confiance. Quand rien ne m'apprenait si mon babil plaisait ou déplaisait, j'étais toujours en crainte, et je cherchais moins à montrer ce que je pensais qu'à ne rien dire qui pût me nuire. J'ai remarqué depuis que cette manière sèche d'interroger les gens pour les connaître est un tic assez commun chez les femmes qui se piquent d'esprit. Elles s'imaginent qu'en ne laissant point paraître leur sentiment elles parviendront à mieux pénétrer le vôtre : mais elles ne voient pas qu'elles ôtent par là le courage de le montrer. Un homme qu'on interroge commence par cela seul à se mettre en garde ; et s'il croit que, sans prendre à lui un véritable intérêt, on ne veut que le faire jaser, il ment, ou se tait, ou redouble d'attention sur lui-même, et aime encore mieux passer pour un sot que d'être dupe de votre curiosité. Enfin c'est toujours un mauvais moyen de lire dans le cœur des autres que d'affecter de cacher le sien.

Madame de Vercellis ne m'a jamais dit un mot qui sentît l'affection, la pitié, la bienveillance. Elle m'interrogeait froidement; je répondais avec réserve. Mes réponses étaient si timides qu'elle dut les trouver basses et s'en ennuya. Sur la fin elle ne me questionnait plus, ne me parlait plus que pour son service. Elle me jugea moins sur ce que j'étais que sur ce qu'elle m'avait fait; et à force de ne voir en moi qu'un laquais, elle m'empêcha de lui paraître autre chose.

Je crois que j'éprouvai dès lors ce jeu malin des intérêts cachés qui m'a traversé toute ma vie, et qui m'a donné une aversion bien naturelle pour l'ordre apparent qui les produit. Madame de Vercellis, n'ayant point d'enfants, avait pour héritier son neveu le comte de la Roque, qui lui faisait assidûment sa cour. Outre cela, ses principaux domestiques, qui la voyaient tirer à sa fin, ne l'oubliaient pas; et il y avait tant d'empressés autour d'elle, qu'il était difficile qu'elle eût du temps pour penser à moi. A la tête de sa maison était un nommé M. Lorenzi, homme adroit, dont la femme, encore plus adroite, s'était tellement insinuée dans les bonnes grâces de sa maîtresse, qu'elle était plutôt chez elle sur le pied d'une amie que d'une femme à ses gages. Elle lui avait donné pour femme de chambre une nièce à elle, appelée mademoiselle Pontal; fine mouche, qui se donnait des airs de demoiselle suivante, et aidait sa tante à obséder si bien leur maîtresse, qu'elle ne voyait que par leurs yeux et n'agissait que par leurs mains. Je n'eus pas le bonheur d'agréer à ces trois personnes : je leur obéissais, mais je ne les servais pas; je n'imaginais pas qu'outre le service de notre commune maîtresse, je dusse être encore le valet de ses valets. J'étais d'ailleurs une espèce de personnage inquiétant pour eux. Ils voyaient bien que je n'étais pas à ma place; ils craignaient que madame ne le vît aussi, et que ce qu'elle ferait pour m'y mettre ne diminuât leurs portions : car ces sortes de gens, trop avides pour être justes, regardent tous les legs qui sont pour d'autres comme pris sur leur propre bien. Ils se réunirent donc pour m'écarter de ses yeux. Elle aimait à écrire des lettres ; c'était un amusement pour elle dans son état : ils l'en dégoûtèrent et l'en firent détourner par le médecin, en la persuadant que cela la fatiguait. Sous prétexte que je n'entendais pas le service, on employait au lieu de moi deux gros manants de porteurs de chaise autour d'elle : enfin l'on fit si bien, que, quand elle fit son testament, il y avait huit jours que je n'étais entré dans sa chambre. Il est vrai qu'après cela j'y entrai comme auparavant, et j'y fus même plus assidu que personne, car les douleurs de cette pauvre femme me déchiraient ; la constance avec laquelle elle les souffrait me la rendait extrêmement respectable et chère, et j'ai bien versé, dans sa chambre, des larmes sincères, sans qu'elle ni personne s'en aperçût.

Nous la perdîmes enfin, je la vis expirer. Sa vie avait été celle d'une femme d'esprit et de sens ; sa mort fut celle d'un sage. Je puis dire qu'elle me rendit la religion catholique aimable, par la sérénité d'âme avec laquelle elle en remplit les devoirs sans négligence et sans affectation. Elle était naturellement sérieuse. Sur la fin de sa maladie elle prit une sorte de gaieté trop égale pour être jouée, et qui n'était qu'un contrepoids donné par la raison même contre la tristesse de son état. Elle ne garda le lit que les deux derniers jours, et ne cessa de s'entretenir paisiblement avec tout le monde. Enfin, ne parlant plus, et déjà dans les combats de l'agonie, elle fit un gros pet. Bon ! dit-elle en se retournant, femme qui pète n'est pas morte. Ce furent les derniers mots qu'elle prononça.

Elle avait légué un an de leurs gages à ses bas domestiques ; mais, n'étant point couché sur l'état de sa maison, je n'eus rien. Cependant le comte de la Roque me fit donner trente livres, et me laissa l'habit neuf que j'avais sur le corps, et que M. Lorenzi voulait m'ôter. Il promit même de chercher à me placer, et me permit de l'aller voir. J'y fus deux ou trois fois, sans pouvoir lui parler. J'étais facile à rebuter, je n'y retournai pas. On verra bientôt que j'eus tort.

Que n'ai-je achevé tout ce que j'avais à dire de mon séjour

chez madame de Vercellis ! Mais, bien que mon apparente situation demeurât la même, je ne sortis pas de sa maison comme j'y étais entré. J'en emportai les longs souvenirs du crime et l'insupportable poids des remords dont, au bout de quarante ans, ma conscience est encore chargée, et dont l'amer sentiment, loin de s'affaiblir, s'irrite à mesure que je vieillis. Qui croirait que la faute d'un enfant pût avoir des suites aussi cruelles ? C'est de ces suites plus que probables que mon cœur ne saurait se consoler. J'ai peut-être fait périr dans l'opprobre et dans la misère une fille aimable, honnête, estimable, et qui sûrement valait beaucoup mieux que moi.

Il est bien difficile que la dissolution d'un ménage n'entraîne un peu de confusion dans la maison, et qu'il ne s'égare bien des choses : cependant, telle était la fidélité des domestiques et la vigilance de monsieur et madame Lorenzi, que rien ne se trouva de manque sur l'inventaire. La seule mademoiselle Pontal perdit un petit ruban couleur de rose et argent déjà vieux. Beaucoup d'autres meilleures choses étaient à ma portée; ce ruban seul me tenta, je le volai; et comme je ne le cachais guère, on me le trouva bientôt. On voulut savoir où je l'avais pris. Je me trouble, je balbutie, et enfin je dis, en rougissant, que c'est Marion qui me l'a donné. Marion était une jeune Mauriennoise dont madame de Vercellis avait fait sa cuisinière quand, cessant de donner à manger, elle avait renvoyé la sienne, ayant plus besoin de bons bouillons que de ragoûts fins. Non seulement Marion était jolie, mais elle avait une fraîcheur de coloris qu'on ne trouve que dans les montagnes, et surtout un air de modestie et de douceur qui faisait qu'on ne pouvait la voir sans l'aimer; d'ailleurs bonne fille, sage, et d'une fidélité à toute épreuve. C'est ce qui surprit quand je la nommai. L'on n'avait guère moins de confiance en moi qu'en elle, et l'on jugea qu'il importait de vérifier lequel était le fripon des deux. On la fit venir : l'assemblée était nombreuse, le comte de la Roque y était. Elle arrive, on lui montre le ruban : je la charge effrontément; elle reste interdite, se tait, me jette un regard qui aurait désarmé les démons, et auquel mon barbare cœur résiste. Elle nie enfin avec assurance, m'apostrophe,

Le Ruban volé

m'exhorte à rentrer en moi-même, à ne pas déshonorer une fille innocente qui ne m'a jamais fait de mal; et moi, avec une impudence infernale, je confirme ma déclaration, et lui soutiens en face qu'elle m'a donné le ruban. La pauvre fille se mit à pleurer, et ne me dit que ces mots : Ah! Rousseau, je vous croyais un bon caractère. Vous me rendez bien malheureuse, mais je ne voudrais pas. être à votre place. Voilà tout. Elle continua de se défendre avec autant de simplicité que de fermeté, mais sans se permettre contre moi la moindre invective. Cette modération, comparée à mon ton décidé, lui fit tort. Il ne semblait pas naturel de supposer d'un côté une audace aussi diabolique, et de l'autre une aussi angélique douceur. On ne parut pas se décider absolument, mais les préjugés étaient pour moi. Dans le tracas où l'on était, on ne se donna pas le temps d'approfondir la chose; et le comte de la Roque, en nous renvoyant tous deux, se contenta de dire que la conscience du coupable vengerait assez l'innocent. Sa prédiction n'a pas été vaine; elle ne cesse pas un seul jour de s'accomplir.

J'ignore ce que devint cette victime de ma calomnie; mais il n'y a pas d'apparence qu'elle ait après cela trouvé facilement à se bien placer : elle emportait une imputation cruelle à son honneur de toutes manières. Le vol n'était qu'une bagatelle, mais enfin c'était un vol, et, qui pis est, employé à séduire un jeune garçon : enfin, le mensonge et l'obstination ne laissaient rien à espérer de celle en qui tant de vices étaient réunis. Je ne regarde pas même la misère et l'abandon comme le plus grand danger auquel je l'ai exposée. Qui sait, à son âge, où le découragement de l'innocence avilie a pu la porter! Eh! si le remords d'avoir pu la rendre malheureuse est insupportable, qu'on juge de celui d'avoir pu la rendre pire que moi!

Ce souvenir cruel me trouble quelquefois, et me bouleverse au point de voir dans mes insomnies cette pauvre fille venir me reprocher mon crime comme s'il n'était commis que d'hier. Tant que j'ai vécu tranquille il m'a moins tourmenté, mais au milieu d'une vie orageuse il m'ôte la plus douce consolation des innocents persécutés : il me fait bien sentir ce que je crois avoir dit

dans quelque ouvrage, que le remords s'endort durant un destin
prospère, et s'aigrit dans l'adversité. Cependant je n'ai jamais pu
prendre sur moi de décharger mon cœur de cet aveu dans le sein
d'un ami. La plus étroite intimité ne me l'a jamais fait faire à
personne, pas même à madame de Warens. Tout ce que j'ai pu
faire a été d'avouer que j'avais à me reprocher une action atroce,
mais jamais je n'ai dit en quoi elle consistait. Ce poids est donc
resté jusqu'à ce jour sans allégement sur ma conscience; et je
puis dire que le désir de m'en délivrer en quelque sorte a beaucoup contribué à la résolution que j'ai prise d'écrire mes confessions.

J'ai procédé rondement dans celle que je viens de faire, et l'on
ne trouvera sûrement pas que j'aie ici pallié la noirceur de mon
forfait. Mais je ne remplirais pas le but de ce livre, si je n'exposais en même temps mes dispositions intérieures, et que je crai-
gnisse de m'excuser en ce qui est conforme à la vérité. Jamais la
méchanceté ne fut plus loin de moi dans ce cruel moment; et
lorsque je chargeai cette malheureuse fille, il est bizarre, mais il
est vrai, que mon amitié pour elle en fut la cause. Elle était présente à ma pensée; je m'excusai sur le premier objet qui s'offrit. Je
l'accusai d'avoir fait ce que je voulais faire, et de m'avoir donné
le ruban, parce que mon intention était de le lui donner. Quand
je la vis paraître ensuite, mon cœur fut déchiré; mais la présence
de tant de monde fut plus forte que mon repentir. Je craignais
peu la punition, je ne craignais que la honte; mais je la craignais
plus que la mort, plus que le crime, plus que tout au monde.
J'aurais voulu m'enfoncer, m'étouffer dans le centre de la terre :
l'invincible honte l'emporta sur tout, la honte seule fit mon
impudence; et plus je devenais criminel, plus l'effroi d'en convenir me rendait intrépide. Je ne voyais que l'horreur d'être
reconnu, déclaré publiquement, moi présent, voleur, menteur,
calomniateur. Un trouble universel m'ôtait tout autre sentiment.
Si l'on m'eût laissé revenir à moi-même, j'aurais infailliblement
tout déclaré. Si M. de la Roque m'eût pris à part, qu'il m'eût
dit : Ne perdez pas cette pauvre fille; si vous êtes coupable,
avouez-le-moi; je me serais jeté à ses pieds dans l'instant, j'en

suis parfaitement sûr. Mais on ne fit que m'intimider, quand il fallait me donner du courage. L'âge est encore une attention qu'il est juste de faire ; à peine étais-je sorti de l'enfance, ou plutôt j'y étais encore. Dans la jeunesse les véritables noirceurs sont plus criminelles encore que dans l'âge mûr ; mais ce qui n'est que faiblesse l'est beaucoup moins, et ma faute au fond n'était guère autre chose. Aussi son souvenir m'afflige-t-il moins à cause du mal en lui-même qu'à cause de celui qu'il a dû causer. Il m'a même fait ce bien de me garantir pour le reste de ma vie de tout acte tendant au crime, par l'impression terrible qui m'est restée du seul que j'aie jamais commis ; et je crois sentir que mon aversion pour le mensonge me vient en grande partie du regret d'en avoir pu faire un aussi noir. Si c'est un crime qui puisse être expié, comme j'ose le croire, il doit l'être par tant de malheurs dont la fin de ma vie est accablée, par quarante ans de droiture et d'honneur dans des occasions difficiles ; et la pauvre Marion trouve tant de vengeurs en ce monde, que, quelque grande qu'ait été mon offense envers elle, je crains peu d'en emporter la coulpe avec moi. Voilà ce que j'avais à dire sur cet article. Qu'il me soit permis de n'en reparler jamais.

LIVRE III

LIVRE TROISIÈME

1728-1731

Sorti de chez madame de Vercellis à peu près comme j'y étais entré, je retournai chez mon ancienne hôtesse, et j'y restai cinq ou six semaines, durant lesquelles la santé, la jeunesse et l'oisiveté me rendirent souvent mon tempérament importun. J'étais inquiet, distrait, rêveur; je pleurais, je soupirais, je désirais un bonheur dont je n'avais pas d'idée, et dont je sentais la privation. Cet état ne peut se décrire; et peu d'hommes même le peuvent imaginer, parce que la plupart ont prévenu cette plénitude de vie, à la fois tourmentante et délicieuse, qui, dans l'ivresse du désir, donne un avant-goût de la jouissance. Mon sang allumé remplissait incessamment mon cerveau de filles et de femmes; mais n'en sentant pas le véritable usage, je les occupais bizarrement en idées à mes fantaisies sans en savoir rien faire de plus; et ces idées tenaient mes sens dans une activité très incommode, dont, par bonheur, elles ne m'apprenaient point à me délivrer. J'aurais donné ma vie pour retrouver un quart d'heure une demoiselle Goton. Mais ce n'était plus le temps où les jeux de l'enfance allaient là comme d'eux-mêmes. La honte, compagne de la conscience du mal, était venue avec les années; elle avait accru ma timidité naturelle au point de la rendre invincible; et jamais, ni dans ce temps-là ni depuis, je n'ai pu parvenir à faire une proposition lascive, que celle à qui je la faisais ne m'y ait en quelque sorte contraint par ses avances, quoique sachant qu'elle n'était pas scrupuleuse, et presque assuré d'être pris au mot.

Mon agitation crût au point que, ne pouvant contenter mes désirs, je les attisais par les plus extravagantes manœuvres. J'allais chercher des allées sombres, des réduits cachés, où je pusse m'exposer de loin aux personnes du sexe dans l'état où j'aurais voulu être auprès d'elles. Ce qu'elles voyaient n'était pas l'objet obscène, je n'y songeais même pas; c'était l'objet ridicule. Le sot plaisir que j'avais de l'étaler à leurs yeux ne peut se décrire. Il n'y avait de là plus qu'un pas à faire pour sentir le traitement désiré, et je ne doute pas que quelque résolue ne m'en eût, en passant, donné l'amusement, si j'eusse eu l'audace d'attendre. Cette folie eut une catastrophe à peu près aussi comique, mais moins plaisante pour moi.

Un jour j'allai m'établir au fond d'une cour dans laquelle était un puits où les filles de la maison venaient souvent chercher de l'eau. Dans ce fond il y avait une petite descente qui menait à des caves par plusieurs communications. Je sondai dans l'obscurité ces allées souterraines, et les trouvant longues et obscures, je jugeai qu'elles ne finissaient point, et que, si j'étais vu et surpris, j'y trouverais un refuge assuré. Dans cette confiance, j'offrais aux filles qui venaient au puits un spectacle plus risible que séducteur. Les plus sages feignirent de ne rien voir; d'autres se mirent à rire; d'autres se crurent insultées, et firent du bruit. Je me sauvai dans ma retraite: j'y fus suivi. J'entendis une voix d'homme

J.J. ROUSSEAU ET LES VIEILLES

sur laquelle je n'avais pas compté, et qui m'alarma. Je m'enfonçai dans les souterrains, au risque de m'y perdre: le bruit, les voix, la voix d'homme, me suivaient toujours. J'avais compté sur l'obscurité, je vis de la lumière. Je frémis, je m'enfonçai davantage. Un mur m'arrêta, et, ne pouvant aller plus loin, il fallut attendre là ma destinée. En un moment je fus atteint et saisi par un grand homme portant une grande moustache, un grand chapeau, un grand sabre, escorté de quatre ou cinq vieilles femmes armées chacune d'un manche à balai, parmi lesquelles j'aperçus la petite coquine qui m'avait décelé, et qui voulait sans doute me voir au visage.

L'homme au sabre, en me prenant par le bras, me demanda rudement ce que je faisais là. On conçoit que ma réponse n'était pas prête. Je me remis cependant; et, m'évertuant dans ce moment critique, je tirai de ma tête un expédient romanesque qui me réussit. Je lui dis d'un ton suppliant d'avoir pitié de mon âge et de mon état; que j'étais un jeune étranger de grande naissance, dont le cerveau s'était dérangé; que je m'étais échappé de la maison paternelle, parce qu'on voulait m'enfermer; que j'étais perdu s'il me faisait connaître; mais que s'il voulait bien me laisser aller, je pourrais peut-être un jour reconnaître cette grâce. Contre toute attente, mon discours et mon air firent effet: l'homme terrible en fut touché, et après une réprimande assez courte il me laissa doucement aller, sans me questionner davantage. A l'air dont la jeune et les vieilles me virent partir, je jugeai que l'homme que j'avais tant craint m'était fort utile, et qu'avec elles seules je n'en aurais pas été quitte à si bon marché. Je les entendis murmurer je ne sais quoi dont je ne me souciais guère; car, pourvu que le sabre et l'homme ne s'en mêlassent pas, j'étais bien sûr, leste et vigoureux comme j'étais, de me délivrer de leurs tricots et d'elles.

Quelques jours après, passant dans une rue avec un jeune abbé, mon voisin, j'allai donner du nez contre l'homme au sabre. Il me reconnut, et, me contrefaisant d'un ton railleur: « Je suis prince, me dit-il, je suis prince; et moi je suis un coïon: mais que Son Altesse n'y revienne pas! » Il n'ajouta rien de plus, et je m'esqui-

vai en baissant la tête, et le remerciant dans mon cœur de sa discrétion. J'ai jugé que ces mauvaises vieilles lui avaient fait honte
de sa crédulité. Quoi qu'il en soit, tout Piémontais qu'il était,
c'était un bon homme, et jamais je ne pense à lui sans un mouvement de reconnaissance : car l'histoire était si plaisante, que, pour
le seul désir de faire rire, tout autre à sa place m'eût déshonoré.
Cette aventure, sans avoir les suites que j'en pouvais craindre, ne
laissa pas de me rendre sage pour longtemps.

Mon séjour chez madame de Vercellis m'avait procuré quelques
connaissances, que j'entretenais dans l'espoir qu'elles pourraient
m'être utiles. J'allais voir quelquefois entre autres un abbé savoyard
appelé M. Gaime, précepteur des enfants du comte de Mellarède.
Il était jeune encore et peu répandu, mais plein de bon sens, de
probité, de lumières, et l'un des plus honnêtes hommes que j'ai
connus. Il ne me fut d'aucune ressource pour l'objet qui m'attirait chez lui, il n'avait pas assez de crédit pour me placer ; mais je
trouvai près de lui des avantages plus précieux qui m'ont profité
toute ma vie, les leçons de la saine morale, et les maximes de la
droite raison. Dans l'ordre successif de mes goûts et de mes idées,
j'avais toujours été trop haut ou trop bas, Achille ou Thersite,
tantôt héros et tantôt vaurien. M. Gaime prit le soin de me mettre
à ma place, et de me montrer à moi-même sans m'épargner ni me
décourager. Il me parla très honorablement de mon naturel et de
mes talents : mais il ajouta qu'il en voyait naître les obstacles qui
m'empêcheraient d'en tirer parti ; de sorte qu'ils devaient, selon
lui, bien moins me servir de degrés pour monter à la fortune que
de ressources pour m'en passer. Il me fit un tableau vrai de la vie
humaine, dont je n'avais que de fausses idées ; il me montra comment, dans un destin contraire, l'homme sage peut toujours tendre
au bonheur et courir au plus près du vent pour y parvenir ; comment il n'y a point de vrai bonheur sans sagesse, et comment la
sagesse est de tous les états. Il amortit beaucoup mon admiration
pour la grandeur, en me prouvant que ceux qui dominent les
autres ne sont ni plus sages ni plus heureux qu'eux. Il me dit
une chose qui m'est souvent revenue à la mémoire : c'est que si
chaque homme pouvait lire dans les cœurs de tous les autres, il

y aurait plus de gens qui voudraient descendre que de ceux qui voudraient monter. Cette réflexion, dont la vérité frappe, et qui n'a rien d'outré, m'a été d'un grand usage dans le cours de ma vie pour me faire tenir à ma place paisiblement. Il me donna les premières vraies idées de l'honnête, que mon génie ampoulé n'avait saisi que dans ses excès. Il me fit sentir que l'enthousiasme des vertus sublimes était peu d'usage dans la société; qu'en s'élançant trop haut on était sujet aux chutes; que la continuité des petits devoirs toujours bien remplis ne demandait pas moins de force que les actions héroïques; qu'on en tirait meilleur parti pour l'honneur et pour le bonheur; et qu'il valait infiniment mieux avoir toujours l'estime des hommes, que quelquefois leur admiration.

Pour établir les devoirs de l'homme il fallait bien remonter à leurs principes. D'ailleurs, le pas que je venais de faire, et dont mon état présent était la suite, nous conduisait à parler de religion. L'on conçoit déjà que l'honnête M. Gaime est, du moins en grande partie, l'original du vicaire savoyard. Seulement la prudence l'obligeant à parler avec plus de réserve, il s'expliqua moins ouvertement sur certains points; mais au reste ses maximes, ses sentiments, ses avis furent les mêmes, et, jusqu'au conseil de retourner dans ma patrie, tout fut comme je l'ai rendu depuis au public. Ainsi, sans m'étendre sur des entretiens dont chacun peut voir la substance, je dirai que ses leçons, sages, mais d'abord sans effet, furent dans mon cœur un germe de vertu et de religion qui ne s'y étouffa jamais, et qui n'attendait pour fructifier que les soins d'une main plus chérie.

Quoique alors ma conversion fût peu solide, je ne laissais pas d'être ému. Loin de m'ennuyer de ses entretiens, j'y pris goût à cause de leur clarté, de leur simplicité, et surtout d'un certain intérêt de cœur dont je sentais qu'ils étaient pleins. J'ai l'âme aimante, et je me suis toujours attaché aux gens moins à proportion du bien qu'ils m'ont fait que de celui qu'ils m'ont voulu; et c'est sur quoi mon tact ne se trompe guère. Aussi je m'affectionnais véritablement à M. Gaime; j'étais pour ainsi dire son second disciple; et cela me fit pour le moment même l'inestimable bien de me détourner de la pente au vice où m'entraînait mon oisiveté.

Un jour que je ne pensais à rien moins, on vint me chercher de la part du comte de la Roque. A force d'y aller et de ne pouvoir lui parler, je m'étais ennuyé, et je n'y allais plus : je crus qu'il m'avait oublié, ou qu'il lui était resté de mauvaises impressions de moi. Je me trompais. Il avait été témoin plus d'une fois du plaisir avec lequel je remplissais mon devoir auprès de sa tante ; il le lui avait même dit, et il m'en reparla quand moi-même je n'y songeais plus. Il me reçut bien, me dit que, sans m'amuser de promesses vagues, il avait cherché à me placer ; qu'il avait réussi, qu'il me mettait en chemin de devenir quelque chose, que c'était à moi de faire le reste ; que la maison où il me faisait entrer était puissante et considérée ; que je n'avais pas besoin d'autres protecteurs pour m'avancer ; et que quoique traité d'abord en simple domestique, comme je venais de l'être, je pouvais être assuré que, si l'on me jugeait par mes sentiments et par ma conduite au-dessus de cet état, on était disposé à ne m'y pas laisser. La fin de ce discours démentit cruellement les brillantes espérances que le commencement m'avait données. Quoi ! toujours laquais ! me dis-je en moi-même avec un dépit amer que la confiance effaça bientôt. Je me sentais trop peu fait pour cette place pour craindre qu'on m'y laissât.

Il me mena chez le comte de Gouvon, premier écuyer de la reine, et chef de l'illustre maison de Solar. L'air de dignité de ce respectable vieillard me rendit plus touchante l'affabilité de son accueil. Il m'interrogea avec intérêt, et je lui répondis avec sincérité. Il dit au comte de la Roque que j'avais une physionomie agréable, et qui promettait de l'esprit ; qu'il lui paraissait qu'en effet je n'en manquais pas, mais que ce n'était pas là tout, et qu'il fallait voir le reste : puis, se tournant vers moi : Mon enfant, me dit-il, presque en toutes choses les commencements sont rudes ; les vôtres ne le seront pourtant pas beaucoup. Soyez sage, et cherchez à plaire ici à tout le monde ; voilà, quant à présent, votre unique emploi : du reste, ayez bon courage ; on veut prendre soin de vous. Tout de suite il passa chez la marquise de Breil, sa belle-fille, et me présenta à elle, puis à l'abbé de Gou-

von, son fils. Ce début me parut de bon augure. J'en savais assez
déjà pour juger qu'on ne fait pas tant de façons à la réception
d'un laquais. En effet, on ne me traita pas comme tel. J'eus la
table de l'office, on ne me donna point d'habit de livrée; et le
comte de Favria, jeune étourdi, m'ayant voulu faire monter derrière son carrosse, son grand-père défendit que je montasse derrière aucun carrosse, et que je suivisse personne hors de la maison. Cependant je servais à table, et je faisais à peu près au
dedans le service d'un laquais; mais je le faisais en quelque façon
librement, sans être attaché nommément à personne. Hors quelques lettres qu'on me dictait, et des images que le comte de
Favria me faisait découper, j'étais presque le maître de tout mon
temps dans toute la journée. Cette épreuve, dont je ne m'apercevais pas, était assurément très dangereuse: elle n'était pas même
fort humaine; car cette grande oisiveté pouvait me faire contracter des vices que je n'aurais pas eus sans cela.

Mais c'est ce qui très heureusement n'arriva point. Les leçons
de M. Gaime avaient fait impression sur mon cœur, et j'y pris
tant de goût que je m'échappais quelquefois pour aller les entendre encore. Je crois que ceux qui me voyaient sortir ainsi furtive-
ment ne devinaient guère où j'allais. Il ne se peut rien de plus
sensé que les avis qu'il me donna sur ma conduite. Mes commencements furent admirables; j'étais d'une assiduité, d'une attention, d'un zèle qui charmaient tout le monde. L'abbé Gaime
m'avait sagement averti de modérer cette première ferveur, de
peur qu'elle ne vînt à se relâcher et qu'on n'y prît garde. Votre
début, me dit-il, est la règle de ce qu'on exigera de vous: tâchez
de vous ménager de quoi faire plus dans la suite, mais gardez-
vous de faire jamais moins.

Comme on ne m'avait guère examiné sur mes petits talents, et
qu'on ne me supposait que ceux que m'avait donnés la nature, il
ne paraissait pas, malgré ce que le comte de Gouvon m'avait pu
dire, qu'on songeât à tirer parti de moi. Des affaires vinrent à la
traverse, et je fus à peu près oublié. Le marquis de Breil, fils du
comte de Gouvon, était alors ambassadeur à Vienne. Il survint
des mouvements à la cour qui se firent sentir dans la famille, et

l'on y fut quelques semaines dans une agitation qui ne laissait guère le temps de penser à moi. Cependant jusque-là je m'étais peu relâché. Une chose me fit du bien et du mal, en m'éloignant de toute dissipation extérieure, mais en me rendant un peu plus distrait sur mes devoirs.

Mademoiselle de Breil était une jeune personne à peu près de mon âge, bien faite, assez belle, très blanche, avec des cheveux très noirs, et, quoique brune, portant sur son visage cet air de douceur des blondes auquel mon cœur n'a jamais résisté. L'habit de cour, si favorable aux jeunes personnes, marquait sa jolie taille, dégageait sa poitrine et ses épaules, et rendait son teint encore plus éblouissant par le deuil qu'on portait alors. On dira que ce n'est pas à un domestique de s'apercevoir de ces choses-là. J'avais tort sans doute ; mais je m'en apercevais toutefois, et même je n'étais pas le seul. Le maître d'hôtel et les valets de chambre en parlaient quelquefois à table avec une grossièreté qui me faisait cruellement souffrir. La tête ne me tournait pourtant pas au point d'être amoureux tout de bon. Je ne m'oubliais point ; je me tenais à ma place, et mes désirs mêmes ne s'émancipaient pas. J'aimais à voir mademoiselle de Breil, à lui entendre dire quelques mots qui marquaient de l'esprit, du sens, de l'honnê-teté : mon ambition, bornée au plaisir de la servir, n'allait point au delà de mes droits. A table j'étais attentif à chercher l'occa-sion de les faire valoir. Si son laquais quittait un moment sa chaise, à l'instant on m'y voyait établi : hors de là je me tenais vis-à-vis d'elle ; je cherchais dans ses yeux ce qu'elle allait deman-der, j'épiais le moment de changer son assiette. Que n'aurais-je point fait pour qu'elle daignât m'ordonner quelque chose, me regarder, me dire un seul mot ! mais point : j'avais la mortification d'être nul pour elle ; elle ne s'apercevait pas même que j'étais là. Cependant son frère, qui m'adressait quelquefois la parole à table, m'ayant dit je ne sais quoi de peu obligeant, je lui fis une réponse si fine et si bien tournée, qu'elle y fit attention, et jeta les yeux sur moi. Ce coup d'œil, qui fut court, ne laissa pas de me transporter. Le lendemain l'occasion se présenta d'en obtenir un second, et j'en profitai. On donnait ce jour-là un grand dîner, où

EXPLICATION DE LA DEVISE

pour la première fois je vis avec beaucoup d'étonnement le maître
d'hôtel servir l'épée au côté et le chapeau sur la tête. Par hasard
on vint à parler de la devise de la maison de Solar, qui était sur
la tapisserie avec les armoiries, *Tel fiert qui ne tue pas.* Comme les
Piémontais ne sont pas pour l'ordinaire consommés dans la langue française, quelqu'un trouva dans cette devise une faute
d'orthographe, et dit qu'au mot *fiert* il ne fallait pas de *t*.

Le vieux comte de Gouvon allait répondre ; mais ayant jeté les
yeux sur moi, il vit que je souriais sans oser rien dire : il
m'ordonna de parler. Alors je dis que je ne croyais pas que le *t*
fût de trop ; que *fiert* était un vieux mot français qui ne venait pas
du mot *ferus*, fier, menaçant, mais du verbe *ferit*, il frappe, il
blesse ; qu'ainsi la devise ne me paraissait pas dire, Tel menace,
mais *Tel frappe qui ne tue pas.*

Tout le monde me regardait et se regardait sans rien dire. On ne
vit de la vie un pareil étonnement. Mais ce qui me flatta davantage fut de voir clairement sur le visage de mademoiselle de Breil
un air de satisfaction. Cette personne si dédaigneuse daigna me
jeter un second regard qui valait tout au moins le premier ; puis,
tournant les yeux vers son grand-papa, elle semblait attendre avec
une sorte d'impatience la louange qu'il me devait, et qu'il me
donna en effet si pleine et entière et d'un air si content, que
toute la table s'empressa de faire chorus. Ce moment fut court,
mais délicieux à tous égards. Ce fut un de ces moments trop
rares qui replacent les choses dans leur ordre naturel, et vengent
le mérite avili des outrages de la fortune. Quelques minutes après,
mademoiselle de Breil, levant derechef les yeux sur moi, me pria
d'un ton de voix aussi timide qu'affable de lui donner à boire. On
juge que je ne la fis pas attendre ; mais en approchant je fus saisi
d'un tel tremblement, qu'ayant trop rempli le verre, je répandis
une partie de l'eau sur l'assiette et même sur elle. Son frère me
demanda étourdiment pourquoi je tremblais si fort. Cette question
ne servit pas à me rassurer, et mademoiselle de Breil rougit jusqu'au blanc des yeux.

Ici finit le roman, où l'on remarquera, comme avec madame
Basile et dans toute la suite de ma vie, que je ne suis pas heureux

1. — 7

dans la conclusion de mes amours. Je m'affectionnai inutilement à l'antichambre de madame de Breil; je n'obtins plus une seule marque d'attention de la part de sa fille. Elle sortait et entrait sans me regarder, et moi j'osais à peine jeter les yeux sur elle. J'étais même si bête et si maladroit, qu'un jour qu'elle avait en passant laissé tomber son gant, au lieu de m'élancer sur ce gant que j'aurais voulu couvrir de baisers, je n'osai sortir de ma place, et je laissai ramasser le gant par un gros butor de valet que j'aurais volontiers écrasé. Pour achever de m'intimider, je m'aperçus que je n'avais pas le bonheur d'agréer à madame de Breil. Non seulement elle ne m'ordonnait rien, mais elle n'acceptait jamais mon service; et deux fois, me trouvant dans son antichambre, elle me demanda d'un ton fort sec si je n'avais rien à faire. Il fallut renoncer à cette chère antichambre. J'en eus d'abord du regret; mais les distractions vinrent à la traverse, et bientôt je n'y pensai plus.

J'eus de quoi me consoler du dédain de madame de Breil par les bontés de son beau-père, qui s'aperçut enfin que j'étais là. Le soir du dîner dont j'ai parlé, il eut avec moi un entretien d'une demi-heure, dont il parut content et dont je fus enchanté. Ce bon vieillard, quoique homme d'esprit, en avait moins que madame de Vercellis; mais il avait plus d'entrailles, et je réussis mieux auprès de lui. Il me dit de m'attacher à l'abbé de Gouvon son fils, qui m'avait pris en affection; que cette affection, si j'en profitais, pouvait m'être utile, et me faire acquérir ce qui me manquait pour les vues qu'on avait sur moi. Dès le lendemain matin, je volai chez M. l'abbé. Il ne me reçut point en domestique; il me fit asseoir au coin de son feu, et, m'interrogeant avec la plus grande douceur, il vit bientôt que mon éducation, commencée sur tant de choses, n'était achevée sur aucune. Trouvant surtout que j'avais peu de latin, il entreprit de m'en enseigner davantage. Nous convînmes que je me rendrais chez lui tous les matins, et je commençai dès le lendemain. Ainsi, par une de ces bizarreries qu'on trouvera souvent dans le cours de ma vie, en même temps au-dessus et au-dessous de mon état, j'étais disciple et valet dans la même maison, et dans ma servitude j'avais cependant un précepteur d'une naissance à ne l'être que des enfants des rois.

M. l'abbé de Gouvon était un cadet destiné par sa famille à l'épiscopat, et dont par cette raison on avait poussé les études plus qu'il n'est ordinaire aux enfants de qualité. On l'avait envoyé à l'université de Sienne, où il avait resté plusieurs années, et dont il avait rapporté une assez forte dose de cruscantisme pour être à peu près à Turin ce qu'était jadis à Paris l'abbé de Dangeau. Le dégoût de la théologie l'avait jeté dans les belles-lettres ; ce qui est très ordinaire en Italie à ceux qui courent la carrière de la prélature. Il avait bien lu les poètes, il faisait passablement des vers latins et italiens. En un mot, il avait le goût qu'il fallait pour former le mien, et mettre quelque choix dans le fatras dont je m'étais farci la tête. Mais, soit que mon babil lui eût fait quelque illusion sur mon savoir, soit qu'il ne pût supporter l'ennui du latin élémentaire, il me mit d'abord beaucoup trop haut ; et à peine m'eut-il fait traduire quelques fables de Phèdre, qu'il me jeta dans Virgile, où je n'entendais presque rien. J'étais destiné, comme on verra dans la suite, à apprendre souvent le latin et à ne le savoir jamais. Cependant je travaillais avec assez de zèle, et monsieur l'abbé me prodiguait ses soins avec une bonté dont le souvenir m'attendrit encore. Je passais avec lui une partie de la matinée, tant pour mon instruction que pour son service ; non pour celui de sa personne, car il ne souffrit jamais que je lui en rendisse aucun, mais pour écrire sous sa dictée et pour copier ; et ma fonction de secrétaire me fut plus utile que celle d'écolier. Non seulement j'appris ainsi l'italien dans sa pureté, mais je pris du goût pour la littérature et quelque discernement des bons livres, qui ne s'acquérait pas chez la Tribu, et qui me servit beaucoup dans la suite quand je me mis à travailler seul.

Ce temps fut celui de ma vie où, sans projets romanesques, je pouvais le plus raisonnablement me livrer à l'espoir de parvenir. Monsieur l'abbé, très content de moi, le disait à tout le monde ; et son père m'avait pris dans une affection si singulière, que le comte de Favria m'apprit qu'il avait parlé de moi au roi. Madame de Breil elle-même avait quitté pour moi son air méprisant. Enfin je devins une espèce de favori dans la maison, à la grande jalousie des autres domestiques, qui, me voyant honoré des instructions du fils de leur maître, sentaient bien que ce n'était pas pour rester longtemps leur égal.

Autant que j'ai pu juger des vues qu'on avait sur moi par quelques mots lâchés à la volée, et auxquels je n'ai réfléchi qu'après coup, il m'a paru que la maison de Solar, voulant courir la carrière des ambassades, et peut-être s'ouvrir de loin celle du ministère, aurait été bien aise de se former d'avance un sujet qui eût du mérite et des talents, et qui, dépendant uniquement d'elle, eût pu dans la suite obtenir sa confiance et la servir utilement. Ce projet du comte de Gouvon était noble, judicieux, magnanime, et vraiment digne d'un grand seigneur bienfaisant et prévoyant : mais outre que je n'en voyais pas alors toute l'étendue, il était trop sensé pour ma tête, et demandait un trop long assujettissement. Ma folle ambition ne cherchait la fortune qu'à travers les aventures : et, ne voyant point de femme à tout cela, cette manière de parvenir me paraissait lente, pénible et triste; tandis que j'aurais dû la trouver d'autant plus honorable et sûre que les femmes ne s'en mêlaient pas, l'espèce de mérite qu'elles protègent ne valant assurément pas celui qu'on me supposait.

Tout allait à merveille. J'avais obtenu, presque arraché l'estime de tout le monde : les épreuves étaient finies, et l'on me regardait généralement dans la maison comme un jeune homme de la plus grande espérance, qui n'était pas à sa place et qu'on s'attendait d'y voir arriver. Mais ma place n'était pas celle qui m'était assignée par les hommes, et j'y devais parvenir par des chemins bien différents. Je touche à un de ces traits caractéristiques qui me sont propres, et qu'il suffit de présenter au lecteur sans y ajouter de réflexion.

Quoiqu'il y eût à Turin beaucoup de nouveaux convertis de mon espèce, je ne les aimais pas, et je n'en avais jamais voulu voir aucun. Mais j'avais vu quelques Genevois qui ne l'étaient pas, entre autres un M. Mussard, surnommé Tord-Gueule, peintre en miniature, et un peu mon parent. Ce M. Mussard déterra ma demeure chez le comte de Gouvon, et vint m'y voir avec un autre Genevois appelé Bâcle, dont j'avais été camarade durant mon apprentissage. Ce Bâcle était un garçon très amusant, très gai,

plein de saillies bouffonnes que son âge rendait agréables. Me
voilà tout d'un coup engoué de M. Bâcle, mais engoué au point
de ne pouvoir le quitter. Il allait partir bientôt pour s'en retourner
à Genève. Quelle perte j'allais faire! J'en sentis bien toute la
grandeur. Pour mettre du moins à profit le temps qui m'était
laissé, je ne le quittais plus : ou plutôt il ne me quittait pas lui-
même, car la tête ne me tourna pas d'abord au point d'aller hors
de l'hôtel passer la journée avec lui sans congé ; mais bientôt,
voyant qu'il m'obsédait entièrement, on lui défendit la porte ; et
je m'échauffai si bien, qu'oubliant tout, hors mon ami Bâcle, je
n'allais ni chez M. l'abbé ni chez M. le comte, et l'on ne me voyait
plus dans la maison. On me fit des réprimandes, que je n'écoutai
pas. On me menaça de me congédier. Cette menace fut ma perte :
elle me fit entrevoir qu'il était possible que Bâcle ne s'en allât pas
seul. Dès lors je ne vis plus d'autre plaisir, d'autre sort, d'autre
bonheur que celui de faire un pareil voyage, et je ne voyais à cela
que l'ineffable félicité du voyage, au bout duquel pour surcroît
j'entrevoyais madame de Warens, mais dans un éloignement
immense ; car pour retourner à Genève, c'est à quoi je ne pensai
jamais. Les monts, les prés, les bois, les ruisseaux, les villages se
succédaient sans fin et sans cesse avec de nouveaux charmes ; ce
bienheureux trajet semblait devoir absorber ma vie entière. Je me
rappelais avec délices combien ce même voyage m'avait paru charmant en venant. Que devait-ce être lorsqu'à tout l'attrait de l'indépendance se joindrait celui de faire route avec un camarade de mon
âge, de mon goût et de bonne humeur, sans gêne, sans devoir,
sans contrainte, sans obligation d'aller ou rester que comme il
nous plairait ! Il fallait être fou pour sacrifier une pareille fortune
à des projets d'ambition d'une exécution lente, difficile, incertaine, et qui, les supposant réalisés un jour, ne valaient pas dans
tout leur éclat un quart d'heure de vrai plaisir et de liberté dans
la jeunesse.

Plein de cette sage fantaisie, je me conduisis si bien que je
vins à bout de me faire chasser, et en vérité ce ne fut pas sans
peine. Un soir, comme je rentrais, le maître d'hôtel me signifia
mon congé de la part de monsieur le comte. C'était précisément

ce que je demandais ; car, sentant malgré moi l'extravagance de
ma conduite, j'y ajoutais, pour m'excuser, l'injustice et l'ingrati-
tude, croyant mettre ainsi les gens dans leur tort, et me justifier à
moi-même un parti pris par nécessité. On me dit de la part du
comte de Favria d'aller lui parler le lendemain matin avant mon
départ ; et comme on voyait que, la tête m'ayant tourné, j'étais
capable de n'en rien faire, le maître d'hôtel remit après cette
visite à me donner quelque argent qu'on m'avait destiné, et
qu'assurément j'avais fort mal gagné ; car, ne voulant pas me
laisser dans l'état de valet, on ne m'avait pas fixé de gages.

Le comte de Favria, tout jeune et tout étourdi qu'il était, me
tint en cette occasion les discours les plus sensés, et j'oserais
presque dire les plus tendres, tant il m'exposa d'une manière flat-
teuse et touchante les soins de son oncle et les intentions de son
grand-père. Enfin, après m'avoir mis vivement devant les yeux
tout ce que je sacrifiais pour courir à ma perte, il m'offrit de faire
ma paix, exigeant pour toute condition que je ne visse plus ce
petit malheureux qui m'avait séduit.

Il était si clair qu'il ne disait pas tout cela de lui-même, que,
malgré mon stupide aveuglement, je sentis toute la bonté de mon
vieux maître, et j'en fus touché : mais ce cher voyage était trop
empreint dans mon imagination pour que rien pût en balancer le
charme. J'étais tout à fait hors de sens : je me raffermis, je m'endur-
cis, je fis le fier, et je répondis arrogamment que puisqu'on
m'avait donné mon congé, je l'avais pris ; qu'il n'était plus temps
de s'en dédire, et que, quoi qu'il pût m'arriver en ma vie, j'étais
bien résolu de ne jamais me faire chasser deux fois d'une maison.
Alors ce jeune homme, justement irrité, me donna les noms que
je méritais, me mit hors de sa chambre par les épaules, et me
ferma la porte aux talons. Moi je sortis triomphant, comme si je
venais d'emporter la plus grande victoire ; et, de peur d'avoir un
second combat à soutenir, j'eus l'indignité de partir sans aller
remercier monsieur l'abbé de ses bontés.

Pour concevoir jusqu'où mon délire allait dans ce moment, il
faudrait connaître à quel point mon cœur est sujet à s'échauffer
sur les moindres choses, et avec quelle force il se plonge dans

l'imagination de l'objet qui l'attire, quelque vain que soit quelquefois cet objet. Les plans les plus bizarres, les plus enfantins,
les plus fous, viennent caresser mon idée favorite, et me montrer
de la vraisemblance à m'y livrer. Croirait-on qu'à près de dix-neuf
ans on puisse fonder sur une fiole vide la subsistance du reste de
ses jours? Or écoutez.

L'abbé de Gouvon m'avait fait présent, il y avait quelques
semaines, d'une petite fontaine de héron fort jolie, et dont j'étais
transporté. A force de faire jouer cette fontaine et de parler de
notre voyage, nous pensâmes, le sage Bâcle et moi, que l'une
pourrait bien servir à l'autre, et le prolonger. Qu'y avait-il dans le
monde d'aussi curieux qu'une fontaine de héron? Ce principe fut
le fondement sur lequel nous bâtimes l'édifice de notre fortune.
Nous devions dans chaque village assembler les paysans autour
de notre fontaine, et là les repas et la bonne chère devaient nous
tomber avec d'autant plus d'abondance, que nous étions persuadés l'un et l'autre que les vivres ne coûtent rien à ceux qui les
recueillent, et que, quand ils n'en gorgent pas les passants, c'est
pure mauvaise volonté de leur part. Nous n'imaginions partout
que festins et noces, comptant que, sans rien débourser que le
vent de nos poumons et l'eau de notre fontaine, elle pouvait nous
défrayer en Piémont, en Savoie, en France, et par tout le monde.
Nous faisions des projets de voyage qui ne finissaient point, et
nous dirigions d'abord notre course au nord, plutôt pour le plaisir de passer les Alpes que pour la nécessité supposée de nous
arrêter enfin quelque part.

Tel fut le plan sur lequel je me mis en campagne, abandonnant
sans regret mon protecteur, mon précepteur, mes études, mes
espérances et l'attente d'une fortune presque assurée, pour commencer la vie d'un vrai vagabond. Adieu la capitale; adieu la
cour, l'ambition, la vanité, l'amour, les belles, et toutes les grandes aventures dont l'espoir m'avait animé l'année précédente. Je
pars avec ma fontaine et mon ami Bâcle, la bourse légèrement
garnie, mais le cœur saturé de joie, et ne songeant qu'à jouir de
cette ambulante félicité à laquelle j'avais tout à coup borné mes
brillants projets.

Je fis cet extravagant voyage presque aussi agréablement toutefois que je m'y étais attendu, mais non pas tout à fait de la même manière ; car bien que notre fontaine amusât quelques moments dans les cabarets les hôtesses et leurs servantes, il n'en fallait pas moins payer en sortant. Mais cela ne nous troublait guère, et nous ne songions à tirer parti tout de bon de cette ressource que quand l'argent viendrait à nous manquer. Un accident nous en évita la peine ; la fontaine se cassa près de Bramant: et il en était temps, car nous sentions, sans oser nous le dire, qu'elle commençait à nous ennuyer. Ce malheur nous rendit plus gais qu'auparavant, et nous rîmes beaucoup de notre étourderie d'avoir oublié que nos habits et nos souliers s'useraient, ou d'avoir cru les renouveler avec le jeu de notre fontaine. Nous continuâmes notre voyage aussi allègrement que nous l'avions commencé, mais filant un peu plus droit vers le terme, où notre bourse tarissante nous faisait une nécessité d'arriver.

A Chambéri je devins pensif, non sur la sottise que je venais de faire, jamais homme ne prit sitôt ni si bien son parti sur le passé, mais sur l'accueil qui m'attendait chez madame de Warens ; car j'envisageais exactement sa maison comme ma maison paternelle. Je lui avais écrit mon entrée chez le comte de Gouvon ; elle savait sur quel pied j'y étais ; et en m'en félicitant, elle m'avait donné des leçons très sages sur la manière dont je devais correspondre aux bontés qu'on avait pour moi. Elle regardait ma fortune comme assurée, si je ne la détruisais pas par ma faute. Qu'allait-elle dire en me voyant arriver? Il ne me vint pas même à l'esprit qu'elle pût me fermer sa porte: mais je craignais le chagrin que j'allais lui donner, je craignais ses reproches, plus durs pour moi que la misère. Je résolus de tout endurer en silence, et de tout faire pour l'apaiser. Je ne voyais plus dans l'univers qu'elle seule : vivre dans sa disgrâce était une chose qui ne se pouvait pas.

Ce qui m'inquiétait le plus était mon compagnon de voyage, dont je ne voulais pas lui donner le surcroît, et dont je craignais de ne pouvoir me débarrasser aisément. Je préparai cette séparation en vivant assez froidement avec lui la dernière journée. Le drôle me comprit ; il était plus fou que sot. Je crus qu'il s'affecte-

La Fontaine de Héron

rait de mon inconstance; j'eus tort, mon ami Bâcle ne s'affectait
de rien. A peine en entrant à Annecy avions-nous mis le pied
dans la ville, qu'il me dit: Te voilà chez toi, m'embrassa, me dit
adieu, fit une pirouette, et disparut. Je n'ai jamais plus entendu
parler de lui. Notre connaissance et notre amitié durèrent en tout
environ six semaines; mais les suites en dureront autant que
moi.

Que le cœur me battit en approchant de la maison de madame
de Warens! mes jambes tremblaient sous moi, mes yeux se couvraient d'un voile; je ne voyais rien, je n'entendais rien, je n'aurais
reconnu personne: je fus contraint de m'arrêter plusieurs fois
pour respirer et reprendre mes sens. Était-ce la crainte de ne pas
obtenir les secours dont j'avais besoin qui me troublait à ce point?
A l'âge où j'étais, la peur de mourir de faim donne-t-elle de
pareilles alarmes? Non, non; je le dis avec autant de vérité que de
fierté, jamais en aucun temps de ma vie il n'appartint à l'intérêt
ni à l'indigence de m'épanouir ou de me serrer le cœur. Dans le
cours d'une vie inégale et mémorable par ses vicissitudes, souvent
sans asile et sans pain, j'ai toujours vu du même œil l'opulence et
la misère. Au besoin, j'aurais pu mendier ou voler comme un
autre, mais non pas me troubler pour en être réduit là. Peu
d'hommes ont autant gémi que moi, peu ont autant versé de
pleurs dans leur vie; mais jamais la pauvreté ni la crainte d'y
tomber ne m'ont fait pousser un soupir ni répandre une larme.
Mon âme, à l'épreuve de la fortune, n'a connu de vrais biens ni
de vrais maux que ceux qui ne dépendent pas d'elle; et c'est
quand rien ne m'a manqué pour le nécessaire que je me suis senti
le plus malheureux des mortels.

A peine parus-je aux yeux de madame de Warens que son air
me rassura. Je tressaillis au premier son de sa voix; je me préci-
pite à ses pieds, et dans les transports de la plus vive joie je colle
ma bouche sur sa main. Pour elle, j'ignore si elle avait su de mes
nouvelles; mais je vis peu de surprise sur son visage, et je n'y vis
aucun chagrin. Pauvre petit, me dit-elle d'un ton caressant, te
revoilà donc? Je savais bien que tu étais trop jeune pour ce
voyage; je suis bien aise au moins qu'il n'ait pas aussi mal tourné

que j'avais craint. Ensuite elle me fit conter mon histoire, qui ne
fut pas longue, et que je lui fis très fidèlement, en supprimant
cependant quelques articles, mais au reste sans m'épargner ni
m'excuser.

Il fut question de mon gîte. Elle consulta sa femme de chambre.
Je n'osais respirer durant cette délibération ; mais quand j'entendis que je coucherais dans la maison, j'eus peine à me contenir, et
je vis porter mon petit paquet dans la chambre qui m'était destinée, à peu près comme Saint-Preux vit remiser sa chaise chez
madame de Wolmar. J'eus pour surcroît le plaisir d'apprendre que
cette faveur ne serait pas passagère ; et dans un moment où l'on
me croyait attentif à tout autre chose, j'entendis qu'elle disait :
On dira ce qu'on voudra ; mais puisque la Providence me le renvoie, je suis déterminée à ne pas l'abandonner.

Me voilà donc enfin établi chez elle. Cet établissement ne fut
pourtant pas encore celui dont je date les jours heureux de ma
vie, mais il servit à le préparer. Quoique cette sensibilité de cœur,
qui nous fait vraiment jouir de nous, soit l'ouvrage de la nature,
et peut-être un produit de l'organisation, elle a besoin de situations qui la développent. Sans ces causes occasionnelles, un
homme né très sensible ne sentirait rien, et mourrait sans avoir
connu son être. Tel à peu près j'avais été jusqu'alors, et tel
j'aurais toujours été peut-être, si je n'avais jamais connu madame
de Warens, ou si, même l'ayant connue, je n'avais pas vécu assez
longtemps auprès d'elle pour contracter la douce habitude des
sentiments affectueux qu'elle m'inspira. J'oserai le dire, qui ne
sent que l'amour ne sent pas ce qu'il y a de plus doux dans la vie.
Je connais un autre sentiment, moins impétueux peut-être, mais
plus délicieux mille fois, qui quelquefois est joint à l'amour, et
qui souvent en est séparé. Ce sentiment n'est pas non plus l'amitié seule ; il est plus voluptueux, plus tendre : je n'imagine pas
qu'il puisse agir pour quelqu'un du même sexe ; du moins je fus
ami si jamais homme le fut, et je ne l'éprouvai jamais près
d'aucun de mes amis. Ceci n'est pas clair, mais il le deviendra
dans la suite ; les sentiments ne se décrivent bien que par leurs
effets.

Elle habitait une vieille maison, mais assez grande pour avoir une belle pièce de réserve, dont elle fit sa chambre de parade, et qui fut celle où l'on me logea. Cette chambre était sur le passage dont j'ai parlé, où se fit notre première entrevue ; et au delà du ruisseau et des jardins on découvrait la campagne. Cet aspect n'était pas pour le jeune habitant une chose indifférente. C'était depuis Bossey la première fois que j'avais du vert devant mes fenêtres. Toujours masqué par des murs, je n'avais eu sous les yeux que des toits ou le gris des rues. Combien cette nouveauté me fut sensible et douce ! elle augmenta beaucoup mes dispositions à l'attendrissement. Je faisais de ce charmant paysage encore un des bienfaits de ma chère patronne : il me semblait qu'elle l'avait mis là tout exprès pour moi ; je m'y plaçais paisiblement auprès d'elle ; je la voyais partout entre les fleurs et la verdure ; ses charmes et ceux du printemps se confondaient à mes yeux. Mon cœur, jusqu'alors comprimé, se trouvait plus au large dans cet espace, et mes soupirs s'exhalaient plus librement parmi ces vergers.

On ne trouvait pas chez madame de Warens la magnificence que j'avais vue à Turin ; mais on y trouvait la propreté, la décence, et une abondance patriarcale avec laquelle le faste ne s'allie jamais. Elle avait peu de vaisselle d'argent, point de porcelaine, point de gibier dans sa cuisine, ni dans sa cave de vins étrangers ; mais l'une et l'autre étaient bien garnies au service de tout le monde, et dans des tasses de faïence elle donnait d'excellent café. Quiconque la venait voir était invité à dîner avec elle ou chez elle ; et jamais ouvrier, messager ou passant ne sortait sans manger ou boire. Son domestique était composé d'une femme de chambre fribourgeoise assez jolie, appelée Merceret, d'un valet de son pays appelé Claude Anet, dont il sera question dans la suite, d'une cuisinière, et de deux porteurs de louage quand elle allait en visite, ce qu'elle faisait rarement. Voilà bien des choses pour deux mille livres de rente ; cependant son petit revenu bien ménagé eût pu suffire à tout cela dans un pays où la terre est très bonne et l'argent très rare. Malheureusement l'économie ne fut jamais sa vertu favorite : elle s'endettait, elle payait ;

l'argent faisait la navette, et tout allait. La manière dont son ménage était monté était précisément celle que j'aurais choisie: on peut croire que j'en profitais avec plaisir. Ce qui m'en plaisait moins était qu'il fallait rester très longtemps à table. Elle supportait avec peine la première odeur du potage et des mets ; cette odeur la faisait presque tomber en défaillance, et ce dégoût durait longtemps. Elle se remettait peu à peu, causait, et ne mangeait point. Ce n'était qu'au bout d'une demi-heure qu'elle essayait le premier morceau. J'aurais dîné trois fois dans cet intervalle; mon repas était fait longtemps avant qu'elle eût commencé le sien. Je recommençais de compagnie; aussi je mangeais pour deux, et ne m'en trouvais pas plus mal. Enfin je me livrais d'autant plus au doux sentiment du bien-être que j'éprouvais auprès d'elle, que ce bien-être dont je jouissais n'était mêlé d'aucune inquiétude sur les moyens de le soutenir. N'étant point encore dans l'étroite confidence de ses affaires, je les supposais en état d'aller toujours sur le même pied. J'ai retrouvé les mêmes agréments dans sa maison par la suite ; mais, plus instruit de sa situation réelle, et voyant qu'ils anticipaient sur ses rentes, je ne les ai plus goûtés si tranquillement. La prévoyance a toujours gâté chez moi la jouissance. J'ai vu l'avenir à pure perte; je n'ai jamais pu l'éviter.

Dès le premier jour, la familiarité la plus douce s'établit entre nous au même degré où elle a continué tout le reste de sa vie. Petit fut mon nom; Maman fut le sien ; et toujours nous demeurâmes Petit et Maman, même quand le nombre des années en eut presque effacé la différence entre nous. Je trouve que ces deux noms rendent à merveille l'idée de notre ton, la simplicité de nos manières, et surtout la relation de nos cœurs. Elle fut pour moi la plus tendre des mères, qui jamais ne chercha son plaisir, mais toujours mon bien; et si les sens entrèrent dans mon attachement pour elle, ce n'était pas pour en changer la nature mais pour le rendre seulement plus exquis, pour m'enivrer du charme d'avoir une maman jeune et jolie qu'il m'était délicieux de caresser: je dis caresser au pied de la lettre, car jamais elle n'imagina de m'épargner les baisers ni les plus tendres caresses maternelles, et jamais il n'entra dans mon cœur d'en abuser. On dira que nous avons pourtant eu à la fin des relations d'une autre espèce : j'en conviens ; mais il faut attendre, je ne puis tout dire à la fois.

Le coup d'œil de notre première entrevue fut le seul moment vraiment passionné qu'elle m'ait jamais fait sentir; encore ce moment fut-il l'ouvrage de la surprise. Mes regards indiscrets n'allaient jamais fureter sous son mouchoir, quoiqu'un embonpoint mal caché dans cette place eût bien pu les y attirer. Je n'avais ni transports ni désirs auprès d'elle ; j'étais dans un calme ravissant, jouissant sans savoir de quoi. J'aurais ainsi passé ma vie et l'éternité même sans m'ennuyer un instant. Elle est la seule personne avec qui je n'ai jamais senti cette sécheresse de conversation qui me fait un supplice du devoir de la soutenir. Nos tête-à-tête étaient moins des entretiens qu'un babil intarissable, qui pour finir avait besoin d'être interrompu. Loin de me faire une loi de parler, il fallait plutôt m'en faire une de me taire. A force de méditer ses projets, elle tombait souvent dans la rêverie. Eh bien ! je la laissais rêver; je me taisais, je la contemplais, et j'étais le plus heureux des hommes. J'avais encore un tic fort singulier. Sans prétendre aux faveurs du tête-à-tête, je le recherchais sans cesse, et j'en jouissais avec une passion qui dégénérait en fureur quand des importuns venaient le troubler. Sitôt que quelqu'un arrivait, homme ou femme, il n'importait pas, je sortais en murmurant, ne pouvant souffrir de rester en tiers auprès d'elle. J'allais compter les minutes dans son antichambre, maudissant mille fois ces éternels visiteurs, et ne pouvant concevoir ce qu'ils avaient tant à dire, parce que j'avais à dire encore plus.

Je ne sentais toute la force de mon attachement pour elle que quand je ne la voyais pas. Quand je la voyais, je n'étais que content; mais mon inquiétude en son absence allait au point d'être douloureuse. Le besoin de vivre avec elle me donnait des élans d'attendrissement, qui souvent allaient jusqu'aux larmes. Je me souviendrai toujours qu'un jour de grande fête, tandis qu'elle était à vêpres, j'allai me promener hors de la ville, le cœur plein de son image et du désir ardent de passer mes jours auprès d'elle. J'avais assez de sens pour voir que quant à présent cela n'était pas possible, et qu'un bonheur que je goûtais si bien serait court. Cela donnait à ma rêverie une tristesse qui n'avait pourtant rien de sombre, et qu'un espoir flatteur tempérait. Le son des cloches, qui m'a toujours singulièrement affecté, le chant des oiseaux, la beauté du jour, la douceur du paysage, les maisons éparses et champêtres dans lesquelles je plaçais en idée notre commune demeure ; tout cela me frappait tellement d'une impression vive, tendre, triste et touchante, que je me vis comme en extase transporté dans cet heureux temps et dans cet heureux séjour où mon cœur, possédant toute la félicité qui pouvait lui plaire, la goûtait dans des ravissements inexprimables, sans songer même à la volupté des sens. Je ne me souviens pas de m'être élancé jamais dans l'avenir avec plus de force et d'illusion que je fis alors ; et ce qui m'a frappé le plus dans le souvenir de cette rêverie, quand elle s'est réalisée, c'est d'avoir retrouvé des objets tels exactement que je les avais imaginés. Si jamais rêve d'un homme éveillé eut l'air d'une vision prophétique, ce fut assurément celui-là. Je n'ai été déçu que dans sa durée imaginaire ; car les jours, et les ans, et la vie entière, s'y passaient dans une inaltérable tranquillité ; au lieu qu'en effet tout cela n'a duré qu'un moment. Hélas ! mon plus constant bonheur fut en songe : son accomplissement fut presque à l'instant suivi du réveil.

Je ne finirais pas si j'entrais dans le détail de toutes les folies que le souvenir de cette chère maman me faisait faire quand je n'étais plus sous ses yeux. Combien de fois j'ai baisé mon lit en songeant qu'elle y avait couché ; mes rideaux, tous les meubles de ma chambre, en songeant qu'ils étaient à elle, que sa belle main les avait touchés ; le plancher même, sur lequel je me prosternais, en songeant qu'elle y avait marché ! Quelquefois même en sa présence il m'échappait des extravagances que le plus violent amour seul pouvait inspirer. Un jour à table, au moment qu'elle avait mis un morceau dans sa bouche, je m'écrie que j'y vois un cheveu : elle rejette le morceau sur son assiette ; je m'en saisis avidement et l'avale. En un mot, de moi à l'amant le plus passionné il n'y avait qu'une différence unique, mais essentielle, et qui rend mon état presque inconcevable à la raison.

J'étais revenu d'Italie non tout à fait comme j'y étais allé, mais comme jamais à mon âge on n'en était revenu. J'en avais rapporté non ma virginité, mais mon pucelage. J'avais senti le progrès des ans; mon tempérament inquiet s'était enfin déclaré, et sa première éruption, très involontaire, m'avait donné sur ma santé des alarmes qui peignent mieux que toute autre chose l'innocence dans laquelle j'avais vécu jusqu'alors. Bientôt rassuré, j'appris ce dangereux supplément qui trompe la nature, et sauve aux jeunes gens de mon humeur beaucoup de désordres au prix de leur santé, de leur vigueur, et quelquefois de leur vie. Ce vice, que la honte et la timidité trouvent si commode, a de plus un grand attrait pour les imaginations vives : c'est de disposer, pour ainsi dire, à leur gré, de tout le sexe, et de faire servir à leurs plaisirs la beauté qui les tente, sans avoir besoin d'obtenir son aveu. Séduit par ce funeste avantage, je travaillais à détruire la bonne constitution qu'avait rétablie en moi la nature, et à qui j'avais donné le temps de se bien former. Qu'on ajoute à cette disposition le local de ma situation présente, logé chez une jolie femme, caressant son image au fond de mon cœur, la voyant sans cesse dans la journée, le soir entouré d'objets qui me la rappellent, couché dans un lit où je sais qu'elle a couché. Que de stimulants! tel lecteur qui se les représente me regarde déjà comme à demi mort. Tout au contraire, ce qui devait me perdre fut précisément ce qui me sauva, du moins pour un temps. Enivré du charme de vivre auprès d'elle, du désir ardent d'y passer mes jours, absente ou présente, je voyais toujours en elle une tendre mère, une sœur chérie, une délicieuse amie, et rien de plus. Je la voyais toujours ainsi, toujours la même, et ne voyais jamais qu'elle. Son image, toujours présente à mon cœur, n'y laissait place à nulle autre; elle était pour moi la seule femme qui fût au monde; et l'extrême douceur des sentiments qu'elle m'inspirait, ne laissant pas à mes sens le temps de s'éveiller pour d'autres, me garantissait d'elle et de tout son sexe.

En un mot, j'étais sage, parce que je l'aimais. Sur ces effets, que je rends mal, dise qui pourra de quelle espèce était mon attachement pour elle. Pour moi, tout ce que j'en puis dire est que s'il paraît déjà fort extraordinaire, dans la suite il le paraîtra beaucoup plus.

Je passais mon temps le plus agréablement du monde, occupé des choses qui me plaisaient le moins. C'étaient des projets à rédiger, des mémoires à mettre au net, des recettes à transcrire; c'étaient des herbes à trier, des drogues à piler, des alambics à gouverner. Tout à travers tout cela venaient des foules de passants, de mendiants, de visites de toute espèce. Il fallait entretenir tout à la fois un soldat, un apothicaire, un chanoine, une belle dame, un frère lai. Je pestais, je grommelais, je jurais, je donnais au diable toute cette maudite cohue. Pour elle, qui prenait tout en gaieté, mes fureurs, la faisaient rire aux larmes; et ce qui la faisait rire encore plus était de me voir d'autant plus furieux que je ne pouvais moi-même m'empêcher de rire. Ces petits intervalles où j'avais le plaisir de grogner étaient charmants; et s'il survenait un nouvel importun durant la querelle, elle en savait encore tirer parti pour l'amusement en prolongeant malicieusement la visite, et me jetant des coups d'œil pour lesquels je l'aurais volontiers battue. Elle avait peine à s'abstenir d'éclater en me voyant, contraint et retenu par la bienséance, lui faire des yeux de possédé, tandis qu'au fond de mon cœur, et même en dépit de moi, je trouvais tout cela très comique.

Tout cela, sans me plaire en soi, m'amusait pourtant, parce qu'il faisait partie d'une manière d'être qui m'était charmante. Rien de ce qui se faisait autour de moi, rien de tout ce qu'on me faisait faire n'était selon mon goût, mais tout était selon mon cœur. Je crois que je serais parvenu à aimer la médecine, si mon dégoût pour elle n'eût fourni des scènes folâtres qui nous égayaient sans cesse : c'est peut-être la première fois que cet art a produit un pareil effet. Je prétendais connaître à l'odeur un livre de médecine; et, ce qu'il y a de plaisant, est que je m'y trompais rarement. Elle me faisait goûter des plus détestables drogues. J'avais beau fuir ou vouloir me défendre; malgré ma résistance et mes horribles grimaces, malgré moi et mes dents, quand je voyais ces jolis doigts barbouillés s'approcher de ma bouche, il fallait finir par l'ouvrir et sucer. Quand tout son petit

Dans le laboratoire

ménage était rassemblé dans la même chambre, à nous entendre
courir et crier au milieu des éclats de rire, on eût cru qu'on y
jouait quelque farce, et non pas qu'on y faisait de l'opiat ou de
l'élixir.

Mon temps ne se passait pourtant pas tout entier à toutes ces
polissonneries. J'avais trouvé quelques livres dans la chambre
que j'occupais : le *Spectateur*, Puffendorf, Saint-Évremond, la
Henriade. Quoique je n'eusse plus mon ancienne fureur de lecture, par désœuvrement je lisais un peu de tout cela. Le *Spectateur* surtout me plut beaucoup et me fit beaucoup de bien.
M. l'abbé de Gouvon m'avait appris à lire moins avidement et
avec plus de réflexion; la lecture me profitait mieux. Je m'accou-
tumais à réfléchir sur l'élocution, sur les constructions élégantes;
je m'exerçais à discerner le français pur de mes idiomes provin-
ciaux. Par exemple, je fus corrigé d'une faute d'orthographe, que
je faisais avec tous nos Genevois, par ces deux vers de la *Henriade* :

> Soit qu'un ancien respect pour le sang de leurs maîtres
> Parlât encore pour lui dans le cœur de ces traîtres.

Ce mot *parlât*, qui me frappa, m'apprit qu'il fallait un *t* à la troisième personne du subjonctif, au lieu qu'auparavant je l'écrivais
et prononçais *parla* comme le parfait de l'indicatif.

Quelquefois je causais avec maman de mes lectures, quelquefois je lisais auprès d'elle : j'y prenais grand plaisir; je m'exerçais
à bien lire, et cela me fut utile aussi. J'ai dit qu'elle avait l'esprit
orné. Il était alors dans toute sa fleur. Plusieurs gens de lettres
s'étaient empressés à lui plaire, et lui avaient appris à juger des
ouvrages d'esprit. Elle avait, si je puis parler ainsi, le goût un
peu protestant; elle ne parlait que de Bayle, et faisait grand cas
de Saint-Évremond, qui depuis longtemps était mort en France.
Mais cela n'empêchait pas qu'elle ne connût la bonne littérature, et
qu'elle n'en parlât fort bien. Elle avait été élevée dans des sociétés
choisies; et, venue en Savoie encore jeune, elle avait perdu dans
le commerce charmant de la noblesse du pays ce ton maniéré du
pays de Vaud, où les femmes prennent le bel esprit pour l'esprit
du monde, et ne savent parler que par épigrammes.

Quoiqu'elle n'eût vu la cour qu'en passant, elle y avait jeté un coup d'œil rapide qui lui avait suffi pour la connaître. Elle s'y conserva toujours des amis, et, malgré de secrètes jalousies, malgré les murmures qu'excitaient sa conduite et ses dettes, elle n'a jamais perdu sa pension. Elle avait l'expérience du monde, et l'esprit de réflexion qui fait tirer parti de cette expérience. C'était le sujet favori de ses conversations, et c'était précisément, vu mes idées chimériques, la sorte d'instruction dont j'avais le plus grand besoin. Nous lisions ensemble La Bruyère : il lui plaisait plus que La Rochefoucauld, livre triste et désolant, principalement dans la jeunesse, où l'on n'aime pas à voir l'homme comme il est. Quand elle moralisait, elle se perdait quelquefois un peu dans les espaces; mais, en lui baisant de temps en temps la bouche ou les mains, je prenais patience, et ses longueurs ne m'ennuyaient pas.

Cette vie était trop douce pour pouvoir durer. Je le sentais, et l'inquiétude de la voir finir était la seule chose qui en troublait la jouissance. Tout en folâtrant, maman m'étudiait, m'observait, m'interrogeait, et bâtissait pour ma fortune force projets dont je me serais bien passé. Heureusement ce n'était pas le tout de connaître mes penchants, mes goûts, mes petits talents; il fallait trouver ou faire naître les occasions d'en tirer parti, et tout cela n'était pas l'affaire d'un jour. Les préjugés même qu'avait conçus la pauvre femme en faveur de mon mérite reculaient les moments de le mettre en œuvre, en la rendant plus difficile sur le choix des moyens. Enfin tout allait au gré de mes désirs, grâce à la bonne opinion qu'elle avait de moi : mais il en fallut rabattre, et dès lors adieu la tranquillité. Un de ses parents, appelé M. d'Aubonne, la vint voir. C'était un homme de beaucoup d'esprit, intrigant, génie à projets comme elle, mais qui ne s'y ruinait pas, une espèce d'aventurier. Il venait de proposer au cardinal de Fleury un plan de loterie très composée, qui n'avait pas été goûté. Il allait le proposer à la cour de Turin, où il fut adopté et mis en exécution. Il s'arrêta quelque temps à Annecy, et il devint amoureux de madame l'intendante, qui était une personne fort aimable, fort de mon goût, et la seule que je visse avec plaisir chez maman.

M. d'Aubonne me vit; sa parente lui parla de moi; il se chargea de m'examiner, de voir à quoi j'étais propre, et, s'il me trouvait de l'étoffe, de chercher à me placer.

Madame de Warens m'envoya chez lui deux ou trois matins de suite, sous prétexte de quelque commission, et sans me prévenir de rien. Il s'y prit très bien pour me faire jaser, se familiarisa avec moi, me mit à mon aise autant qu'il était possible, me parla de niaiseries et de toutes sortes de sujets, le tout sans paraître m'observer, sans la moindre affectation, et comme si, se plaisant avec moi, il eût voulu converser sans gêne. J'étais enchanté de lui. Le résultat de ses observations fut que, malgré ce que promettaient mon extérieur et ma physionomie animée, j'étais, sinon tout à fait inepte, au moins un garçon de peu d'esprit, sans idées, presque sans acquis, très borné en un mot à tous égards, et que l'honneur de devenir quelque jour curé de village était la plus haute fortune à laquelle je dusse aspirer. Tel fut le compte qu'il rendit de moi à madame de Warens. Ce fut la seconde ou troisième fois que je fus ainsi jugé : ce ne fut pas la dernière, et l'arrêt de M. Masseron a souvent été confirmé. La cause de ces jugements tient trop à mon caractère pour n'avoir pas ici besoin d'explication; car en conscience on sent bien que je ne puis sincèrement y souscrire, et qu'avec toute l'impartialité possible, quoi qu'aient pu dire messieurs Masseron, d'Aubonne et beaucoup d'autres, je ne les saurais prendre au mot.

Deux choses presque inalliables s'unissent en moi sans que j'en puisse concevoir la manière : un tempérament très ardent, des passions vives, impétueuses, et des idées lentes à naître, embarrassées, et qui ne se présentent jamais qu'après coup. On dirait que mon cœur et mon esprit n'appartiennent pas au même individu. Le sentiment, plus prompt que l'éclair, vient remplir mon âme; mais, au lieu de m'éclairer, il me brûle et m'éblouit. Je sens tout et je ne vois rien. Je suis emporté, mais stupide; il faut que je sois de sang-froid pour penser. Ce qu'il y a d'étonnant est que j'ai cependant le tact assez sûr, de la pénétration, de la finesse même, pourvu qu'on m'attende : je fais d'excellents impromptus à loisir, mais sur le temps je n'ai jamais rien fait ni dit qui vaille. Je ferais une assez jolie conversation par la poste, comme on dit que les Espagnols jouent aux échecs. Quand je lus le trait d'un duc de Savoie qui se retourna, faisant route, pour crier : *A votre gorge, marchand de Paris*, je dis : Me voilà.

Cette lenteur de penser jointe à cette vivacité de sentir, je ne l'ai pas seulement dans la conversation, je l'ai même seul et quand je travaille. Mes idées s'arrangent dans ma tête avec la plus incroyable difficulté : elles y circulent sourdement, elles y fermentent jusqu'à m'émouvoir, m'échauffer, me donner des palpitations; et, au milieu de toute cette émotion, je ne vois rien nettement, je ne saurais écrire un seul mot; il faut que j'attende. Insensiblement ce grand mouvement s'apaise, ce chaos se débrouille, chaque chose vient se mettre à sa place, mais lentement, et après une longue et confuse agitation. N'avez-vous point vu quelquefois l'opéra en Italie? Dans les changements de scène, il règne sur ces grands théâtres un désordre désagréable et qui dure assez longtemps; toutes les décorations sont entremêlées, on voit de toutes parts un tiraillement qui fait peine, on croit que tout va renverser; cependant peu à peu tout s'arrange, rien ne manque, et l'on est tout surpris de voir succéder à ce long tumulte un spectacle ravissant. Cette manœuvre est à peu près celle qui se fait dans mon cerveau quand je veux écrire. Si j'avais su premièrement attendre, et puis rendre dans leur beauté les choses qui s'y sont ainsi peintes, peu d'auteurs m'auraient surpassé.

De là vient l'extrême difficulté que je trouve à écrire. Mes manuscrits raturés, barbouillés, mêlés, indéchiffrables, attestent la peine qu'ils m'ont coûtée. Il n'y en pas un qu'il ne m'ait fallu transcrire quatre ou cinq fois avant de le donner à la presse. Je n'ai jamais pu rien faire la plume à la main vis-à-vis d'une table et de mon papier; c'est à la promenade, au milieu des rochers et des bois; c'est la nuit dans mon lit et durant mes insomnies, que j'écris dans mon cerveau : l'on peut juger avec quelle lenteur, surtout pour un homme absolument dépourvu de mémoire verbale, et qui de la vie n'a pu retenir six vers par cœur. Il y a telle de mes périodes que j'ai tournée et retournée cinq ou six nuits

dans ma tête avant qu'elle fût en état d'être mise sur le papier. De
là vient encore que je réussis mieux aux ouvrages qui demandent
du travail qu'à ceux qui veulent être faits avec une certaine légè-
reté, comme les lettres; genre dont je n'ai jamais pu prendre le
ton, et dont l'occupation me met au supplice. Je n'écris point de
lettres sur les moindres sujets qui ne me coûtent des heures de
fatigue, ou, si je veux écrire de suite ce qui me vient, je ne sais
ni commencer ni finir; ma lettre est un long et confus verbiage; à
peine m'entend-on quand on la lit.

Non seulement les idées me coûtent à rendre, elles me coûtent
même à recevoir. J'ai étudié les hommes, et je me crois assez bon
observateur : cependant je ne sais rien voir de ce que je vois; je
ne vois bien que ce que je me rappelle, et je n'ai de l'esprit que
dans mes souvenirs. De tout ce qu'on dit, de tout ce qu'on fait,
de tout ce qui se passe en ma présence, je ne sens rien, je ne
pénètre rien. Le signe extérieur est tout ce qui me frappe. Mais
ensuite tout cela me revient, je me rappelle le lieu, le temps, le
ton, le regard, le geste, la circonstance; rien ne m'échappe. Alors,
sur ce qu'on a fait ou dit, je trouve ce qu'on a pensé; et il est
rare que je me trompe.

Si peu maître de mon esprit seul avec moi-même, qu'on juge de
ce que je dois être dans la conversation, où, pour parler à propos,
il faut penser à la fois et sur-le-champ à mille choses. La seule
idée de tant de convenances, dont je suis sûr d'oublier au moins
quelqu'une, suffit pour m'intimider. Je ne comprends pas même
comment on ose parler dans un cercle; car à chaque mot il faudrait passer en revue tous les gens qui sont là; il faudrait connaître tous leurs caractères, savoir leurs histoires, pour être sûr
de ne rien dire qui puisse offenser quelqu'un. Là-dessus, ceux
qui vivent dans le monde ont un grand avantage : sachant mieux
ce qu'il faut taire, ils sont plus sûrs de ce qu'ils disent; encore
leur échappe-t-il souvent des balourdises. Qu'on juge de celui
qui tombe là des nues : il lui est presque impossible de parler une
minute impunément. Dans le tête-à-tête il y a un autre inconvé-
nient que je trouve pire, la nécessité de parler toujours : quand
on vous parle, il faut répondre; et si l'on ne dit mot il faut relever

la conversation. Cette insupportable contrainte m'eût seule dégoûté de la société. Je ne trouve point de gêne plus terrible que l'obligation de parler sur-le-champ et toujours. Je ne sais si ceci tient à ma mortelle aversion pour tout assujettissement; mais c'est assez qu'il faille absolument que je parle, pour que je dise une sottise infailliblement.

Ce qu'il y a de plus fatal est qu'au lieu de savoir me taire quand je n'ai rien à dire, c'est alors que, pour payer plus tôt ma dette, j'ai la fureur de vouloir parler. Je me hâte de balbutier promptement des paroles sans idées, trop heureux quand elles ne signifient rien du tout. En voulant vaincre ou cacher mon ineptie, je manque rarement de la montrer. Entre mille exemples que j'en pourrais citer, j'en prends un qui n'est pas de ma jeunesse, mais d'un temps où, ayant vécu plusieurs années dans le monde, j'en aurais pris l'aisance et le ton, si la chose eût été possible. J'étais un soir entre deux grandes dames et un homme qu'on peut nommer; c'était M. le duc de Gontaut. Il n'y avait personne autre dans la chambre, et je m'efforçais de fournir quelques mots, Dieu sait quels! à une conversation entre quatre personnes, dont trois n'avaient assurément pas besoin de mon supplément. La maîtresse de la maison se fit apporter une opiate dont elle prenait tous les jours deux fois pour son estomac. L'autre dame, lui voyant faire la grimace, dit en riant : Est-ce de l'opiate de M. Tronchin? Je ne crois pas, répondit sur le même ton la première. Je crois qu'elle ne vaut guère mieux, ajouta galamment le spirituel Rousseau. Tout le monde resta interdit; il n'échappa ni le moindre mot ni le moindre sourire, et l'instant d'après la conversation prit un autre tour. Vis-à-vis d'une autre la balourdise eût pu n'être que plaisante; mais adressée à une femme trop aimable pour n'avoir pas un peu fait parler d'elle, et qu'assurément je n'avais pas dessein d'offenser, elle était terrible; et je crois que les deux témoins, homme et femme, eurent bien de la peine à s'empêcher d'éclater. Voilà de ces traits d'esprit qui m'échappent pour vouloir parler sans trouver rien à dire. J'oublierai difficilement celui-là; car, outre qu'il est par lui-même très mémorable, j'ai dans la tête qu'il a eu des suites qui ne me le rappellent que trop souvent.

Je crois que voilà de quoi faire assez comprendre comment, n'étant pas un sot, j'ai cependant souvent passé pour l'être, même chez des gens en état de bien juger : d'autant plus malheureux que ma physionomie et mes yeux promettent davantage, et que cette attente frustrée rend plus choquante aux autres ma stupidité. Ce détail, qu'une occasion particulière a fait naître, n'est pas inutile à ce qui doit suivre. Il contient la clef de bien des choses extraordinaires qu'on m'a vu faire, et qu'on attribue à une humeur sauvage que je n'ai point. J'aimerais la société comme un autre, si je n'étais sûr de m'y montrer non seulement à mon désavantage, mais tout autre que je ne suis. Le parti que j'ai pris d'écrire et de me cacher est précisément celui qui me convenait. Moi présent, on n'aurait jamais su ce que je valais, on ne l'aurait pas soupçonné même; et c'est ce qui est arrivé à madame Dupin, quoique femme d'esprit, et quoique j'aie vécu dans sa maison plusieurs années : elle me l'a dit bien des fois elle-même depuis ce temps-là. Au reste, tout ceci souffre des exceptions, et j'y reviendrai dans la suite.

La mesure de mes talents ainsi fixée, l'état qui me convenait ainsi désigné, il ne fut plus question, pour la seconde fois, que de remplir ma vocation. La difficulté fut que je n'avais pas fait mes études, et que je ne savais pas même assez de latin pour être prêtre. Madame de Warens imagina de me faire instruire au séminaire pendant quelque temps. Elle en parla au supérieur. C'était un lazariste appelé M. Gros, bon petit homme, à moitié borgne, maigre, grison, le plus spirituel et le moins pédant lazariste que j'aie connu; ce qui n'est pas beaucoup dire à la vérité.

Il venait quelquefois chez maman, qui l'accueillait, le caressait, l'agaçait même, et qui se faisait quelquefois lacer par lui, emploi dont il se chargeait assez volontiers. Tandis qu'il était en fonction, elle courait par la chambre de côté et d'autre, faisait tantôt ceci, tantôt cela. Tiré par le lacet, monsieur le supérieur suivait en grondant, et disant à tout moment: Mais, madame, tenez-vous donc. Cela faisait un sujet assez pittoresque.

M. Gros se prêta de bon cœur au projet de maman. Il se contenta d'une pension très modique, et se chargea de l'instruction.

Il ne fut question que du consentement de l'évêque, qui non seulement l'accorda, mais qui voulut payer la pension. Il permit aussi que je restasse en habit laïque jusqu'à ce qu'on pût juger, par un essai, du succès qu'on devait espérer.

Quel changement ! Il fallut m'y soumettre. J'allai au séminaire comme j'aurais été au supplice. La triste maison qu'un séminaire, surtout pour qui sort de celle d'une aimable femme ! J'y portai un seul livre, que j'avais prié maman de me prêter, et qui me fut d'une grande ressource. On ne devinera pas quelle sorte de livre : c'était un livre de musique. Parmi les talents qu'elle avait cultivés, la musique n'avait pas été oubliée. Elle avait de la voix, chantait passablement, et jouait un peu du clavecin : elle avait eu la complaisance de me donner quelques leçons de chant; et il fallut commencer de loin, car à peine savais-je la musique de nos psaumes. Huit ou dix leçons de femme, et fort interrompues, loin de me mettre en état de solfier, ne m'apprirent pas le quart des signes de la musique. Cependant j'avais une telle passion pour cet art, que je voulus essayer de m'exercer seul. Le livre que j'emportai n'était pas même des plus faciles; c'étaient les cantates de Clérambault. On concevra quelle fut mon application et mon obstination, quand je dirai que, sans connaître ni transposition ni quantité, je parvins à déchiffrer et chanter sans faute le premier récitatif et le premier air d'*Alphée et Aréthuse*; et il est vrai que cet air est scandé si juste, qu'il ne faut que réciter les vers avec leur mesure pour y mettre celle de l'air.

Il y avait au séminaire un maudit lazariste qui m'entreprit, et qui me fit prendre en horreur le latin qu'il voulait m'enseigner. Il avait des cheveux plats, gras et noirs, un visage de pain d'épice, une voix de buffle, un regard de chat-huant, des crins de sanglier au lieu de barbe; son sourire était sardonique; ses membres jouaient comme les poulies d'un mannequin. J'ai oublié son odieux nom; mais sa figure effrayante et doucereuse m'est restée, et j'ai peine à me la rappeler sans frémir. Je crois le rencontrer encore dans les corridors, avançant gracieusement son crasseux bonnet carré pour me faire signe d'entrer dans sa chambre, plus affreuse pour moi qu'un cachot. Qu'on juge du contraste d'un

pareil maître pour le disciple d'un abbé de cour ! Si j'étais resté
deux mois à la merci de ce monstre, je suis persuadé que ma tête
n'y aurait pas résisté. Mais le bon M. Gros, qui s'aperçut que
j'étais triste, que je ne mangeais pas, que je maigrissais, devina
le sujet de mon chagrin; cela n'était pas difficile. Il m'ôta des
griffes de ma bête, et, par un autre contraste encore plus marqué,
me remit au plus doux des hommes : c'était un jeune abbé fauci-
gneran, appelé M. Gâtier, qui faisait son séminaire, et qui, par
complaisance pour M. Gros, et je crois par humanité, voulait bien
prendre sur ses études le temps qu'il donnait à diriger les miennes.
Je n'ai jamais vu de physionomie plus touchante que celle de
M. Gâtier. Il était blond, et sa barbe tirait sur le roux : il avait le
maintien ordinaire aux gens de sa province, qui, sous une figure
épaisse, cachent tous beaucoup d'esprit; mais ce qui se marquait
vraiment en lui était une âme sensible, affectueuse, aimante. Il
y avait dans ses grands yeux bleus un mélange de douceur, de
tendresse et de tristesse, qui faisait qu'on ne pouvait le voir sans
s'intéresser à lui. Aux regards, au ton de ce pauvre jeune homme,
on eût dit qu'il prévoyait sa destinée, et qu'il se sentait né pour
être malheureux.

Son caractère ne démentait pas sa physionomie : plein de
patience et de complaisance, il semblait plutôt étudier avec moi
que m'instruire. Il n'en fallait pas tant pour me le faire aimer, son
prédécesseur avait rendu cela très facile. Cependant, malgré tout
le temps qu'il me donnait, malgré toute la bonne volonté que
nous y mettions l'un et l'autre, et quoiqu'il s'y prît très bien,
j'avançai peu en travaillant beaucoup. Il est singulier qu'avec
assez de conception, je n'ai jamais pu rien apprendre avec des
maîtres, excepté mon père et M. Lambercier. Le peu que je sais
de plus je l'ai appris seul, comme on verra ci-après. Mon esprit,
impatient de toute espèce de joug, ne peut s'asservir à la loi du
moment; la crainte même de ne pas apprendre m'empêche d'être
attentif : de peur d'impatienter celui qui me parle, je feins d'entendre; il va en avant, et je n'entends rien. Mon esprit veut marcher à son heure, il ne peut se soumettre à celle d'autrui.

Le temps des ordinations étant venu, M. Gâtier s'en retourna

diacre dans sa province. Il emporta mes regrets, mon attachement, ma reconnaissance. Je fis pour lui des vœux qui n'ont pas
été plus exaucés que ceux que j'ai faits pour moi-même. Quelques
années après j'appris qu'étant vicaire dans une paroisse, il avait
fait un enfant à une fille, la seule dont, avec un cœur très tendre,
il eût jamais été amoureux. Ce fut un scandale effroyable dans un
diocèse administré très sévèrement. Les prêtres, en bonne règle,
ne doivent faire des enfants qu'à des femmes mariées. Pour avoir
manqué à cette loi de convenance, il fut mis en prison, diffamé,
chassé. Je ne sais s'il aura pu dans la suite rétablir ses affaires :
mais le sentiment de son infortune, profondément gravé dans
mon cœur, me revint quand j'écrivis l'*Émile* ; et, réunissant
M. Gâtier avec M. Gaime, je fis de ces deux dignes prêtres l'original du vicaire savoyard. Je me flatte que l'imitation n'a pas
déshonoré ses modèles.

Pendant que j'étais au séminaire, M. d'Aubonne fut obligé de
quitter Annecy. Monsieur l'intendant s'avisa de trouver mauvais
qu'il fît l'amour avec sa femme. C'était faire comme le chien du
jardinier ; car, quoique madame Corvezi fût aimable, il vivait fort
mal avec elle ; des goûts ultramontains la lui rendaient inutile, et
il la traitait si brutalement qu'il fut question de séparation.
M. Corvezi était un vilain homme, noir comme une taupe, fripon
comme une chouette, et qui à force de vexations finit par se faire
chasser lui-même. On dit que les Provençaux se vengent de leurs
ennemis par des chansons : M. d'Aubonne se vengea du sien par
une comédie ; il envoya cette pièce à madame de Warens, qui me
la fit voir. Elle me plut, et me fit naître la fantaisie d'en faire une,
pour essayer si j'étais en effet aussi bête que l'auteur l'avait prononcé : mais ce ne fut qu'à Chambéri que j'exécutai ce projet en
écrivant *l'Amant de lui-même*. Ainsi quand j'ai dit dans la préface
de cette pièce que je l'avais écrite à dix-huit ans, j'ai menti de
quelques années.

C'est à peu près à ce temps-ci que se rapporte un événement
peu important en lui-même, mais qui a eu pour moi des suites, et
qui a fait du bruit dans le monde quand je l'avais oublié. Toutes
les semaines j'avais une fois la permission de sortir ; je n'ai pas

besoin de dire quel usage j'en faisais. Un dimanche que j'étais
chez maman, le feu prit dans le bâtiment des cordeliers attenant
à la maison qu'elle occupait. Ce bâtiment, où était leur four,
était plein jusqu'au comble de fascines sèches. Tout fut embrasé
en très peu de temps : la maison était en grand péril, et couverte
par les flammes que le vent y portait. On se mit en devoir de
déménager en hâte et de porter les meubles dans le jardin, qui
était vis-à-vis mes anciennes fenêtres, et au delà du ruisseau dont
j'ai parlé. J'étais si troublé, que je jetais indifféremment par la
fenêtre tout ce qui me tombait sous la main, jusqu'à un gros
mortier de pierre, qu'en tout autre temps j'aurais eu peine à soulever; j'étais prêt à y jeter de même une grande glace, si quelqu'un
ne m'eût retenu. Le bon évêque, qui était venu voir maman ce
jour-là, ne resta pas non plus oisif : il l'emmena dans le jardin,
où il se mit en prières avec elle et tous ceux qui étaient là; en
sorte qu'arrivant quelque temps après, je vis tout le monde à
genoux et m'y mis comme les autres. Durant la prière du saint
homme le vent changea, mais si brusquement et si à propos, que
les flammes, qui couvraient la maison et entraient déjà par les
fenêtres, furent portées de l'autre côté de la cour, et la maison
n'eut aucun mal. Deux ans après, M. de Bernex étant mort, les
antonins, ses anciens confrères, commencèrent à recueillir les
pièces qui pourraient servir à sa béatification. A la prière du
P. Boudet, je joignis à ces pièces une attestation du fait que je
viens de rapporter, en quoi je fis bien : mais en quoi je fis mal, ce
fut de donner ce fait pour un miracle. J'avais vu l'évêque en
prière, et durant sa prière j'avais vu le vent changer, et même
très à propos; voilà ce que je pouvais dire et certifier : mais
qu'une de ces choses fût la cause de l'autre, voilà ce que je ne
devais pas attester, parce que je ne pouvais le savoir. Cependant,
autant que je puis me rappeler mes idées, alors sincèrement
catholique, j'étais de bonne foi. L'amour du merveilleux, si naturel au cœur humain, ma vénération pour ce vertueux prélat,
l'orgueil secret d'avoir peut-être contribué moi-même au miracle,
aidèrent à me séduire; et ce qu'il y a de sûr est que si ce miracle
eût été l'effet des plus ardentes prières, j'aurais bien pu m'en

attribuer ma part. Plus de trente ans après, lorsque j'eus publié les *Lettres de la Montagne*, M. Fréron déterra ce certificat je ne sais comment, et en fit usage dans ses feuilles. Il faut avouer que la découverte était heureuse, et l'à-propos me parut à moi-même très plaisant.

J'étais destiné à être le rebut de tous les états. Quoique M. Gâtier eût rendu de mes progrès le compte le moins défavorable qu'il lui fût possible, on voyait qu'ils n'étaient pas proportionnés à mon travail, et cela n'était pas encourageant pour me faire pousser mes études. Aussi l'évêque et le supérieur se rebutèrent-ils, et on me rendit à madame de Warens comme un sujet qui n'était pas même bon pour être prêtre; au reste, assez bon garçon, disait-on, et point vicieux : ce qui fit que, malgré tant de préjugés rebutants sur mon compte, elle ne m'abandonna pas.

Je rapportai chez elle en triomphe son livre de musique, dont j'avais tiré si bon parti. Mon air d'*Alphée et Aréthuse* était à peu près tout ce que j'avais appris au séminaire. Mon goût marqué pour cet art lui fit naître la pensée de me faire musicien : l'occasion était commode; on faisait chez elle, au moins une fois la semaine, de la musique, et le maître de musique de la cathédrale, qui dirigeait ce petit concert, venait la voir très souvent. C'était un Parisien nommé M. Le Maître, bon compositeur, fort vif, fort gai, jeune encore, assez bien fait, peu d'esprit, mais au demeurant très bon homme. Maman me fit faire sa connaissance : je m'attachais à lui, je ne lui déplaisais pas : on parla de pension, l'on en convint. Bref, j'entrai chez lui, et j'y passai l'hiver d'autant plus agréablement, que la maîtrise n'étant qu'à vingt pas de la maison de maman, nous étions chez elle en un moment, et nous y soupions très souvent ensemble.

On jugera bien que la vie de la maîtrise, toujours chantante et gaie, avec les musiciens et les enfants de chœur, me plaisait plus que celle du séminaire avec les pères de Saint-Lazare. Cependant cette vie, pour être plus libre, n'en était pas moins égale et réglée. J'étais fait pour aimer l'indépendance et pour n'en abuser jamais. Durant six mois entiers je ne sortis pas une seule fois que pour aller chez maman ou à l'église, et je n'en fus pas même tenté. Cet

intervalle est un de ceux où j'ai vécu dans le plus grand calme, et
que je me suis rappelés avec le plus de plaisir. Dans les situations
diverses où je me suis trouvé, quelques-uns ont été marqués par
un tel sentiment de bien-être, qu'en les remémorant j'en suis
affecté comme si j'y étais encore. Non seulement je me rappelle
les temps, les lieux, les personnes, mais tous les objets environ-
nants, la température de l'air, son odeur, sa couleur, une certaine
impression locale qui ne s'est fait sentir que là, et dont le souvenir vif m'y transporte de nouveau. Par exemple, tout ce qu'on
répétait à la maîtrise, tout ce qu'on chantait au chœur, tout ce
qu'on y faisait, le bel et noble habit des chanoines, les chasubles
des prêtres, les mitres des chantres, la figure des musiciens, un
vieux charpentier boîteux qui jouait de la contrebasse, un petit
abbé blondin qui jouait du violon, le lambeau de soutane qu'après
avoir posé son épée M. Le Maître endossait par-dessus son habit
laïque, et le beau surplis fin dont il en couvrait les loques pour
aller au chœur; l'orgueil avec lequel j'allais, tenant ma petite
flûte à bec, m'établir dans l'orchestre à la tribune pour un petit
bout de récit que M. Le Maître avait fait exprès pour moi, le bon
dîner qui nous attendait ensuite, le bon appétit qu'on y portait;
ce concours d'objets vivement retracé m'a cent fois charmé
dans ma mémoire, autant et plus que dans la réalité. J'ai gardé
toujours une affection tendre pour un certain air du *Conditor alme
siderum* qui marche par ïambes, parce qu'un dimanche de l'Avent
j'entendis de mon lit chanter cette hymne avant le jour sur le
perron de la cathédrale, selon un rite de cette église-là. Mademoiselle Merceret, femme de chambre de maman, savait un peu
de musique : je n'oublierai jamais un petit motet *Afferte* que
M. Le Maître me fit chanter avec elle, et que sa maîtresse écoutait
avec tant de plaisir. Enfin tout, jusqu'à la bonne servante Perrine,
qui était si bonne fille et que les enfants de chœur faisaient tant
endêver, tout, dans les souvenirs de ces temps de bonheur et
d'innocence, revient souvent me ravir et m'attrister.

Je vivais à Annecy depuis près d'un an sans le moindre
reproche : tout le monde était content de moi. Depuis mon départ
de Turin je n'avais point fait de sottise, et je n'en fis point tant

que je fus sous les yeux de maman. Elle me conduisait, et me conduisait toujours bien : mon attachement pour elle était devenu ma seule passion; et ce qui prouve que ce n'était pas une passion folle, c'est que mon cœur formait ma raison. Il est vrai qu'un seul sentiment, absorbant pour ainsi dire toutes mes facultés, me mettait hors d'état de rien apprendre, pas même la musique, bien que j'y fisse tous mes efforts. Mais il n'y avait point de ma faute; la bonne volonté y était tout entière, l'assiduité y était. J'étais distrait, rêveur, je soupirais : qu'y pouvais-je faire ? Il ne manquait à mes progrès rien qui dépendît de moi; mais pour que je fisse de nouvelles folies il ne fallait qu'un sujet qui vînt me les inspirer. Ce sujet se présenta; le hasard arrangea les choses, et, comme on verra dans la suite, ma mauvaise tête en tira parti.

Un soir du mois de février, qu'il faisait bien froid, comme nous étions tous autour du feu, nous entendîmes frapper à la porte de la rue. Perrine prend sa lanterne, descend, ouvre : un jeune homme entre avec elle, monte, se présente d'un air aisé, et fait à M. Le Maître un compliment court et bien tourné, se donnant pour un musicien français que le mauvais état de ses finances forçait de vicarier pour passer son chemin. A ce mot de musicien français, le cœur tressaillit au bon Le Maître : il aimait passionnément son pays et son art. Il accueillit le jeune passager, lui offrit le gîte dont il paraissait avoir grand besoin, et qu'il accepta sans beaucoup de façons. Je l'examinai tandis qu'il se chauffait et qu'il jasait en attendant le souper. Il était court de stature, mais large de carrure; il avait je ne sais quoi de contrefait dans sa taille, sans aucune difformité particulière; c'était pour ainsi dire un bossu à épaules plates, mais je crois qu'il boitait un peu; il avait un habit noir plutôt usé que vieux, et qui tombait par pièces, une chemise très fine et très sale, de belles manchettes d'effilé, des guêtres dans lesquelles il aurait mis les deux jambes, et, pour se garantir de la neige, un petit chapeau à porter sous le bras. Dans ce comique équipage il y avait pourtant quelque chose de noble que son maintien ne démentait pas; sa physionomie avait de la finesse et de l'agrément; il parlait facilement et bien, mais très peu modestement. Tout marquait en lui un jeune débauché qui

avait eu de l'éducation, et qui n'allait pas gueusant comme un
gueux, mais comme un fou. Il nous dit qu'il s'appelait Venture
de Villeneuve, qu'il venait de Paris, qu'il s'était égaré dans sa
route; et, oubliant un peu son rôle de musicien, il ajouta qu'il
allait à Grenoble voir un parent qu'il avait dans le parlement.

Pendant le souper on parla de musique, et il en parla bien. Il
connaissait tous les grands virtuoses, tous les ouvrages célèbres,
tous les acteurs, toutes les actrices, toutes les jolies femmes, tous
les grands seigneurs. Sur tout ce qu'on disait il paraissait au fait;
mais à peine un sujet était-il entamé, qu'il brouillait l'entretien
par quelque polissonnerie qui faisait rire, et oublier ce que l'on
avait dit. C'était un samedi; il y avait le lendemain musique à la
cathédrale. M. Le Maître lui proposa d'y chanter; *très volontiers*;
lui demande quelle est sa partie; *haute-contre*; et il parle d'autre
chose. Avant d'aller à l'église on lui offrit sa partie à prévoir; il
n'y jeta pas les yeux. Cette gasconnade surprit Le Maître : Vous
verrez, me dit-il à l'oreille, qu'il ne sait pas une note de musique.
J'en ai grand'peur, lui répondis-je. Je les suivis très inquiet.
Quand on commença, le cœur me battit d'une terrible force, car
je m'intéressais beaucoup à lui.

J'eus bientôt de quoi me rassurer. Il chanta ses deux récits
avec toute la justesse et tout le goût imaginables, et, qui plus est,
avec une très jolie voix. Je n'ai guère eu de plus agréable surprise. Après la messe, M. Venture reçut des compliments à perte
de vue des chanoines et des musiciens, auxquels il répondait en
polissonnant, mais toujours avec beaucoup de grâce. M. Le
Maître l'embrassa de bon cœur; j'en fis autant : il vit que j'étais
bien aise, et cela parut lui faire plaisir.

On conviendra, je m'assure, qu'après m'être engoué de M. Bâcle,
qui tout compté n'était qu'un manant, je pouvais m'engouer de
M. Venture, qui avait de l'éducation, des talents, de l'esprit, de
l'usage du monde, et qui pouvait passer pour un aimable débauché. C'est aussi ce qui m'arriva, et ce qui serait arrivé, je pense,
à tout autre jeune homme à ma place, d'autant plus facilement
encore qu'il aurait eu un meilleur tact pour sentir le mérite, et un
meilleur goût pour s'y attacher : car Venture en avait sans contre-

dit, et il en avait surtout un bien rare à son âge, celui de n'être
point pressé de montrer son acquis. Il est vrai qu'il se vantait de
beaucoup de choses qu'il ne savait point; mais pour celles qu'il
savait, et qui étaient en assez grand nombre, il n'en disait rien : il
attendait l'occasion de les montrer; il s'en prévalait alors sans
empressement, et cela faisait le plus grand effet. Comme il s'arrê-
tait après chaque chose sans parler du reste, on ne savait plus
quand il aurait tout montré. Badin, folâtre, inépuisable, séduisant
dans la conversation, souriant toujours et ne riant jamais, il disait
du ton le plus élégant les choses les plus grossières, et les faisait
passer. Les femmes même les plus modestes s'étonnaient de ce
qu'elles enduraient de lui. Elles avaient beau sentir qu'il fallait
se fâcher, elles n'en avaient pas la force. Il ne lui fallait que des
filles perdues, et je ne crois pas qu'il fût fait pour avoir de bonnes
fortunes; mais il était fait pour mettre un agrément infini dans la
société des gens qui en avaient. Il était difficile qu'avec tant de
talents agréables, dans un pays où l'on s'y connaît et où on les
aime, il restât borné longtemps à la sphère des musiciens.

Mon goût pour M. Venture, plus raisonnable dans sa cause, fut
aussi moins extravagant dans ses effets, quoique plus vif et plus
durable que celui que j'avais pris pour M. Bâcle. J'aimais à le
voir, à l'entendre; tout ce qu'il faisait me paraissait charmant,
tout ce qu'il disait me semblait des oracles : mais mon engoue-
ment n'allait pas jusqu'à ne pouvoir me séparer de lui. J'avais à
mon voisinage un bon préservatif contre cet excès. D'ailleurs,
trouvant ses maximes très bonnes pour lui, je sentais qu'elles
n'étaient pas à mon usage; il me fallait une autre sorte de volupté,
dont il n'avait pas l'idée, et dont je n'osais même lui parler, bien
sûr qu'il se serait moqué de moi. Cependant j'aurais voulu allier
cet attachement avec celui qui me dominait. J'en parlais à maman
avec transport; Le Maître lui en parlait avec éloges. Elle consentit
qu'on le lui amenât. Mais cette entrevue ne réussit point du tout :
il la trouva précieuse, elle le trouva libertin; et, s'alarmant pour
moi d'une aussi mauvaise connaissance, non seulement elle me
défendit de le lui ramener, mais elle me peignit si fortement les
dangers que je courais avec ce jeune homme, que je devins un

peu plus circonspect à m'y livrer; et, très heureusement pour mes
mœurs et pour ma tête, nous fûmes bientôt séparés.

M. Le Maître avait les goûts de son art; il aimait le vin. A table
cependant il était sobre, mais en travaillant dans son cabinet il
fallait qu'il bût. Sa servante le savait si bien, que, sitôt qu'il préparait son papier pour composer et qu'il prenait son violoncelle,
son pot et son verre arrivaient l'instant d'après, et le pot se renou-
velait de temps à autre. Sans jamais être absolument ivre, il était
toujours pris de vin; et en vérité c'était dommage, car c'était un
garçon essentiellement bon, et si gai que maman ne l'appelait que
petit-chat. Malheureusement il aimait son talent, travaillait beaucoup et buvait de même. Cela prit sur sa santé et enfin sur son
humeur : il était quelquefois ombrageux et facile à offenser. Incapable de grossièreté, incapable de manquer à qui que ce fût, il
n'a jamais dit une mauvaise parole, même à un de ses enfants de
chœur; mais il ne fallait pas non plus lui manquer, et cela était
juste. Le mal était qu'ayant peu d'esprit, il ne discernait pas les
tons et les caractères, et prenait souvent la mouche sur rien.

L'ancien chapitre de Genève, où jadis tant de princes et
d'évêques se faisaient l'honneur d'entrer, a perdu dans son exil
son ancienne splendeur, mais il a conservé sa fierté. Pour pouvoir
y être admis, il faut toujours être gentilhomme ou docteur de Sorbonne; et s'il est un orgueil pardonnable après celui qui se tire
du mérite personnel, c'est celui qui se tire de la naissance. D'ailleurs tous les prêtres qui ont des laïques à leurs gages les traitent
d'ordinaire avec assez de hauteur. C'est ainsi que les chanoines
traitaient souvent le pauvre Le Maître. Le chantre surtout, appelé
M. l'abbé de Vidonne, qui du reste était un très galant homme,
mais trop plein de sa noblesse, n'avait pas toujours pour lui les
égards que méritaient ses talents; et l'autre n'endurait pas volontiers ces dédains. Cette année ils eurent durant la semaine sainte
un démêlé plus vif qu'à l'ordinaire dans un dîner de règle que
l'évêque donnait aux chanoines, et où Le Maître était toujours
invité. Le chantre lui fit quelque passe-droit, et lui dit quelque
parole dure que celui-ci ne put digérer. Il prit sur-le-champ la
résolution de s'enfuir la nuit suivante; et rien ne put l'en faire

démordre, quoique madame de Warens, à qui il alla faire ses adieux, n'épargnât rien pour l'apaiser. Il ne put renoncer au plaisir de se venger de ses tyrans en les laissant dans l'embarras aux fêtes de Pâques, temps où l'on avait le plus grand besoin de lui. Mais ce qui l'embarrassait lui-même était sa musique qu'il voulait emporter, ce qui n'était pas facile : elle formait une caisse assez grosse et fort lourde, qui ne s'emportait pas sous le bras.

Maman fit ce que j'aurais fait et ce que je ferais encore à sa place. Après bien des efforts inutiles pour le retenir, le voyant résolu de partir comme que ce fût, elle prit le parti de l'aider en tout ce qui dépendait d'elle. J'ose dire qu'elle le devait. Le Maître s'était consacré, pour ainsi dire, à son service. Soit en ce qui tenait à son art, soit en ce qui tenait à ses soins, il était entièrement à ses ordres; et le cœur avec lequel il les suivait donnait à sa complaisance un nouveau prix. Elle ne faisait donc que rendre à un ami, dans une occasion essentielle, ce qu'il faisait pour elle en détail depuis trois ou quatre ans : mais elle avait une âme qui, pour remplir de pareils devoirs, n'avait pas besoin de songer que c'en étaient pour elle. Elle me fit venir, m'ordonna de suivre M. Le Maître, au moins jusqu'à Lyon, et de m'attacher à lui aussi longtemps qu'il aurait besoin de moi. Elle m'a depuis avoué que le désir de m'éloigner de Venture était entré pour beaucoup dans cet arrangement. Elle consulta Claude Anet, son fidèle domestique, pour le transport de la caisse. Il fut d'avis qu'au lieu de prendre à Annecy une bête de somme, qui nous ferait infailliblement découvrir, il fallait, quand il serait nuit, porter la caisse à bras jusqu'à une certaine distance, et louer ensuite un âne dans un village pour la transporter jusqu'à Seyssel, où, étant sur terres de France, nous n'aurions plus rien à risquer. Cet avis fut suivi : nous partîmes le même soir à sept heures; et maman, sous prétexte de payer ma dépense, grossit la petite bourse du pauvre *petit-chat* d'un surcroît qui ne lui fut pas inutile. Claude Anet, le jardinier et moi, portâmes la caisse comme nous pûmes jusqu'au premier village, où un âne nous relaya; et la même nuit nous nous rendîmes à Seyssel.

Je crois avoir déjà remarqué qu'il y a des temps où je suis si peu semblable à moi-même, qu'on me prendrait pour un autre homme de caractère tout opposé. On en va voir un exemple. M. Reydelet, curé de Seyssel, était chanoine de Saint-Pierre, par conséquent de la connaissance de M. Le Maître, et l'un des hommes dont il devait le plus se cacher. Mon avis fut au contraire d'aller nous présenter à lui, et lui demander gîte sous quelque prétexte, comme si nous étions là du consentement du chapitre. Le Maître goûta cette idée qui rendait sa vengeance moqueuse et plaisante. Nous allâmes donc effrontément chez M. Reydelet, qui nous reçut très bien. Le Maître lui dit qu'il allait à Bellay, à la prière de l'évêque, diriger sa musique aux fêtes de Pâques, qu'il comptait repasser dans peu de jours; et moi, à l'appui de ce mensonge, j'en enfilai cent autres si naturels, que M. Reydelet, me trouvant joli garçon, me prit en amitié et me fit mille caresses. Nous fûmes bien régalés, bien couchés. M. Reydelet ne savait quelle chère nous faire; et nous nous séparâmes les meilleurs amis du monde, avec promesse de nous arrêter plus longtemps au retour. A peine pûmes-nous attendre que nous fussions seuls pour commencer nos éclats de rire; et j'avoue qu'ils me reprennent encore en y pensant; car on ne saurait imaginer une espièglerie mieux soutenue ni plus heureuse. Elle nous eût égayés durant toute la route, si M. Le Maître, qui ne cessait de boire et de battre la campagne, n'eût été attaqué deux ou trois fois d'une atteinte à laquelle il devenait très sujet, et qui ressemblait fort à l'épilepsie. Cela me jeta dans des embarras qui m'effrayèrent, et dont je pensai bientôt à me tirer comme je pourrais.

Nous allâmes à Bellay passer les fêtes de Pâques, comme nous l'avions dit à M. Reydelet; et, quoique nous n'y fussions point attendus, nous fûmes reçus du maître de musique et accueillis de tout le monde avec grand plaisir. M. Le Maître avait de la considération dans son art, et la méritait. Le maître de musique de Bellay se fit honneur de ses meilleurs ouvrages, et tâcha d'obtenir l'approbation d'un si bon juge; car outre que Le Maître était connaisseur, il était équitable, point jaloux et point flagorneur. Il était si supérieur à tous ces maîtres de musique de province, et ils le sentaient si bien eux-mêmes, qu'ils le regardaient moins comme leur confrère que comme leur chef.

Après avoir passé très agréablement quatre ou cinq jours à Bellay, nous en repartîmes, et continuâmes notre route sans aucun accident que ceux dont je viens de parler. Arrivés à Lyon, nous fûmes loger à Notre-Dame de Pitié; et, en attendant la caisse, qu'à la faveur d'un autre mensonge nous avions embarquée sur le Rhône par les soins de notre bon patron M. Reydelet, M. Le Maître alla voir ses connaissances, entre autres le P. Caton, cordelier, dont il sera parlé dans la suite, et l'abbé Dortan, comte de Lyon. L'un et l'autre le reçurent bien; mais ils le trahirent, comme on verra tout à l'heure : son bonheur s'était épuisé chez M. Reydelet.

Deux jours après notre arrivée à Lyon, comme nous passions dans une petite rue non loin de notre auberge, Le Maître fut surpris d'une de ses atteintes, et celle-là fut si violente que j'en fus saisi d'effroi. Je fis des cris, appelai du secours, nommai son auberge, et suppliai qu'on l'y fît porter; puis, tandis qu'on s'assemblait et s'empressait autour d'un homme tombé sans sentiment et écumant au milieu de la rue, il fut délaissé du seul ami sur lequel il eût dû compter. Je pris l'instant où personne ne songeait à moi; je tournai le coin de la rue, et je disparus. Grâce au ciel, j'ai fini ce troisième aveu pénible. S'il m'en restait beaucoup de pareils à faire, j'abandonnerais le travail que j'ai commencé.

De tout ce que j'ai dit jusqu'à présent, il en est resté quelques traces dans tous les lieux où j'ai vécu; mais ce que j'ai à dire dans le livre suivant est presque entièrement ignoré. Ce sont les plus grandes extravagances de ma vie, et il est heureux qu'elles n'aient pas plus mal fini. Mais ma tête, montée au ton d'un instrument étranger, était hors de son diapason : elle y revint d'elle-même; et alors je cessai mes folies, ou du moins j'en fis de plus accordantes à mon naturel. Cette époque de ma jeunesse est celle dont j'ai l'idée la plus confuse. Rien presque ne s'y est passé d'assez intéressant à mon cœur pour m'en retracer vivement le souvenir;

et il est difficile que dans tant d'allées et venues, dans tant de déplacements successifs, je ne fasse pas quelques transpositions de temps ou de lieu. J'écris absolument de mémoire, sans monuments, sans matériaux qui puissent me la rappeler. Il y a des événements de ma vie qui me sont aussi présents que s'ils venaient d'arriver; mais il y a des lacunes et des vides que je ne peux remplir qu'à l'aide de récits aussi confus que le souvenir qui m'en est resté. J'ai donc pu faire des erreurs quelquefois, et j'en pourrai faire encore sur des bagatelles, jusqu'au temps où j'ai de moi des renseignements plus sûrs; mais en ce qui importe vraiment au sujet, je suis assuré d'être exact et fidèle, comme je tâcherai toujours de l'être en tout : voilà sur quoi l'on peut compter.

Sitôt que j'eus quitté M. Le Maître, ma résolution fut prise, et je repartis pour Annecy. La cause et le mystère de notre départ m'avaient donné un grand intérêt pour la sûreté de notre retraite; et cet intérêt, m'occupant tout entier, avait fait diversion durant quelques jours à celui qui me rappelait en arrière : mais dès que la sécurité me laissa plus tranquille, le sentiment dominant reprit sa place. Rien ne me flattait, rien ne me tentait, je n'avais de désir que pour retourner auprès de maman. La tendresse et la vérité de mon attachement pour elle avaient déraciné de mon cœur tous les projets imaginaires, toutes les folies de l'ambition. Je ne voyais plus d'autre bonheur que celui de vivre auprès d'elle, et je ne faisais pas un pas sans sentir que je m'éloignais de ce bonheur. J'y revins donc aussitôt que cela me fut possible. Mon retour fut si prompt et mon esprit si distrait, que, quoique je me rappelle avec tant de plaisir tous mes autres voyages, je n'ai pas le moindre souvenir de celui-là; je ne m'en rappelle rien du tout, sinon mon départ de Lyon et mon arrivée à Annecy. Qu'on juge surtout si cette dernière époque a dû sortir de ma mémoire! En arrivant je ne trouvai plus madame de Warens; elle était partie pour Paris.

Je n'ai jamais bien su le secret de ce voyage. Elle me l'aurait dit, j'en suis très sûr, si je l'en avais pressée; mais jamais homme ne fut moins curieux que moi du secret de ses amis : mon cœur, uniquement occupé du présent, en remplit toute sa capacité, tout son espace, et, hors les plaisirs passés, qui font désormais mes uniques jouissances, il n'y reste pas un coin de vide pour ce qui n'est plus. Tout ce que j'ai cru entrevoir dans le peu qu'elle m'en a dit est que, dans la révolution causée à Turin par l'abdication du roi de Sardaigne, elle craignit d'être oubliée, et voulut, à la faveur des intrigues de M. d'Aubonne, chercher le même avantage à la cour de France, où elle m'a souvent dit qu'elle l'eût préféré, parce que la multitude des grandes affaires fait qu'on n'y est pas si désagréablement surveillé. Si cela est, il est bien étonnant qu'à son retour on ne lui ait pas fait plus mauvais visage, et qu'elle ait toujours joui de sa pension sans aucune interruption. Bien des gens ont cru qu'elle avait été chargée de quelque commission secrète, soit de la part de l'évêque, qui avait alors des affaires à la cour de France, où il fut lui-même obligé d'aller, soit de la part de quelqu'un plus puissant encore, qui sut lui ménager un heureux retour. Ce qu'il y a de sûr, si cela est, est que l'ambassadrice n'était pas mal choisie, et que, jeune et belle encore, elle avait tous les talents nécessaires pour se bien tirer d'une négociation.

LIVRE IV

LIVRE QUATRIÈME

1731-1732

J'arrive, et je ne la trouve plus. Qu'on juge de ma surprise et de ma douleur ! C'est alors que le regret d'avoir lâchement abandonné M. Le Maître commença de se faire sentir. Il fut plus vif encore quand j'appris le malheur qui lui était arrivé. Sa caisse de musique, qui contenait toute sa fortune, cette précieuse caisse, sauvée avec tant de fatigue, avait été saisie en arrivant à Lyon, par les soins du comte Dortan, à qui le chapitre avait fait écrire pour le prévenir de cet enlèvement furtif. Le Maître avait en vain réclamé son bien, son gagne-pain, le travail de toute sa vie. La propriété de cette caisse était tout au moins sujette à litige : il n'y en eut point. L'affaire fut décidée à l'instant même par la loi du

plus fort, et le pauvre Le Maître perdit ainsi le fruit de ses
talents, l'ouvrage de sa jeunesse, et la ressource de ses vieux
jours.

Il ne manqua rien au coup que je reçus pour le rendre accablant. Mais j'étais dans un âge où les grands chagrins ont peu de
prise, et je me forgeai bientôt des consolations. Je comptais avoir
dans peu des nouvelles de madame de Warens, quoique je ne
susse pas son adresse et qu'elle ignorât que j'étais de retour : et
quant à ma désertion, tout bien compté, je ne la trouvai pas si
coupable. J'avais été utile à M. Le Maître dans sa retraite ; c'était
le seul service qui dépendît de moi. Si j'avais resté avec lui en
France, je ne l'aurais pas guéri de son mal, je n'aurais pas sauvé
sa caisse, je n'aurais fait que doubler sa dépense sans lui pouvoir
être bon à rien. Voilà comment alors je voyais la chose : je la
vois autrement aujourd'hui. Ce n'est pas quand une vilaine action
vient d'être faite qu'elle nous tourmente, c'est quand longtemps
après on se la rappelle ; car le souvenir ne s'en éteint point.

Le seul parti que j'avais à prendre pour avoir des nouvelles de
maman, était d'en attendre ; car où l'aller chercher à Paris, et
avec quoi faire le voyage ? Il n'y avait point de lieu plus sûr
qu'Annecy pour savoir tôt ou tard où elle était. J'y restai donc :
mais je me conduisis assez mal. Je n'allai point voir l'évêque qui
m'avait protégé et qui me pouvait protéger encore : je n'avais
plus ma patronne auprès de lui, et je craignais les réprimandes
sur notre évasion. J'allai moins encore au séminaire : M. Gros
n'y était plus. Je ne vis personne de ma connaissance : j'aurais
pourtant bien voulu aller voir madame l'intendante, mais je
n'osai jamais. Je fis plus mal que tout cela : je retrouvai M. Venture, auquel, malgré mon enthousiasme, je n'avais pas même
pensé depuis mon départ. Je le trouvai brillant et fêté dans tout
Annecy ; les dames se l'arrachaient. Ce succès acheva de me
tourner la tête ; je ne vis plus rien que M. Venture, et il me fit
presque oublier madame de Warens. Pour profiter de ses leçons
plus à mon aise, je lui proposai de partager avec moi son gîte ; il
y consentit. Il était logé chez un cordonnier, plaisant et bouffon
personnage, qui dans son patois n'appelait pas sa femme autre-

ment que *salopière*, nom qu'elle méritait assez. Il avait avec elle
des prises que Venture avait soin de faire durer en paraissant
vouloir faire le contraire. Il leur disait d'un ton froid, et dans son
accent provençal, des mots qui faisaient le plus grand effet ;
c'étaient des scènes à pâmer de rire. Les matinées se passaient
ainsi sans qu'on y songeât : à deux ou trois heures nous mangions
un morceau ; Venture s'en allait dans ses sociétés, où il soupait ;
et moi j'allais me promener seul, méditant sur son grand mérite,
admirant, convoitant ses rares talents, et maudissant ma malheureuse étoile qui ne m'appelait point à cette heureuse vie. Eh ! que
je m'y connaissais mal ! la mienne eût été cent fois plus charmante, si j'avais été moins bête, et si j'en avais su mieux jouir.

Madame de Warens n'avait emmené qu'Anet avec elle ; elle
avait laissé Merceret, sa femme de chambre dont j'ai parlé : je la
trouvai occupant encore l'appartement de sa maîtresse. Mademoiselle Merceret était une fille un peu plus âgée que moi, non
pas jolie, mais assez agréable ; une bonne Fribourgeoise sans
malice, et à qui je n'ai connu d'autre défaut que d'être quelquefois un peu mutine avec sa maîtresse. Je l'allais voir assez
souvent : c'était une ancienne connaissance, et sa vue m'en rappelait une plus chère, qui me la faisait aimer. Elle avait plusieurs
amies, entre autres une mademoiselle Giraud, Genevoise, qui,
pour mes péchés, s'avisa de prendre du goût pour moi. Elle pres-
sait toujours Merceret de m'amener chez elle : je m'y laissais
mener, parce que j'aimais assez Merceret, et qu'il y avait là
d'autres jeunes personnes que je voyais volontiers. Pour mademoiselle Giraud, qui me faisait toutes sortes d'agaceries, on ne
peut rien ajouter à l'aversion que j'avais pour elle. Quand elle
approchait de mon visage son museau sec et noir barbouillé de
tabac d'Espagne, j'avais peine à m'abstenir d'y cracher. Mais je
prenais patience : à cela près, je me plaisais fort au milieu de
toutes ces filles ; et, soit pour faire leur cour à mademoiselle
Giraud, soit pour moi-même, toutes me fêtaient à l'envi. Je ne
voyais à tout cela que de l'amitié. J'ai pensé depuis qu'il n'eût
tenu qu'à moi d'y voir davantage : mais je ne m'en avisais pas, je
n'y pensais pas.

D'ailleurs des couturières, des filles de chambre, de petites marchandes, ne me tentaient guère : il me fallait des demoiselles. Chacun a ses fantaisies, ç'a toujours été la mienne, et je ne pense pas comme Horace sur ce point-là. Ce n'est pourtant pas du tout la vanité de l'état et du rang qui m'attire ; c'est un teint mieux conservé, de plus belles mains, une parure plus gracieuse, un air de délicatesse et de propreté sur toute la personne, plus de goût dans la manière de se mettre et de s'exprimer, une robe plus fine et mieux faite, une chaussure plus mignonne, des rubans, de la dentelle, des cheveux mieux ajustés. Je préférerais toujours la moins jolie ayant plus de tout cela. Je trouve moi-même cette préférence très ridicule ; mais mon cœur la donne malgré moi.

Hé bien, cet avantage se présentait encore, et il ne tint encore qu'à moi d'en profiter. Que j'aime à tomber de temps en temps sur les moments agréables de ma jeunesse ! Ils m'étaient si doux ; ils ont été si courts, si rares, et je les ai goûtés à si bon marché ! Ah ! leur seul souvenir rend encore à mon cœur une volupté pure, dont j'ai besoin pour ranimer mon courage et soutenir les ennuis du reste de mes ans.

L'aurore un matin me parut si belle, que m'étant habillé précipitamment je me hâtai de gagner la campagne pour voir lever le soleil. Je goûtai ce plaisir dans tout son charme ; c'était la semaine après la Saint-Jean. La terre, dans sa plus grande parure, était couverte d'herbe et de fleurs ; les rossignols, presque à la fin de leur ramage, semblaient se plaire à le renforcer ; tous les oiseaux, faisant en concert leurs adieux au printemps, chantaient la naissance d'un beau jour d'été, d'un de ces jours qu'on ne voit plus à mon âge, et qu'on n'a jamais vus dans le triste sol que j'habite aujourd'hui.

Je m'étais insensiblement éloigné de la ville, la chaleur augmentait, et je me promenais sous des ombrages dans un vallon le long d'un ruisseau. J'entends derrière moi des pas de chevaux et des voix de filles, qui semblaient embarrassées, mais qui n'en riaient pas de moins bon cœur. Je me retourne ; on m'appelle par mon nom ; j'approche, je trouve deux jeunes personnes de ma connaissance, mademoiselle de Graffenried et mademoiselle Galley,

Maurice Leloir, inv.   Mordant, sc.

En Croupe

qui, n'étant pas d'excellentes cavalières, ne savaient comment forcer leurs chevaux à passer le ruisseau. Mademoiselle de Graffenried était une jeune Bernoise fort aimable, qui, par quelque folie de son âge ayant été jetée hors de son pays, avait imité madame de Warens, chez qui je l'avais vue quelquefois : mais n'ayant pas eu une pension comme elle, elle avait été trop heureuse de s'attacher à mademoiselle Galley, qui, l'ayant prise en amitié, avait engagé sa mère à la lui donner pour compagne jusqu'à ce qu'on la pût placer de quelque façon. Mademoiselle Galley, d'un an plus jeune qu'elle, était encore plus jolie ; elle avait je ne sais quoi de plus délicat, de plus fin ; elle était en même temps très mignonne et très formée, ce qui est pour une fille le plus beau moment. Toutes deux s'aimaient tendrement, et leur bon caractère à l'une et à l'autre ne pouvait qu'entretenir longtemps cette union, si quelque amant ne venait pas la déranger.

Elles me dirent qu'elles allaient à Toune, vieux château appartenant à madame Galley ; elles implorèrent mon secours pour faire passer leurs chevaux, n'en pouvant venir à bout elles seules. Je voulus fouetter les chevaux ; mais elles craignaient pour moi les ruades et pour elles les haut-le-corps. J'eus recours à un autre expédient ; je pris par la bride le cheval de mademoiselle Galley, puis, le tirant après moi, je traversai le ruisseau ayant de l'eau jusqu'à mi-jambes, et l'autre cheval suivit sans difficulté. Cela fait, je voulus saluer ces demoiselles et m'en aller comme un benêt : elles se dirent quelques mots tout bas ; et mademoiselle de Graffenried s'adressant à moi : Non pas, non pas, me dit-elle, on ne nous échappe pas comme cela. Vous vous êtes mouillé pour notre service, et nous devons en conscience avoir soin de vous sécher : il faut, s'il vous plaît, venir avec nous, nous vous arrêtons prisonnier. Le cœur me battait ; je regardais mademoiselle Galley. Oui, oui, ajouta-t-elle en riant de ma mine effarée, prisonnier de guerre ; montez en croupe derrière elle, nous voulons rendre compte de vous. Mais, mademoiselle, je n'ai point l'honneur d'être connu de madame votre mère, que dira-t-elle en me voyant arriver ? Sa mère, reprit mademoiselle de Graffenried, n'est pas à Toune, nous sommes seules : nous revenons

ce soir, et vous reviendrez avec nous. L'effet de l'électricité n'est
pas plus prompt que celui que ces mots firent sur moi. En
m'élançant sur le cheval de mademoiselle de Graffenried, je
tremblais de joie ; et quand il fallut l'embrasser pour me tenir,
le cœur me battait si fort, qu'elle s'en aperçut : elle me dit que
le sien lui battait aussi, par la frayeur de tomber ; c'était presque,
dans ma posture, une invitation de vérifier la chose : je n'osai
jamais ; et durant tout le trajet mes deux bras lui servirent de
ceinture, très serrée à la vérité, mais sans se déplacer un moment.
Telle femme qui lira ceci me souffletterait volontiers, et n'aurait
pas tort.

La gaieté du voyage et le babil de ces filles aiguisèrent tellement le mien, que jusqu'au soir, et tant que nous fûmes ensemble,
nous ne déparlâmes pas un moment. Elles m'avaient mis si bien
à mon aise, que ma langue parlait autant que mes yeux, quoiqu'elle ne dît pas les mêmes choses. Quelques instants seulement,
quand je me trouvais tête à tête avec l'une ou l'autre, l'entretien
s'embarrassait un peu ; mais l'absente revenait bien vite, et ne
nous laissait pas le temps d'éclaircir cet embarras.

Arrivés à Toune, et moi bien séché, nous déjeunâmes. Ensuite
il fallut procéder à l'importante affaire de préparer le dîner. Les
deux demoiselles, tout en cuisinant, baisaient de temps en temps
les enfants de la grangère ; et le pauvre marmiton regardait faire
en rongeant son frein. On avait envoyé des provisions de la ville,
et il y avait de quoi faire un très bon dîner, surtout en frian-
dises : mais malheureusement on avait oublié du vin. Cet oubli
n'était pas étonnant pour des filles qui n'en buvaient guère ; mais
j'en fus fâché, car j'avais un peu compté sur ce secours pour
m'enhardir. Elles en furent fâchées aussi, par la même raison
peut-être ; mais je n'en crois rien. Leur gaieté vive et charmante
était l'innocence même ; et d'ailleurs qu'eussent-elles fait de moi
entre elles deux ? Elles envoyèrent chercher du vin partout aux
environs : on n'en trouva point, tant les paysans de ce canton
sont sobres et pauvres. Comme elles m'en marquaient leur chagrin, je leur dis de n'en pas être si fort en peine, et qu'elles
n'avaient pas besoin de vin pour m'enivrer. Ce fut la seule galan-

terie que j'osai leur dire de la journée; mais je crois que les friponnes voyaient de reste que cette galanterie était une vérité.

Nous dînâmes dans la cuisine de la grangère, les deux amies assises sur des bancs aux deux côtés de la longue table, et leur hôte entre elles deux sur une escabelle à trois pieds. Quel dîner ! quel souvenir plein de charmes ! Comment, pouvant à si peu de frais goûter des plaisirs si purs et si vrais, vouloir en rechercher d'autres ? Jamais souper des petites maisons de Paris n'approcha de ce repas, je ne dis pas seulement pour la gaieté, pour la douce joie, mais je dis pour la sensualité.

Après le dîner nous fîmes une économie : au lieu de prendre le café qui nous restait du déjeuner, nous le gardâmes pour le goûter avec de la crème et des gâteaux qu'elles avaient apportés ; et pour tenir notre appétit en haleine, nous allâmes dans le verger achever notre dessert avec des cerises. Je montai sur l'arbre, et je leur en jetais des bouquets dont elles me rendaient les noyaux à travers les branches. Une fois mademoiselle Galley, avançant son tablier et reculant la tête, se présentait si bien et je visai si juste, que je lui fis tomber un bouquet dans le sein ; et de rire. Je me disais en moi-même : Que mes lèvres ne sont-elles des cerises ! comme je les leur jetterais ainsi de bon cœur !

La journée se passa de cette sorte à folâtrer avec la plus grande liberté, et toujours avec la plus grande décence. Pas un seul mot équivoque, pas une seule plaisanterie hasardée : et cette décence nous ne nous l'imposions point du tout, elle venait toute seule, nous prenions le ton que nous donnaient nos cœurs. Enfin ma modestie (d'autres diront ma sottise) fut telle, que la plus grande privauté qui m'échappa fut de baiser une seule fois la main de mademoiselle Galley. Il est vrai que la circonstance donnait du prix à cette légère faveur. Nous étions seuls, je respirais avec embarras, elle avait les yeux baissés : ma bouche, au lieu de trouver des paroles, s'avisa de se coller sur sa main, qu'elle retira doucement après qu'elle fut baisée, en me regardant d'un air qui n'était point irrité. Je ne sais ce que j'aurais pu lui dire : son amie entra, et me parut laide en ce moment.

Enfin elles se souvinrent qu'il ne fallait pas attendre la nuit pour rentrer en ville. Il ne nous restait que le temps qu'il fallait pour y arriver de jour, et nous nous hâtâmes de partir en nous distribuant comme nous étions venus. Si j'avais osé, j'aurais transposé cet ordre; car le regard de mademoiselle Galley m'avait vivement ému le cœur : mais je n'osai rien dire, et ce n'était pas à elle de le proposer. En marchant nous disions que la journée avait tort de finir; mais, loin de nous plaindre qu'elle eût été courte, nous trouvâmes que nous avions eu le secret de la faire longue par tous les amusements dont nous avions su la remplir.

Je les quittai à peu près au même endroit où elles m'avaient pris. Avec quel regret nous nous séparâmes! avec quel plaisir nous projetâmes de nous revoir! Douze heures passées ensemble nous valaient des siècles de familiarité. Le doux souvenir de cette journée ne coûtait rien à ces aimables filles; la tendre union qui régnait entre nous valait des plaisirs plus vifs, et n'eût pu subsister avec eux : nous nous aimions sans mystère et sans honte, et nous voulions nous aimer toujours ainsi. L'innocence des mœurs a sa volupté, qui vaut bien l'autre, parce qu'elle n'a point d'intervalle et qu'elle agit continuellement. Pour moi, je sais que la mémoire d'un si beau jour me touche plus, me charme plus, me revient plus au cœur, que celle d'aucuns plaisirs que j'aie goûtés en ma vie.

Je ne savais pas trop ce que je voulais à ces deux charmantes personnes, mais elles m'intéressaient beaucoup toutes deux. Je ne dis pas que, si j'eusse été le maître de mes arrangements, mon cœur se serait partagé; j'y sentais un peu de préférence. J'aurais fait mon bonheur d'avoir pour maîtresse mademoiselle de Graffenried; mais à choix, je crois que je l'aurais mieux aimée pour confidente. Quoi qu'il en soit, il me semblait en les quittant que je ne pouvais plus vivre sans l'une et sans l'autre. Qui m'eût dit que je ne les reverrais de ma vie, et que là finiraient nos éphémères amours?

Ceux qui liront ceci ne manqueront pas de rire de mes aventures galantes, en remarquant qu'après beaucoup de préliminaires, les plus avancées finissent par baiser la main. O mes lecteurs, ne vous y trompez pas. J'ai peut-être eu plus de plaisir dans mes

Le Cerisier

amours en finissant par cette main baisée, que vous n'en aurez jamais dans les vôtres en commençant tout au moins par là.

Venture, qui s'était couché fort tard la veille, rentra peu de temps après moi. Pour cette fois je ne le vis pas avec le même plaisir qu'à l'ordinaire, et je me gardai de lui dire comment j'avais passé ma journée. Ces demoiselles m'avaient parlé de lui avec peu d'estime, et m'avaient paru mécontentes de me savoir en si mauvaises mains : cela lui fit tort dans mon esprit ; d'ailleurs tout ce qui me distrayait d'elles ne pouvait que m'être désagréable. Cependant il me rappela bientôt à lui et à moi en parlant de ma situation. Elle était trop critique pour pouvoir durer. Quoique je dépensasse très peu de chose, mon petit pécule achevait de s'épuiser ; j'étais sans ressource. Point de nouvelles de maman ; je ne savais que devenir, et je sentais un cruel serrement de cœur de voir l'ami de mademoiselle Galley réduit à l'aumône.

Venture me dit qu'il avait parlé de moi à monsieur le juge-mage, qu'il voulait m'y mener dîner le lendemain ; que c'était un homme en état de me rendre service par ses amis ; d'ailleurs une bonne connaissance à faire, un homme d'esprit et de lettres, d'un commerce fort agréable, qui avait des talents et qui les aimait : puis mêlant, à son ordinaire, aux choses les plus sérieuses la plus mince frivolité, il me fit voir un joli couplet, venu de Paris, sur un air d'un opéra de Mouret qu'on jouait alors. Ce couplet avait plu si fort à M. Simon (c'était le nom du juge-mage), qu'il voulait en faire un autre en réponse sur le même air ; il avait dit à Venture d'en faire aussi un ; et la folie prit à celui-ci de m'en faire faire un troisième, afin, disait-il, qu'on vît les couplets arriver le lendemain comme les brancards du *Roman comique*.

La nuit, ne pouvant dormir, je fis comme je pus mon couplet. Pour les premiers vers que j'eusse faits ils étaient passables, meilleurs même, ou du moins faits avec plus de goût qu'ils n'auraient été la veille, le sujet roulant sur une situation fort tendre, à laquelle mon cœur était tout disposé. Je montrai le matin mon couplet à Venture, qui, le trouvant joli, le mit dans sa poche sans me dire s'il avait fait le sien. Nous allâmes chez M. Simon, qui nous reçut bien. La conversation fut agréable : elle ne pouvait man-

quer de l'être entre deux hommes d'esprit, à qui la lecture avait
profité. Pour moi, je faisais mon rôle, j'écoutais et je me taisais.
Ils ne parlèrent de couplet ni l'un ni l'autre; et je n'en parlai point
non plus, et jamais, que je sache, il n'a été question du mien.

M. Simon parut content de mon maintien : c'est à peu près tout
ce qu'il vit de moi dans cette entrevue. Il m'avait déjà vu plusieurs
fois chez madame de Warens, sans faire une grande attention à
moi. Ainsi c'est depuis ce dîner que je puis dater sa connaissance,
qui ne me servit de rien pour l'objet qui me l'avait fait faire, mais
dont je tirai dans la suite d'autres avantages qui me font rappeler
sa mémoire avec plaisir.

J'aurais tort de ne pas parler de sa figure, que, sur sa qualité de
magistrat, et sur le bel esprit dont il se piquait, on n'imaginerait
pas si je n'en disais rien. M. le juge-mage Simon n'avait assurément pas deux pieds de haut. Ses jambes, droites, menues et même
assez longues, l'auraient agrandi si elles eussent été verticales;
mais elles posaient de biais comme celles d'un compas très ouvert.
Son corps était non seulement court, mais mince, et en tout sens
d'une petitesse inconcevable. Il devait paraître une sauterelle
quand il était nu. Sa tête, de grandeur naturelle, avec un visage
bien formé, l'air noble, d'assez beaux yeux, semblait une tête pos-
tiche qu'on aurait plantée sur un moignon. Il eût pu s'exempter
de faire de la dépense en parure, car sa grande perruque seule
l'habillait parfaitement de pied en cap.

Il avait deux voix toutes différentes, qui s'entremêlaient sans
cesse dans sa conversation avec un contraste d'abord très plaisant,
mais bientôt très désagréable. L'une était grave et sonore; c'était,
si j'ose ainsi parler, la voix de sa tête. L'autre, claire, aiguë et per-
çante, était la voix de son corps. Quand il s'écoutait beaucoup,
qu'il parlait très posément, qu'il ménageait son haleine, il pouvait
parler toujours de sa grosse voix; mais pour peu qu'il s'animât et
qu'un accent plus vif vînt se présenter, cet accent devenait comme
le sifflement d'une clef, et il avait toute la peine du monde à
reprendre sa basse.

Avec la figure que je viens de peindre, et qui n'est point chargée,
M. Simon était galant, grand conteur de fleurettes, et poussait

jusqu'à la coquetterie le soin de son ajustement. Comme il cherchait à prendre ses avantages, il donnait volontiers ses audiences du matin dans son lit; car quand on voyait sur l'oreiller une belle tête, personne n'allait s'imaginer que c'était là tout. Cela donnait lieu quelquefois à des scènes dont je suis sûr que tout Annecy se souvient encore.

Un matin qu'il attendait dans ce lit, ou plutôt sur ce lit, les plaideurs, en belle coiffe de nuit bien fine et bien blanche, ornée de deux grosses bouffettes de ruban couleur de rose, un paysan arrive, heurte à la porte. La servante était sortie. Monsieur le juge-mage, entendant redoubler, crie : *Entrez*; et cela, comme dit un peu trop fort, partit de sa voix aiguë. L'homme entre, il cherche d'où vient cette voix de femme; et voyant dans ce lit une cornette, une fontange, il veut ressortir en faisant à madame de grandes excuses. M. Simon se fâche et n'en crie que plus clair. Le paysan, confirmé dans son idée et se croyant insulté, lui chante pouille, lui dit qu'apparemment elle n'est qu'une coureuse, et que monsieur le juge-mage ne donne guère bon exemple chez lui. Le juge-mage furieux, et n'ayant pour toute arme que son pot de chambre, allait le jeter à la tête de ce pauvre homme, quand sa gouvernante arriva.

Ce petit nain, si disgracié dans son corps par la nature, en avait été dédommagé du côté de l'esprit : il l'avait naturellement agréable, et il avait pris soin de l'orner. Quoiqu'il fût à ce qu'on disait assez bon jurisconsulte, il n'aimait pas son métier. Il s'était jeté dans la belle littérature, et il y avait réussi. Il en avait pris surtout cette brillante superficie, cette fleur qui jette de l'agrément dans le commerce, même avec les femmes. Il savait par cœur tous les petits traits des *ana* et autres semblables : il avait l'art de les faire valoir, en contant avec intérêt, avec mystère, et comme une anecdote de la veille, ce qui s'était passé il y avait soixante ans. Il savait la musique, et chantait agréablement de sa voix d'homme : enfin il avait beaucoup de jolis talents pour un magistrat. A force de cajoler les dames d'Annecy, il s'était mis à la mode parmi elles : elles l'avaient à leur suite comme un petit sapajou. Il prétendait même à de bonnes fortunes, et cela les amusait beaucoup. Une madame d'Épagny disait que pour lui la dernière faveur était de baiser une femme au genou.

Comme il connaissait les bons livres, et qu'il en parlait volontiers, sa conversation était non seulement amusante, mais instructive. Dans la suite, lorsque j'eus pris du goût pour l'étude, je cultivai sa connaissance, et je m'en trouvai très bien. J'allais quelquefois le voir de Chambéri, où j'étais alors. Il louait, animait mon émulation, et me donnait pour mes lectures de bons avis, dont j'ai souvent fait mon profit. Malheureusement dans ce corps si fluet logeait une âme très sensible. Quelques années après il eut je ne sais quelle mauvaise affaire qui le chagrina, et il en mourut. Ce fut dommage; c'était assurément un bon petit homme, dont on commençait par rire, et qu'on finissait par aimer. Quoique sa vie ait été peu liée à la mienne, comme j'ai reçu de lui des leçons utiles, j'ai cru pouvoir, par reconnaissance, lui consacrer un petit souvenir.

Sitôt que je fus libre, je courus dans la rue de mademoiselle Galley, me flattant de voir entrer ou sortir quelqu'un, ou du moins ouvrir quelque fenêtre. Rien; pas un chat ne parut, et tout le temps que je fus là la maison demeura aussi close que si elle n'eût point été habitée. La rue était petite et déserte, un homme s'y remarquait : de temps en temps quelqu'un passait, entrait ou sortait au voisinage. J'étais fort embarrassé de ma figure : il me semblait qu'on devinait pourquoi j'étais là; et cette idée me mettait au supplice, car j'ai toujours préféré à mes plaisirs l'honneur et le repos de celles qui m'étaient chères.

Enfin, las de faire l'amant espagnol, et n'ayant point de guitare, je pris le parti d'aller écrire à mademoiselle de Graffenried. J'aurais préféré d'écrire à son amie; mais je n'osais, et il convenait de commencer par celle à qui je devais la connaissance de l'autre, et avec qui j'étais plus familier. Ma lettre faite, j'allai la porter à mademoiselle Giraud, comme j'en étais convenu avec ces demoiselles en nous séparant. Ce furent elles qui me donnèrent cet expédient. Mademoiselle Giraud était contre-pointière, et travaillant quelquefois chez madame Galley, elle avait l'entrée de sa maison. La messagère ne me parut pourtant pas trop bien choisie;

mais j'avais peur, si je faisais des difficultés sur celle-là, qu'on ne
m'en proposât point d'autre. De plus, je n'osai dire qu'elle voulait
travailler pour son compte. Je me sentais humilié qu'elle osât se
croire pour moi du même sexe que ces demoiselles. Enfin j'aimais
mieux cet entrepôt-là que point, et je m'y tins à tout risque.

Au premier mot la Giraud me devina : cela n'était pas difficile :
Quand une lettre à porter à de jeunes filles n'aurait pas parlé d'elle-
même, mon air sot et embarrassé m'aurait seul décelé. On peut
croire que cette commission ne lui donna pas grand plaisir à faire :
elle s'en chargea toutefois, et l'exécuta fidèlement. Le lendemain
matin je courus chez elle, et j'y trouvai ma réponse. Comme je me
pressai de sortir pour l'aller lire et baiser à mon aise! cela n'a pas
besoin d'être dit; mais ce qui en a besoin davantage, c'est le parti
que prit mademoiselle Giraud, et où j'ai trouvé plus de délicatesse
et de modération que je n'en aurais attendu d'elle. Ayant assez de
bon sens pour voir qu'avec ses trente-sept ans, ses yeux de lièvre,
son nez barbouillé, sa voix aigre et sa peau noire, elle n'avait pas
beau jeu contre deux jeunes personnes pleines de grâces et dans
tout l'éclat de la beauté, elle ne voulut ni les trahir ni les servir, et
aima mieux me perdre que de me ménager pour elles.

Il y avait déjà quelque temps que la Merceret, n'ayant aucune
nouvelle de sa maîtresse, songeait à s'en retourner à Fribourg :
elle l'y détermina tout à fait. Elle fit plus, elle lui fit entendre qu'il
serait bien que quelqu'un la conduisît chez son père et me proposa.
La petite Merceret, à qui je ne déplaisais pas non plus, trouva cette
idée fort bonne à exécuter. Elles m'en parlèrent dès le même jour
comme d'une affaire arrangée; et comme je ne trouvais rien qui me
déplût dans cette manière de disposer de moi, j'y consentis, regardant ce voyage comme une affaire de huit jours tout au plus. La
Giraud, qui ne pensait pas de même, arrangea tout. Il fallut bien
avouer l'état de mes finances. On y pourvut : la Merceret se chargea
de me défrayer; et, pour regagner d'un côté ce qu'elle dépensait
de l'autre, à ma prière on décida qu'elle enverrait devant son petit
bagage et que nous irions à pied à petites journées. Ainsi fut fait.

Je suis fâché de faire tant de filles amoureuses de moi : mais
comme il n'y a pas de quoi être bien vain du parti que j'ai tiré de

tous ces amours-là, je crois pouvoir dire la vérité sans scrupule. La Merceret, plus jeune et moins déniaisée que la Giraud, ne m'a jamais fait des agaceries aussi vives; mais elle imitait mes tons, mes accents, redisait mes mots, avait pour moi les attentions que j'aurais dû avoir pour elle, et prenait toujours grand soin, comme elle était fort peureuse, que nous couchassions dans la même chambre; identité qui se borne rarement là dans un voyage entre un garçon de vingt ans et une fille de vingt-cinq. Elle s'y borna pourtant cette fois. Ma simplicité fut telle, que, quoique la Merceret ne fût pas désagréable, il ne me vint pas même à l'esprit durant tout le voyage, je ne dis pas la moindre tentation galante, mais même la moindre idée qui s'y rapportât; et quand cette idée me serait venue, j'étais trop sot pour en savoir profiter. Je n'imaginais pas comment une fille et un garçon parvenaient à coucher ensemble; je croyais qu'il fallait des siècles pour préparer ce terrible arrangement. Si la pauvre Merceret, en me défrayant, comptait sur quelque équivalent, elle en fut la dupe; et nous arrivâmes à Fribourg exactement comme nous étions partis d'Annecy.

En passant à Genève je n'allai voir personne, mais je fus prêt à me trouver mal sur les ponts. Jamais je n'ai vu les murs de cette heureuse ville, jamais je n'y suis entré, sans sentir une certaine défaillance de cœur qui venait d'un excès d'attendrissement. En même temps que la noble image de la liberté m'élevait l'âme, celles de l'égalité, de l'union, de la douceur des mœurs, me touchaient jusqu'aux larmes, et m'inspiraient un vif regret d'avoir perdu tous ces biens. Dans quelle erreur j'étais, mais qu'elle était naturelle! Je croyais voir tout cela dans ma patrie, parce que je le portais dans mon cœur.

Il fallait passer à Nyon. Passer sans voir mon bon père! Si j'avais eu ce courage, j'en serais mort de regret. Je laissai la Merceret à l'auberge, et je l'allai voir à tout risque. Eh! que j'avais tort de le craindre! Son âme, à mon abord, s'ouvrit aux sentiments paternels dont elle était pleine. Que de pleurs nous versâmes en nous embrassant! Il crut d'abord que je revenais à lui. Je lui fis mon histoire, et je lui dis ma résolution. Il la combattit faiblement. Il me fit voir les dangers auxquels je m'exposais, me dit que les plus courtes folies étaient les meilleures. Du reste, il n'eut pas même la tentation de me retenir de force; et en cela je trouve qu'il eut raison : mais il est certain qu'il ne fit pas, pour me ramener, tout ce qu'il aurait pu faire, soit qu'après le pas que j'avais fait il jugeât lui-même que je n'en devais pas revenir, soit qu'il fût embarrassé peut-être à savoir ce qu'à mon âge il pourrait faire de moi. J'ai su depuis qu'il avait eu de ma compagne de voyage une opinion bien injuste et bien éloignée de la vérité, mais du reste assez naturelle. Ma belle-mère, bonne femme, un peu mielleuse, fit semblant de vouloir me retenir à souper. Je ne restai point, mais je leur dis que je comptais m'arrêter avec eux plus longtemps au retour, et je leur laissai en dépôt mon petit paquet, que j'avais fait venir par le bateau, et dont j'étais embarrassé. Le lendemain je partis de bon matin, bien content d'avoir vu mon père et d'avoir osé faire mon devoir.

Nous arrivâmes heureusement à Fribourg. Sur la fin du voyage, les empressements de mademoiselle Merceret diminuèrent un peu. Après notre arrivée elle ne me marqua plus que de la froideur; et son père, qui ne nageait pas dans l'opulence, ne me fit pas non plus un bien grand accueil : j'allai loger au cabaret. Je les fus voir le lendemain; ils m'offrirent à dîner; je l'acceptai. Nous nous sépa- râmes sans pleurs; je retournai le soir à ma gargote, et je repartis le surlendemain de mon arrivée, sans trop savoir où j'avais dessein d'aller. Voilà encore une circonstance de ma vie où la Providence m'offrait précisément ce qu'il me fallait pour couler des jours heu- reux. La Merceret était une très bonne fille, point brillante, point belle, mais point laide non plus; peu vive, fort raisonnable, à quelques petites humeurs près, qui se passaient à pleurer, et qui n'avaient jamais de suite orageuse. Elle avait un vrai goût pour moi; j'aurais pu l'épouser sans peine, et suivre le métier de son père. Mon goût pour la musique me l'aurait fait aimer. Je me serais établi à Fribourg, petite ville peu jolie, mais peuplée de bonnes gens. J'aurais perdu sans doute de grands plaisirs, mais j'aurais vécu en paix jusqu'à ma dernière heure; et je dois savoir mieux que personne qu'il n'y avait pas à balancer sur ce marché.

Je revins, non pas à Nyon, mais à Lausanne. Je voulais me

rassasier de la vue de ce beau lac qu'on voit là dans sa plus grande étendue. La plupart de mes secrets motifs déterminants n'ont pas été plus solides. Des vues éloignées ont rarement assez de force pour me faire agir. L'incertitude de l'avenir m'a toujours fait regarder les projets de longue exécution comme des leurres de dupe. Je me livre à l'espoir comme un autre, pourvu qu'il ne me coûte rien à nourrir; mais s'il faut prendre longtemps de la peine, je n'en suis plus. Le moindre petit plaisir qui s'offre à ma portée me tente plus que les joies du paradis. J'excepte pourtant le plaisir que la peine doit suivre : celui-là ne me tente pas, parce que je n'aime que des jouissances pures, et que jamais on n'en a de telles quand on sait qu'on s'apprête un repentir.

J'avais grand besoin d'arriver en quelque lieu que ce fût et le plus proche était le mieux; car, m'étant égaré dans ma route, je me trouvai le soir à Moudon, où je dépensai le peu qui me restait, hors dix kreutzers, qui partirent le lendemain à la dînée : et, arrivé le soir à un petit village auprès de Lausanne, j'y entrai dans un cabaret sans un sou pour payer ma couchée, et sans savoir que devenir. J'avais grand'faim; je fis bonne contenance, et je demandai à souper, comme si j'eusse eu de quoi bien payer. J'allai me coucher sans songer à rien, je dormis tranquillement; et, après avoir déjeuné le matin et compté avec l'hôte, je voulus pour sept batz, à quoi montait ma dépense, lui laisser ma veste en gage. Ce brave homme la refusa, et me dit que grâce au ciel il n'avait jamais dépouillé personne; qu'il ne voulait pas commencer pour sept batz, que je gardasse ma veste, et que je le payerais quand je pourrais. Je fus touché de sa bonté, mais moins que je devais l'être, et que je ne l'ai été depuis en y repensant. Je ne tardai guère à lui renvoyer son argent, avec des remercîments, par un homme sûr; mais quinze ans après, repassant par Lausanne, à mon retour d'Italie, j'eus un vrai regret d'avoir oublié le nom du cabaret et de l'hôte. Je l'aurais été voir; je me serais fait un vrai plaisir de lui rappeler sa bonne œuvre, et de lui prouver qu'elle n'avait pas été mal placée. Des services plus importants sans doute, mais rendus avec plus d'ostentation, ne m'ont pas paru si dignes de reconnaissance que l'humanité simple et sans éclat de cet honnête homme.

En approchant de Lausanne je rêvais à la détresse où je me trouvais, au moyen de m'en tirer sans aller montrer ma misère à ma
belle-mère; et je me comparais, dans ce pèlerinage pédestre, à mon
ami Venture arrivant à Annecy. Je m'échauffai si bien de cette
idée, que, sans songer que je n'avais ni sa gentillesse ni ses talents,
je me mis en tête de faire à Lausanne le petit Venture, d'enseigner
la musique, que je ne savais pas, et de me dire de Paris, où je n'avais
jamais été. En conséquence de ce beau projet, comme il n'y avait
point là de maîtrise où je pusse vicarier, et que d'ailleurs je n'avais
garde d'aller me fourrer parmi les gens de l'art, je commençai par
m'informer d'une petite auberge où l'on pût être assez bien et à
bon marché. On m'enseigna un nommé Perrotet, qui tenait des
pensionnaires. Ce Perrotet se trouva être le meilleur homme du
monde, et me reçut fort bien; Je lui contai mes petits mensonges
comme je les avais arrangés. Il me promit de parler de moi, et de
tâcher de me procurer des écoliers; il me dit qu'il ne me deman-
derait de l'argent que quand j'en aurais gagné. Sa pension était de
cinq écus blancs, ce qui était peu pour la chose, mais beaucoup
pour moi. Il me conseilla de ne me mettre d'abord qu'à la demi-
pension, qui consistait pour le dîner en une bonne soupe, et rien
de plus, mais bien à souper le soir. J'y consentis. Ce pauvre Perrotet
me fit toutes ces avances du meilleur cœur du monde, et n'épar-
gnait rien pour m'être utile.

Pourquoi faut-il qu'ayant trouvé tant de bonnes gens dans ma
jeunesse, j'en trouve si peu dans un âge avancé? Leur race est-elle
épuisée? Non; mais l'ordre où j'ai besoin de les chercher aujour-
d'hui n'est plus le même où je les trouvais alors. Parmi le peuple,
où les grandes passions ne parlent que par intervalles, les sentiments de la nature se font plus souvent entendre. Dans les états plus
élevés ils sont étouffés absolument, et, sous le masque du sentiment, il n'y a jamais que l'intérêt ou la vanité qui parle.

J'écrivis de Lausanne à mon père, qui m'envoya mon paquet, et
me marqua d'excellentes choses dont j'aurais dû mieux profiter.
J'ai déjà noté des moments de délire inconcevables où je n'étais
plus moi-même. En voici encore un des plus marqués. Pour comprendre à quel point la tête me tournait alors, à quel point je

m'étais pour ainsi dire venturisé, il ne faut que voir combien tout
à la fois j'accumulai d'extravagances. Me voilà maître à chanter
sans savoir déchiffrer un air; car quand les six mois que j'avais
passés avec Le Maître m'auraient profité, jamais ils n'auraient pu
suffire : mais outre cela j'apprenais d'un maître; c'en était assez
pour apprendre mal. Parisien de Genève, et catholique en pays
protestant, je crus devoir changer mon nom, ainsi que ma religion et ma patrie. Je m'approchais toujours de mon grand modèle
autant qu'il m'était possible. Il s'était appelé Venture de Villeneuve; moi je fis l'anagramme du nom de Rousseau dans celui de
Vaussore, et je m'appelai Vaussore de Villeneuve. Venture savait
la composition, quoiqu'il n'en eût rien dit; moi, sans la savoir, je
m'en vantai à tout le monde, et, sans pouvoir noter le moindre
vaudeville, je me donnai pour compositeur. Ce n'est pas tout :
ayant été présenté à M. de Treytorens, professeur en droit, qui
aimait la musique et faisait des concerts chez lui, je voulus lui
donner un échantillon de mon talent, et je me mis à composer
une pièce pour son concert, aussi effrontément que si j'avais su
comment m'y prendre. J'eus la constance de travailler pendant
quinze jours à ce bel ouvrage, de le mettre au net, d'en tirer les
parties, et de les distribuer avec autant d'assurance que si c'eût
été un chef-d'œuvre d'harmonie. Enfin, ce qu'on aura peine à
croire et qui est très vrai, pour couronner dignement cette sublime
production, je mis à la fin un joli menuet, qui courait les rues, et
que tout le monde se rappelle peut-être encore, sur ces paroles
jadis si connues :

> Quel caprice !
> Quelle injustice !
> Quoi ! ta Clarice
> Trahirait tes feux ! etc.

Venture m'avait appris cet air avec la basse sur d'autres paroles
infâmes, à l'aide desquelles je l'avais retenu. Je mis donc à la fin
de ma composition ce menuet et sa basse, en supprimant les
paroles, et je le donnai pour être de moi, tout aussi résolument
que si j'avais parlé à des habitants de la lune.

On s'assemble pour exécuter ma pièce. J'explique à chacun le

Le Charivari

genre du mouvement, le goût de l'exécution, les renvois des parties ; j'étais fort affairé. On s'accorde pendant cinq ou six minutes, qui furent pour moi cinq ou six siècles. Enfin tout étant prêt, je frappe avec un beau rouleau de papier sur mon pupitre magistral les cinq ou six coups du *Prenez garde à vous*. On fait silence ; je me mets gravement à battre la mesure, on commence..... Non, depuis qu'il existe des opéras français, de la vie on n'ouït un semblable charivari. Quoi qu'on eût pu penser de mon prétendu talent, l'effet fut pire que tout ce qu'on semblait attendre. Les musiciens étouffaient de rire ; les auditeurs ouvraient de grands yeux et auraient bien voulu fermer les oreilles ; mais il n'y avait pas moyen. Mes bourreaux de symphonistes, qui voulaient s'égayer, raclaient à percer le tympan d'un quinze-vingt. J'eus la constance d'aller toujours mon train, suant il est vrai à grosses gouttes, mais retenu par la honte, n'osant m'enfuir et tout planter là. Pour ma consolation, j'entendais autour de moi les assistants se dire à leur oreille, ou plutôt à la mienne, l'un : Il n'y a rien là de supportable ; un autre : Quelle musique enragée ! un autre : Quel diable de sabbat ! Pauvre Jean-Jacques, dans ce cruel moment tu n'espérais guère qu'un jour, devant le roi de France et toute sa cour, tes sons exciteraient des murmures de surprise et d'applaudissement, et que, dans toutes les loges autour de toi, les plus aimables femmes se diraient à demi-voix : Quels sons charmants ! quelle musique enchanteresse ! tous ces chants-là vont au cœur !

Mais ce qui mit tout le monde de bonne humeur fut le menuet. A peine en eut-on joué quelques mesures, que j'entendis partir de toutes parts les éclats de rire. Chacun me félicitait sur mon joli goût de chant ; on m'assurait que ce menuet ferait parler de moi, et que je méritais d'être chanté partout. Je n'ai pas besoin de dépeindre mon angoisse, ni d'avouer que je la méritais bien.

Le lendemain, l'un de mes symphonistes, appelé Lutold, vint me voir, et fut assez bon homme pour ne pas me féliciter sur mon succès. Le profond sentiment de ma sottise, la honte, le regret, le désespoir de l'état où j'étais réduit, l'impossibilité de tenir mon cœur fermé dans ses grandes peines, me firent ouvrir à lui : je lâchai la bonde à mes larmes ; et, au lieu de me contenter de lui avouer mon ignorance, je lui dis tout, en lui demandant le secret, qu'il me promit, et qu'il me garda comme on peut le croire. Dès le même soir, tout Lausanne sut qui j'étais ; et, ce qui est remarquable, personne ne m'en fit semblant, pas même le bon Perrotet, qui pour tout cela ne se rebuta pas de me loger et de me nourrir.

Je vivais, mais bien tristement. Les suites d'un pareil début ne firent pas pour moi de Lausanne un séjour fort agréable. Les écoliers ne se présentaient pas en foule ; pas une seule écolière, et personne de la ville. J'eus en tout deux ou trois Teutches, aussi stupides que j'étais ignorant, qui m'ennuyaient à mourir, et qui, dans mes mains, ne devinrent pas de grands croque-notes. Je fus appelé dans une seule maison, où un petit serpent de fille se donna le plaisir de me montrer beaucoup de musique dont je ne pus pas lire une note, et qu'elle eut la malice de chanter ensuite devant monsieur le maître, pour lui montrer comment cela s'exécutait. J'étais si peu en état de lire un air de première vue, que, dans le brillant concert dont j'ai parlé, il ne me fut pas possible de suivre un moment l'exécution pour savoir si l'on jouait bien ce que j'avais sous les yeux, et que j'avais composé moi-même.

Au milieu de tant d'humiliations j'avais des consolations très douces dans les nouvelles que je recevais de temps en temps des deux charmantes amies. J'ai toujours trouvé dans le sexe une grande vertu consolatrice ; et rien n'adoucit plus mes afflictions dans mes disgrâces que de sentir qu'une personne aimable y prend intérêt. Cette correspondance cessa pourtant bientôt après, et ne fut jamais renouée ; mais ce fut ma faute. En changeant de lieu je négligeai de leur donner mon adresse ; et, forcé par la nécessité de songer continuellement à moi-même, je les oubliai bientôt entièrement.

Il y a longtemps que je n'ai parlé de ma pauvre maman ; mais si l'on croit que je l'oubliais aussi, l'on se trompe fort. Je ne cessais de penser à elle, et de désirer de la retrouver, non seulement pour le besoin de ma subsistance, mais bien plus pour le besoin de mon cœur. Mon attachement pour elle, quelque vif, quelque tendre qu'il fût, ne m'empêchait pas d'en aimer d'autres ; mais ce n'était pas de la même façon. Toutes devaient également ma tendresse à leurs charmes; mais elle tenait uniquement à ceux des autres, et ne leur eût pas survécu; au lieu que maman pouvait devenir vieille et laide sans que je l'aimasse moins tendrement. Mon cœur avait pleinement transmis à sa personne l'hommage qu'il fit d'abord à sa beauté; et, quelque changement qu'elle éprouvât, pourvu que ce fût toujours elle, mes sentiments ne pouvaient changer. Je sais bien que je lui devais de la reconnaissance; mais, en vérité, je n'y songeais pas. Quoi qu'elle eût fait ou n'eût pas fait pour moi, c'eût été toujours la même chose. Je ne l'aimais ni par devoir, ni par intérêt, ni par convenance; je l'aimais parce que j'étais né pour l'aimer. Quand je devenais amoureux de quelque autre, cela faisait distraction, je l'avoue, et je pensais moins souvent à elle; mais j'y pensais avec le même plaisir, et jamais, amoureux ou non, je ne me suis occupé d'elle sans sentir qu'il ne pouvait y avoir pour moi de vrai bonheur dans la vie tant que j'en serais séparé.

N'ayant point de ses nouvelles depuis si longtemps, je ne crus jamais que je l'eusse tout à fait perdue, ni qu'elle eût pu m'oublier. Je me disais : Elle saura tôt ou tard que je suis errant, et me donnera quelque signe de vie; je la retrouverai, j'en suis certain. En attendant, c'était une douceur pour moi d'habiter son pays, de passer dans les rues où elle avait passé, devant les maisons où elle avait demeuré; et le tout par conjecture, car une de mes ineptes bizarreries était de n'oser m'informer d'elle ni prononcer son nom sans la plus absolue nécessité. Il me semblait qu'en la nommant je disais tout ce qu'elle m'inspirait, que ma bouche révélait le secret de mon cœur, que je la compromettais en quelque sorte. Je crois même qu'il se mêlait à cela quelque frayeur qu'on ne me dît du mal d'elle. On avait parlé beaucoup de sa démarche, et un peu de sa conduite. De peur qu'on n'en dît pas ce que je voulais entendre, j'aimais mieux qu'on n'en parlât point du tout.

Comme mes écoliers ne m'occupaient pas beaucoup, et que sa ville natale n'était qu'à quatre lieues de Lausanne, j'y fis une promenade de deux ou trois jours, durant lesquels la plus douce émotion ne me quitta point. L'aspect du lac de Genève et de ses admirables côtes eut toujours à mes yeux un attrait particulier que je ne saurais expliquer, et qui ne tient pas seulement à la beauté du spectacle, mais à je ne sais quoi de plus intéressant qui m'affecte et m'attendrit. Toutes les fois que j'approche du pays de Vaud, j'éprouve une impression composée du souvenir de madame de Warens, qui y est née, de mon père, qui y vivait, de mademoiselle de Vulson, qui y eut les prémices de mon cœur, de plusieurs voyages de plaisir que j'y fis dans mon enfance, et, ce me semble, de quelque autre cause encore plus secrète et plus forte que tout cela. Quand l'ardent désir de cette vie heureuse et douce qui me fuit et pour laquelle j'étais né vient enflammer mon imagination, c'est toujours au pays de Vaud, près du lac, dans des campagnes charmantes, qu'elle se fixe. Il me faut absolument un verger au bord de ce lac, et non pas d'un autre ; il me faut un ami sûr, une femme aimable, une vache et un petit bateau. Je ne jouirai d'un bonheur parfait sur la terre que quand j'aurai tout cela. Je ris de la simplicité avec laquelle je suis allé plusieurs fois dans ce pays-là uniquement pour y chercher ce bonheur imaginaire. J'étais toujours surpris d'y trouver les habitants, surtout les femmes, d'un tout autre caractère que celui que j'y cherchais. Combien cela me semblait disparate ! Le pays et le peuple dont il est couvert ne m'ont jamais paru faits l'un pour l'autre.

Dans ce voyage de Vevay, je me livrais, en suivant ce beau rivage, à la plus douce mélancolie : mon cœur s'élançait avec ardeur à mille félicités innocentes ; je m'attendrissais, je soupirais et pleurais comme un enfant. Combien de fois, m'arrêtant pour pleurer à mon aise, assis sur une grosse pierre, je me suis amusé à voir tomber mes larmes dans l'eau !

J'allai à Vevay loger à la Clef ; et, pendant deux jours que j'y restai sans voir personne, je pris pour cette ville un amour qui m'a suivi dans tous mes voyages, et qui m'y a fait établir enfin les héros de mon roman. Je dirais volontiers à ceux qui ont du goût et qui sont sensibles : Allez à Vevay, visitez le pays, examinez les sites, promenez-vous sur le lac, et dites si la nature n'a pas fait ce beau pays pour une Julie, pour une Claire et pour un Saint-Preux ; mais ne les y cherchez pas. Je reviens à mon histoire.

Comme j'étais catholique et que je me donnais pour tel, je suivais sans mystère et sans scrupule le culte que j'avais embrassé. Les dimanches, quand il faisait beau, j'allais à la messe à Assens, à deux lieues de Lausanne. Je faisais ordinairement cette course avec d'autres catholiques, surtout avec un brodeur parisien dont j'ai oublié le nom. Ce n'était pas un Parisien comme moi, c'était un vrai Parisien de Paris, un archi-Parisien du bon Dieu, bonhomme comme un Champenois. Il aimait si fort son pays, qu'il ne voulut jamais douter que j'en fusse, de peur de perdre cette occasion d'en parler. M. de Crouzas, lieutenant baillival, avait un jardinier de Paris aussi, mais moins complaisant, et qui trouvait là gloire de son pays compromise à ce qu'on osât se donner pour en être lorsqu'on n'avait pas cet honneur. Il me questionnait de l'air d'un homme sûr de me prendre en faute, et puis souriait malignement. Il me demanda une fois ce qu'il y avait de remarquable au Marché-Neuf. Je battis la campagne comme on peut croire. Après avoir passé vingt ans à Paris, je dois à présent connaître cette ville; cependant, si l'on me faisait aujourd'hui pareille question, je ne serais pas moins embarrassé d'y répondre, et de cet embarras on pourrait aussi bien conclure que je n'ai jamais été à Paris : tant, lors même qu'on rencontre la vérité, l'on est sujet à se fonder sur des principes trompeurs !

Je ne saurais dire exactement combien de temps je demeurai à Lausanne. Je n'apportai pas de cette ville des souvenirs bien rappelants. Je sais seulement que, n'y trouvant pas à vivre, j'allai de là à Neuchâtel, et que j'y passai l'hiver. Je réussis mieux dans cette ville; j'y eus des écoliers, et j'y gagnai de quoi m'acquitter avec mon bon ami Perrotet, qui m'avait fidèlement envoyé mon petit bagage, quoique je lui redusse assez d'argent.

J'apprenais insensiblement la musique en l'enseignant. Ma vie était assez douce; un homme raisonnable eût pu s'en contenter : mais mon cœur inquiet me demandait autre chose. Les dimanches et les jours où j'étais libre, j'allais courir les campagnes et les bois des environs, toujours errant, rêvant, soupirant; et quand j'étais une fois sorti de la ville, je n'y rentrais plus que le soir. Un jour étant à Boudry j'entrai pour dîner dans un cabaret : j'y vis un

homme à grande barbe avec un habit violet à la grecque, un
bonnet fourré, l'équipage et l'air assez noble, et qui souvent avait
peine à se faire entendre, ne parlant qu'un jargon presque indé-
chiffrable, mais plus ressemblant à l'italien qu'à nulle autre langue.
J'entendais presque tout ce qu'il disait, et j'étais le seul; il ne
pouvait s'énoncer que par signes avec l'hôte et les gens du pays.
Je lui dis quelques mots en italien, qu'il entendit parfaitement : il
se leva, et vint m'embrasser avec transport. La liaison fut bientôt
faite, et dès ce moment je lui servis de truchement. Son dîner
était bon, le mien était moins que médiocre; il m'invita de prendre
part au sien, je fis peu de façon. En buvant et baragouinant, nous
achevâmes de nous familiariser, et dès la fin du repas nous
devînmes inséparables. Il me conta qu'il était prélat grec et archimandrite de Jérusalem; qu'il était chargé de faire une quête en
Europe pour le rétablissement du saint sépulcre. Il me montra de
belles patentes de la czarine et de l'empereur; il en avait de beaucoup d'autres souverains. Il était assez content de ce qu'il avait
amassé jusqu'alors; mais il avait eu des peines incroyables en Allemagne, n'entendant pas un mot d'allemand, de latin, ni de français, et réduit à son grec, au turc et à la langue franque pour
toute ressource, ce qui ne lui en procurait pas beaucoup dans le
pays où il s'était enfourné. Il me proposa de l'accompagner pour
lui servir de secrétaire et d'interprète. Malgré mon petit habit
violet, nouvellement acheté, et qui ne cadrait pas mal avec mon
nouveau poste, j'avais l'air si peu étoffé qu'il ne me crut pas difficile à gagner, et il ne se trompa point. Notre accord fut bientôt
fait; je ne demandais rien, et il promettait beaucoup. Sans caution, sans sûreté, sans connaissance, je me livre à sa conduite, et
dès le lendemain me voilà parti pour Jérusalem.

Nous commençâmes notre tournée par le canton de Fribourg,
où il ne fit pas grand'chose. La dignité épiscopale ne permettait
pas de faire le mendiant, et de quêter aux particuliers; mais nous
présentâmes sa commission au sénat, qui lui donna une petite
somme. De là nous fûmes à Berne. Nous logeâmes au Faucon,
bonne auberge alors, où l'on trouvait bonne compagnie. La table
était nombreuse et bien servie. Il y avait longtemps que je faisais

mauvaise chère; j'avais grand besoin de me refaire, j'en avais l'occasion, et j'en profitai. Monseigneur l'archimandrite était lui-
même un homme de bonne compagnie, aimant assez à tenir
table, gai, parlant bien pour ceux qui l'entendaient, ne manquant
pas de certaines connaissances, et plaçant son érudition grecque
avec assez d'agrément. Un jour, cassant au dessert des noisettes,
il se coupa le doigt fort avant; et comme le sang sortait avec
abondance, il montra son doigt à la compagnie, et dit en riant :
Mirate, signori : questo è sangue pelasgo.

A Berne mes fonctions ne lui furent pas inutiles, et je ne m'en
tirai pas aussi mal que j'avais craint. J'étais bien plus hardi et
mieux parlant que je n'aurais été pour moi-même. Les choses ne
se passèrent pas aussi simplement qu'à Fribourg : il fallut de
longues et fréquentes conférences avec les premiers de l'État, et
l'examen de ses titres ne fut pas l'affaire d'un jour. Enfin, tout
étant en règle, il fut admis à l'audience du sénat. J'entrai avec
lui comme son interprète, et l'on me dit de parler. Je ne m'attendais à rien moins, et il ne m'était pas venu à l'esprit qu'après
avoir longtemps conféré avec les membres, il fallût s'adresser au
corps comme si rien n'eût été dit. Qu'on juge de mon embarras!
Pour un homme aussi honteux, parler non seulement en public,
mais devant le sénat de Berne, et parler impromptu sans avoir une
seule minute pour me préparer, il y avait de quoi m'anéantir. Je
ne fus pas même intimidé. J'exposai succinctement et nettement
la commission de l'archimandrite. Je louai la piété des princes
qui avaient contribué à la collecte qu'il était venu faire. Piquant
d'émulation celle de Leurs Excellences, je dis qu'il n'y avait pas
moins à espérer de leur munificence accoutumée; et puis, tâchant
de prouver que cette bonne œuvre en était également une pour
tous les chrétiens sans distinction de secte, je finis par promettre
les bénédictions du ciel à ceux qui voudraient y prendre part. Je ne
dirai pas que mon discours fit effet, mais il est sûr qu'il fut goûté,
et qu'au sortir de l'audience l'archimandrite reçut un présent fort
honnête, et de plus, sur l'esprit de son secrétaire, des compliments dont j'eus l'agréable emploi d'être le truchement, mais que
je n'osai lui rendre à la lettre. Voilà la seule fois de ma vie que

j'aie parlé en public et devant un souverain, et la seule fois aussi
peut-être que j'aie parlé hardiment et bien. Quelle différence dans
les dispositions du même homme! Il y a trois ans, qu'étant allé
voir à Yverdun mon vieux ami M. Roguin, je reçus une députa-
tion pour me remercier de quelques livres que j'avais donnés à la
bibliothèque de cette ville. Les Suisses sont grands harangueurs;
ces messieurs me haranguèrent. Je me crus obligé de répondre;
mais je m'embarrassai tellement dans ma réponse, et ma tête se
brouilla si bien, que je restai court, et me fis moquer de moi.
Quoique timide naturellement, j'ai été hardi quelquefois dans ma
jeunesse; jamais dans mon âge avancé. Plus j'ai vu le monde,
moins j'ai pu me faire à son ton.

Partis de Berne, nous allâmes à Soleure; car le dessein de
l'archimandrite était de reprendre la route d'Allemagne, de s'en
retourner par la Hongrie ou par la Pologne, ce qui faisait une
route immense : mais comme chemin faisant sa bourse s'emplis-
sait plus qu'elle ne se vidait, il craignait peu les détours. Pour
moi, qui me plaisais presque autant à cheval qu'à pied, je n'aurais
pas mieux demandé que de voyager ainsi toute ma vie, mais il
était écrit que je n'irais pas si loin.

La première chose que nous fîmes arrivant à Soleure fut d'aller
saluer monsieur l'ambassadeur de France. Malheureusement pour
mon évêque, cet ambassadeur était le marquis de Bonac, qui avait
été ambassadeur à la Porte, et qui devait être au fait de tout ce qui
regardait le saint sépulcre. L'archimandrite eut une audience d'un
quart d'heure, où je ne fus pas admis, parce que monsieur
l'ambassadeur entendait la langue franque et parlait l'italien du
moins aussi bien que moi. A la sortie de mon Grec je voulus le
suivre; on me retint, ce fut mon tour. M'étant donné pour Parisien, j'étais comme tel sous la juridiction de Son Excellence.
Elle me demanda qui j'étais, m'exhorta de lui dire la vérité : je
le lui promis, en lui demandant une audience particulière qui
me fut accordée. Monsieur l'ambassadeur m'emmena dans son
cabinet dont il ferma sur nous la porte; et là, me jetant à ses
pieds, je lui tins parole. Je n'aurais pas moins dit quand je
n'aurais rien promis, car un continuel besoin d'épanchement met

Maurice Leloir, inv.

D. Mordant, sc

L'Archimandrite

à tout moment mon cœur sur mes lèvres; et, après m'être ouvert
sans réserve au musicien Lutold, je n'avais garde de faire le mys-
térieux avec le marquis de Bonac. Il fut si content de ma petite
histoire et de l'effusion de cœur avec laquelle il vit que je l'avais
contée, qu'il me prit par la main, entra chez madame l'ambassadrice, et me présenta à elle en lui faisant un abrégé de mon récit.
Madame de Bonac m'accueillit avec bonté; et dit qu'il ne fallait
pas me laisser aller avec ce moine grec. Il fut résolu que je resterais à l'hôtel, en attendant qu'on vît ce qu'on pourrait faire de
moi. Je voulus aller faire mes adieux à mon pauvre archimandrite, pour lequel j'avais conçu de l'attachement : on ne me le
permit pas. On envoya lui signifier mes arrêts, et un quart d'heure
après, je vis arriver mon petit sac. M. de la Martinière, secrétaire
d'ambassade, fut en quelque façon chargé de moi. En me conduisant dans la chambre qui m'était destinée, il me dit : Cette
chambre a été occupée sous le comte du Luc par un homme
célèbre du même nom que vous : il ne tient qu'à vous de le remplacer de toutes manières, et faire dire un jour, Rousseau premier, Rousseau second. Cette conformité, qu'alors je n'espérais
guère, eût moins flatté mes désirs si j'avais pu prévoir à quel prix
je l'achèterais un jour.

Ce que m'avait dit M. de la Martinière me donna de la curiosité.
Je lus les ouvrages de celui dont j'occupais la chambre; et, sur le
compliment qu'on m'avait fait, croyant avoir du goût pour la
poésie, je fis pour mon coup d'essai une cantate à la louange de
madame de Bonac. Ce goût ne se soutint pas. J'ai fait de temps
en temps de médiocres vers : c'est un exercice assez bon pour se
rompre aux inversions élégantes, et apprendre à mieux écrire en
prose; mais je n'ai jamais [trouvé dans la poésie française assez
d'attrait pour m'y livrer tout à fait.

M. de la Martinière voulut voir de mon style, et me demanda
par écrit le même détail que j'avais fait à monsieur l'ambassadeur.
Je lui écrivis une longue lettre, que j'apprends avoir été con-
servée par M. de Marianne, qui était attaché depuis longtemps au
marquis de Bonac, et qui depuis a succédé à M. de la Martinière
sous l'ambassade de M. de Courteilles. J'ai prié M. de Malesherbes

de tâcher de me procurer une copie de cette lettre. Si je puis l'avoir par lui ou par d'autres, on la trouvera dans le recueil qui doit accompagner mes Confessions.

L'expérience que je commençais d'avoir modérait peu à peu mes projets romanesques; et, par exemple, non seulement je ne devins point amoureux de madame de Bonac, mais je sentis d'abord que je ne pouvais faire un grand chemin dans la maison de son mari. M. de la Martinière en place, et M. de Marianne pour ainsi dire en survivance, ne me laissaient espérer pour toute fortune qu'un emploi de sous-secrétaire, qui ne me tentait pas infiniment. Cela fit que quand on me consulta sur ce que je voulais faire, je marquai beaucoup d'envie d'aller à Paris. Monsieur l'ambassadeur goûta cette idée, qui tendait au moins à le débarrasser de moi. M. de Merveilleux, secrétaire interprète de l'ambassade, dit que son ami M. Godard, colonel suisse au service de France, cherchait quelqu'un pour mettre auprès de son neveu, qui entrait fort jeune au service, et pensa que je pourrais lui convenir. Sur cette idée, assez légèrement prise, mon départ fut résolu; et moi, qui voyais un voyage à faire et Paris au bout, j'en fus dans la joie de mon cœur. On me donna quelques lettres, cent francs pour mon voyage accompagnés de fort bonnes leçons, et je partis.

Je mis à ce voyage une quinzaine de jours, que je peux compter parmi les heureux de ma vie. J'étais jeune, je me portais bien, j'avais assez d'argent, beaucoup d'espérance, je voyageais à pied, et je voyageais seul. On serait étonné de me voir compter un pareil avantage, si déjà l'on n'avait dû se familiariser avec mon humeur. Mes douces chimères me tenaient compagnie, et jamais la chaleur de mon imagination n'en enfanta de plus magnifiques. Quand on m'offrait quelque place vide dans une voiture, ou que quelqu'un m'accostait en route, je rechignais de voir renverser la fortune dont je bâtissais l'édifice en marchant. Cette fois mes idées étaient martiales. J'allais m'attacher à un militaire et devenir militaire moi-même; car on avait arrangé que je commencerais par être cadet. Je croyais déjà me voir en habit d'officier, avec un beau plumet blanc. Mon cœur s'enflait à cette noble idée. J'avais quelque teinture de géométrie et de fortifications; j'avais un

oncle ingénieur; j'étais en quelque sorte enfant de la balle. Ma
vue courte offrait un peu d'obstacle, mais qui ne m'embarrassait
pas; et je comptais bien, à force de sang-froid et d'intrépidité,
suppléer à ce défaut. J'avais lu que le maréchal Schomberg avait
la vue très courte; pourquoi le maréchal Rousseau ne l'aurait-il
pas? Je m'échauffais tellement sur ces folies, que je ne voyais
plus que troupes, remparts, gabions, batteries, et moi, au milieu
du feu et de la fumée, donnant tranquillement mes ordres la lor-
gnette à la main. Cependant, quand je passais dans des campagnes agréables, que je voyais des bocages et des ruisseaux, ce
touchant aspect me faisait soupirer de regret; je sentais au milieu
de ma gloire que mon cœur n'était pas fait pour tant de fracas, et
bientôt, sans savoir comment, je me trouvais au milieu de mes
chères bergeries, renonçant pour jamais aux travaux de Mars.

Combien l'abord de Paris démentit l'idée que j'en avais! La
décoration extérieure que j'avais vue à Turin, la beauté des rues,
la symétrie et l'alignement des maisons, me faisaient chercher, à
Paris, autre chose encore. Je m'étais figuré une ville aussi belle
que grande, de l'aspect le plus imposant, où l'on ne voyait que
de superbes rues, des palais de marbre et d'or. En entrant par le
faubourg Saint-Marceau, je ne vis que de petites rues sales et
puantes, de vilaines maisons noires, l'air de la malpropreté, de la
pauvreté, des mendiants, des charretiers, des ravaudeuses, des
crieuses de tisane et de vieux chapeaux. Tout cela me frappa
d'abord à tel point, que tout ce que j'ai vu depuis à Paris de
magnificence réelle n'a pu détruire cette première impression, et
qu'il m'en est resté toujours un secret dégoût pour l'habitation de
cette capitale. Je puis dire que tout le temps que j'y ai vécu dans
la suite ne fut employé qu'à y chercher des ressources pour me
mettre en état d'en vivre éloigné. Tel est le fruit d'une imagination
trop active, qui exagère par-dessus l'exagération des hommes, et
voit toujours plus que ce qu'on lui dit. On m'avait tant vanté Paris,
que je me l'étais figuré comme l'ancienne Babylone, dont je trouverais peut-être autant à rabattre, si je l'avais vue, du portrait que
je m'en suis fait. La même chose m'arriva à l'Opéra, où je me
pressai d'aller le lendemain de mon arrivée; la même chose

m'arriva dans la suite à Versailles; dans la suite encore en voyant
la mer; et la même chose m'arrivera toujours en voyant des spec-
tacles qu'on m'aura trop annoncés : car il est impossible aux
hommes et difficile à la nature elle-même de passer en richesse
mon imagination.

A la manière dont je fus reçu de tous ceux pour qui j'avais des
lettres, je crus ma fortune faite. Celui à qui j'étais le plus recommandé, et qui me caressa le moins, était M. de Surbeck, retiré du
service et vivant philosophiquement à Bagneux, où je fus le voir
plusieurs fois, et où jamais il ne m'offrit un verre d'eau. J'eus
plus d'accueil de madame de Merveilleux, belle-sœur de l'interprète, et de son neveu, officier aux gardes : non seulement la
mère et le fils me reçurent bien, mais ils m'offrirent leur table,
dont je profitai souvent durant mon séjour à Paris. Madame de
Merveilleux me parut avoir été belle; ses cheveux étaient d'un
beau noir, et faisaient, à la vieille mode, le crochet sur ses tempes.
Il lui restait ce qui ne périt point avec les attraits, un esprit très
agréable. Elle me parut goûter le mien, et fit tout ce qu'elle put
pour me rendre service; mais personne ne la seconda, et je fus
bientôt désabusé de tout ce grand intérêt qu'on avait paru prendre
à moi. Il faut pourtant rendre justice aux Français : ils ne s'épui-
sent point autant qu'on dit en protestations, et celles qu'ils font
sont presque toujours sincères; mais ils ont une manière de
paraître s'intéresser à vous qui trompe plus que des paroles. Les
gros compliments des Suisses n'en peuvent imposer qu'à des sots.
Les manières des Français sont plus séduisantes en cela même
qu'elles sont plus simples : on croirait qu'ils ne vous disent pas
tout ce qu'ils veulent faire, pour vous surprendre plus agréablement. Je dirai plus; ils ne sont point faux dans leurs démonstra-
tions; ils sont naturellement officieux, humains, bienveillants, et
même, quoi qu'on en dise, plus vrais qu'aucune autre nation :
mais ils sont légers et volages. Ils ont en effet le sentiment qu'ils
vous témoignent; mais ce sentiment s'en va comme il est venu.
En vous parlant ils sont pleins de vous; ne vous voient-ils plus,
ils vous oublient. Rien n'est permanent dans leur cœur : tout est
chez eux l'œuvre du moment.

Je fus donc beaucoup flatté et peu servi. Ce colonel Godard, au neveu duquel on m'avait donné, se trouva être un vilain vieux avare, qui, quoique tout cousu d'or, voyant ma détresse, me voulut avoir pour rien. Il prétendait que je fusse auprès de son neveu une espèce de valet sans gages plutôt qu'un vrai gouverneur. Attaché continuellement à lui, et par là dispensé du service, il fallait que je vécusse de ma paye de cadet, c'est-à-dire de soldat; et à peine consentait-il à me donner l'uniforme; il aurait voulu que je me contentasse de celui du régiment. Madame de Merveilleux, indignée de ses propositions, me détourna elle-même de les accepter; son fils fut du même sentiment. On cherchait autre chose, et l'on ne trouvait rien. Cependant je commençais d'être pressé, et cent francs sur lesquels j'avais fait mon voyage ne pouvaient me mener bien loin. Heureusement je reçus de la part de monsieur l'ambassadeur encore une petite remise qui me fit grand bien; et je crois qu'il ne m'aurait pas abandonné si j'eusse eu plus de patience : mais languir, attendre, solliciter, sont pour moi choses impossibles. Je me rebutai, je ne parus plus, et tout fut fini. Je n'avais pas oublié ma pauvre maman; mais comment la trouver? où la chercher? Madame de Merveilleux, qui savait mon histoire, m'avait aidé dans cette recherche, et longtemps inutilement. Enfin elle m'apprit que madame de Warens était repartie il y avait plus de deux mois, mais qu'on ne savait si elle était allée en Savoie ou à Turin, et que quelques personnes la disaient retournée en Suisse. Il ne m'en fallut pas davantage pour me déterminer à la suivre, bien sûr qu'en quelque lieu qu'elle fût je la trouverais plus aisément en province que je n'avais pu faire à Paris.

Avant de partir j'exerçai mon nouveau talent poétique dans une épître au colonel Godard, où je le drapai de mon mieux. Je montrai ce barbouillage à madame de Merveilleux, qui, au lieu de me censurer comme elle aurait dû faire, rit beaucoup de mes sarcasmes, de même que son fils, qui, je crois, n'aimait pas M. Godard; et il faut avouer qu'il n'était pas aimable. J'étais tenté de lui envoyer mes vers; ils m'y encouragèrent : j'en fis un paquet à son adresse; et comme il n'y avait point alors à Paris de

petite poste, je le mis dans ma poche, et le lui envoyai d'Auxerre
en passant. Je ris quelquefois encore en songeant aux grimaces
qu'il dut faire en lisant ce panégyrique, où il était peint trait pour
trait. Il commençait ainsi :

> Tu croyais, vieux penard, qu'une folle manie
> D'élever ton neveu m'inspirerait l'envie.

Cette petite pièce, mal faite à la vérité, mais qui ne manquait
pas de sel et qui annonçait du talent pour la satire, est cependant
le seul écrit satirique qui soit sorti de ma plume. J'ai le cœur trop
peu haineux pour me prévaloir d'un pareil talent : mais je crois
qu'on peut juger, par quelques écrits polémiques faits de temps
à autre pour ma défense, que si j'avais été d'humeur batailleuse,
mes agresseurs auraient eu rarement les rieurs de leur côté.

La chose que je regrette le plus dans les détails de ma vie dont
j'ai perdu la mémoire, est de n'avoir pas fait des journaux de mes
voyages. Jamais je n'ai tant pensé, tant existé, tant vécu, tant été
moi, si j'ose ainsi dire, que dans ceux que j'ai faits seul à pied.
La marche a quelque chose qui anime et avive mes idées : je ne
puis presque penser quand je reste en place; il faut que mon
corps soit en branle pour y mettre mon esprit. La vue de la campagne, la succession des aspects agréables, le grand air, le grand
appétit, la bonne santé que je gagne en marchant, la liberté du
cabaret, l'éloignement de tout ce qui me fait sentir ma dépendance, de tout ce qui me rappelle à ma situation, tout cela
dégage mon âme, me donne une plus grande audace de penser,
me jette en quelque sorte dans l'immensité des êtres pour les
combiner, les choisir, me les approprier à mon gré, sans gêne et
sans crainte. Je dispose en maître de la nature entière; mon cœur,
errant d'objet en objet, s'unit, s'identifie à ceux qui le flattent,
s'entoure d'images charmantes, s'enivre de sentiments délicieux.
Si pour les fixer je m'amuse à les décrire en moi-même, quelle
vigueur de pinceau, quelle fraîcheur de coloris, quelle énergie
d'expression je leur donne! On a, dit-on, trouvé de tout cela
dans mes ouvrages, quoique écrits vers le déclin de mes ans. Oh!
si l'on eût vu ceux de ma première jeunesse, ceux que j'ai faits

durant mes voyages, ceux que j'ai composés et que je n'ai jamais écrits!... Pourquoi, direz-vous, ne les pas écrire? Et pourquoi les écrire? vous répondrai-je : pourquoi m'ôter le charme actuel de la jouissance, pour dire à d'autres que j'avais joui? Que m'importaient les lecteurs, un public, et toute la terre, tandis que je planais dans le ciel? D'ailleurs, portais-je avec moi du papier, des plumes? Si j'avais pensé à tout cela, rien ne me serait venu. Je ne prévoyais pas que j'aurais des idées; elles viennent quand il leur plaît, non quand il me plaît. Elles ne viennent point, ou elles viennent en foule; elles m'accablent de leur nombre et de leur force. Dix volumes par jour n'auraient pas suffi. Où prendre du temps pour les écrire? En arrivant je ne songeais qu'à bien dîner; en partant je ne songeais qu'à bien marcher. Je sentais qu'un nouveau paradis m'attendait à la porte; je ne songeais qu'à l'aller chercher.

Jamais je n'ai si bien senti tout cela que dans le retour dont je parle. En venant à Paris, je m'étais borné aux idées relatives à ce que j'y allais faire. Je m'étais élancé dans la carrière où j'allais entrer, et je l'avais parcourue avec assez de gloire : mais cette carrière n'était pas celle où mon cœur m'appelait, et les êtres réels nuisaient aux êtres imaginaires. Le colonel Godard et son neveu figuraient mal avec un héros tel que moi. Grâces au ciel, j'étais maintenant délivré de tous ces obstacles : je pouvais m'enfoncer à mon gré dans le pays des chimères, car il ne restait que cela devant moi. Aussi je m'y égarai si bien, que je perdis réellement plusieurs fois ma route; et j'eusse été fort fâché d'aller plus droit, car sentant qu'à Lyon j'allais me retrouver sur la terre, j'aurais voulu n'y jamais arriver.

Un jour entre autres, m'étant à dessein détourné pour voir de près un lieu qui me parut admirable, je m'y plus si fort et j'y fis tant de tours, que je me perdis enfin tout à fait. Après plusieurs heures de course inutile, las et mourant de soif et de faim, j'entrai chez un paysan dont la maison n'avait pas belle apparence; mais c'était la seule que je visse aux environs. Je croyais que c'était comme à Genève ou en Suisse, où tous les habitants à leur aise sont en état d'exercer l'hospitalité. Je priai celui-ci de me donner à dîner en payant. Il m'offrit du lait écrémé et de gros pain d'orge, en me disant que c'était tout ce qu'il avait. Je buvais ce lait avec délices et je mangeais ce pain, paille et tout; mais cela n'était pas fort restaurant pour un homme épuisé de fatigue. Ce paysan, qui m'examinait, jugea de la vérité de mon histoire par celle de mon appétit. Tout de suite, après avoir dit qu'il voyait bien que j'étais un bon jeune honnête homme qui n'était pas là pour le vendre, il ouvrit une petite trappe à côté de sa cuisine, descendit, et revint un moment après avec un bon pain bis de pur froment, un jambon très appétissant, quoique entamé, et une bouteille de vin dont l'aspect me réjouit le cœur plus que tout le reste; on joignit à cela une omelette assez épaisse, et je fis un dîner tel qu'autre qu'un piéton n'en connut jamais. Quand ce vint à payer, voilà son inquiétude et ses craintes qui le reprennent; il ne voulait point de mon argent, il le repoussait avec un trouble extraordinaire; et ce qu'il y avait de plaisant était que je ne pouvais imaginer de quoi il avait peur. Enfin, il prononça en frémissant ces mots terribles de commis et de rats de cave. Il me fit entendre qu'il cachait son vin à cause des aides, qu'il cachait son pain à cause de la taille, et qu'il serait un homme perdu si l'on pouvait se douter qu'il ne mourût pas de faim. Tout ce qu'il me dit à ce sujet et dont je n'avais pas la moindre idée, me fit une impression qui ne s'effacera jamais. Ce fut là le germe de cette haine inextinguible qui se développa depuis dans mon cœur contre les vexations qu'éprouve le malheureux peuple, et contre ses oppresseurs. Cet homme, quoique aisé, n'osait manger le pain qu'il avait gagné à la sueur de son front, et ne pouvait éviter sa ruine qu'en montrant la même misère qui régnait autour de lui. Je sortis de sa maison aussi indigné qu'attendri, et déplorant le sort de ces belles contrées, à qui la nature n'a prodigué ses dons que pour en faire la proie des barbares publicains.

Voilà le seul souvenir bien distinct qui me reste de ce qui m'est arrivé durant ce voyage. Je me rappelle seulement encore qu'en approchant de Lyon je fus tenté de prolonger ma route pour aller voir les bords du Lignon; car, parmi les romans que j'avais lus avec mon père, l'*Astrée* n'avait pas été oubliée, et c'était celui qui

me revenait au cœur le plus fréquemment. Je demandai la route
du Forez; et tout en causant avec une hôtesse, elle m'apprit que
c'était un bon pays de ressource pour les ouvriers, qu'il y avait
beaucoup de forges, et qu'on y travaillait fort bien en fer. Cet
éloge calma tout à coup ma curiosité romanesque, et je ne jugeai
pas à propos d'aller chercher des Dianes et des Sylvandres chez
un peuple de forgerons. La bonne femme qui m'encourageait de
la sorte m'avait sûrement pris pour un garçon serrurier.

Je n'allais pas tout à fait à Lyon sans vues. En arrivant, j'allai
voir aux Chasottes mademoiselle du Châtelet, amie de madame
de Warens, et pour laquelle elle m'avait donné une lettre quand
je vins avec M. Le Maître : ainsi c'était une connaissance déjà
faite. Mademoiselle du Châtelet m'apprit qu'en effet son amie
avait passé à Lyon, mais qu'elle ignorait si elle avait poussé sa
route jusqu'en Piémont, et qu'elle était incertaine elle-même en
partant si elle ne s'arrêterait pas en Savoie; que si je voulais elle
écrirait pour en avoir des nouvelles, et que le meilleur parti que
j'eusse à prendre était de les attendre à Lyon. J'acceptai l'offre;
mais je n'osai dire à mademoiselle du Châtelet que j'étais pressé
de la réponse, et que ma petite bourse épuisée ne me laissait pas
en état de l'attendre longtemps. Ce qui me retint n'était pas qu'elle
m'eût mal reçu; au contraire, elle m'avait fait beaucoup de
caresses, et me traitait sur un pied d'égalité qui m'ôtait le courage
de lui laisser voir mon état, et de descendre du rôle de bonne
compagnie à celui d'un malheureux mendiant.

Il me semble de voir assez clairement la suite de tout ce que
j'ai marqué dans ce livre. Cependant je crois me rappeler, dans le
même intervalle, un autre voyage de Lyon, dont je ne puis marquer la place, et où je me trouvai déjà fort à l'étroit. Une petite
anecdote assez difficile à dire ne me permettra jamais de l'oublier.
J'étais un soir assis en Bellecour après un très mince souper,
rêvant aux moyens de me tirer d'affaire, quand un homme en
bonnet vint s'asseoir à côté de moi. Cet homme avait l'air d'un de
ces ouvriers en soie qu'on appelle, à Lyon, des taffetatiers. Il
m'adresse la parole; je lui réponds. A peine avions-nous causé
un quart d'heure, que, toujours avec le même sang-froid et sans

changer de ton, il me propose de nous amuser de compagnie. J'attendais qu'il m'expliquât quel était cet amusement, mais sans rien ajouter, il se mit en devoir de m'en donner l'exemple. Nous nous touchions presque, et la nuit n'était pas assez obscure pour m'empêcher de voir à quel exercice il se préparait. Il n'en voulait point à ma personne; du moins rien ne m'annonçait cette intention, et le lieu ne l'eût pas favorisée : il ne voulait exactement, comme il me l'avait dit, que s'amuser et que je m'amusasse, chacun pour son compte; et cela lui paraissait si simple, qu'il n'avait pas même supposé qu'il ne me le parût pas comme à lui. Je fus si effrayé de cette impudence, que, sans lui répondre, je me levai précipitamment et me mis à fuir à toutes jambes, croyant avoir ce misérable à mes trousses. J'étais si troublé, qu'au lieu de gagner mon logis par la rue Saint-Dominique, je courus du côté du quai, et je ne m'arrêtai qu'au delà du pont de bois, aussi tremblant que si je venais de commettre un crime. J'étais sujet au même vice : ce souvenir m'en guérit pour longtemps.

A ce voyage-ci j'eus une aventure à peu près du même genre, mais qui me mit en plus grand danger. Sentant mes espèces tirer à leur fin, j'en ménageais le chétif reste. Je prenais moins souvent des repas à mon auberge, et bientôt je n'en pris plus du tout, pouvant pour cinq ou six sous, à la taverne, me rassasier tout aussi bien que je faisais là pour mes vingt-cinq. N'y mangeant plus, je ne savais comment y aller coucher, non que j'y dusse grand'chose, mais j'avais honte d'occuper une chambre sans rien faire gagner à mon hôtesse. La saison était belle. Un soir qu'il faisait fort chaud, je me déterminai à passer la nuit dans la place; et déjà je m'étais établi sur un banc, quand un abbé qui passait, me voyant ainsi couché, s'approcha, et me demanda si je n'avais point de gîte. Je lui avouai mon cas, et il parut touché. Il s'assit à côté de moi, et nous causâmes. Il parlait agréablement : tout ce qu'il me dit me donna de lui la meilleure opinion du monde. Quand il me vit bien disposé, il me dit qu'il n'était pas logé fort au large; qu'il n'avait qu'une seule chambre, mais qu'assurément il ne me laisserait pas coucher ainsi dans la place; qu'il était tard pour trouver un gîte, et qu'il m'offrait, pour cette nuit, la moitié

de son lit. J'accepte l'offre, espérant déjà me faire un ami qui
pourrait m'être utile. Nous allons. Il bat le fusil. Sa chambre me
parut propre dans sa petitesse : il m'en fit les honneurs fort poli-
ment. Il tira d'un pot de verre des cerises à l'eau-de-vie ; nous en
mangeâmes chacun deux, et nous fûmes nous coucher.

Cet homme avait les mêmes goûts que mon Juif de l'hospice,
mais il ne les manifestait pas si brutalement. Soit que, sachant
que je pouvais être entendu, il craignît de me forcer à me
défendre, soit qu'en effet il fût moins confirmé dans ses projets, il
n'osait m'en proposer ouvertement l'exécution, et cherchait à
m'émouvoir sans m'inquiéter. Plus instruit que la première fois,
je compris bientôt son dessein, et j'en frémis. Ne sachant ni dans
quelle maison ni entre les mains de qui j'étais, je craignais, en faisant du bruit, de le payer de ma vie. Je feignis d'ignorer ce qu'il
me voulait ; mais paraissant très importuné de ses caresses et très
décidé à n'en pas endurer le progrès, je fis si bien qu'il fut obligé
de se contenir. Alors je lui parlai avec toute la douceur et toute
la fermeté dont j'étais capable ; et, sans paraître rien soupçonner,
je m'excusai de l'inquiétude que je lui avais montrée sur mon
ancienne aventure, que j'affectai de lui conter en termes si pleins
de dégoût et d'horreur, que je lui fis, je crois, mal au cœur à lui-
même, et qu'il renonça tout à fait à son sale dessein. Nous passâmes tranquillement le reste de la nuit : il me dit même beaucoup
de choses très bonnes, très sensées ; et ce n'était assurément pas
un homme sans mérite, quoique ce fût un grand vilain.

Le matin, monsieur l'abbé, qui ne voulait pas avoir l'air mécontent, parla de déjeuner, et pria une des filles de son hôtesse, qui
était jolie, d'en faire apporter. Elle lui dit qu'elle n'avait pas le
temps. Il s'adressa à sa sœur qui ne daigna pas lui répondre. Nous
attendions toujours ; point de déjeuner. Enfin nous passâmes
dans la chambre de ces demoiselles. Elles reçurent monsieur
l'abbé d'un air très peu caressant. J'eus encore moins à me louer
de leur accueil. L'aînée, en se retournant, m'appuya son talon
pointu sur le bout du pied, où un cor fort douloureux m'avait
forcé de couper mon soulier ; l'autre vint ôter brusquement de
derrière moi une chaise sur laquelle j'étais prêt à m'asseoir ; leur

mère, en jetant de l'eau par la fenêtre, m'en aspergea le visage ;
en quelque place que je me misse, on m'en faisait ôter pour y
chercher quelque chose ; je n'avais été de ma vie à pareille fête.
Je voyais dans leurs regards insultants et moqueurs une fureur
cachée à laquelle j'avais la stupidité de ne rien comprendre.
Ébahi, stupéfait, prêt à les croire toutes possédées, je commençais tout de bon à m'effrayer, quand l'abbé, qui ne faisait semblant de voir ni d'entendre, jugeant bien qu'il n'y avait point de
déjeuner à espérer, prit le parti de sortir, et je me hâtai de le
suivre, fort content d'échapper à ces trois furies. En marchant, il
me proposa d'aller déjeuner au café. Quoique j'eusse grand' faim,
je n'acceptai point cette offre, sur laquelle il n'insista pas beaucoup non plus, et nous nous séparâmes au trois ou quatrième coin
de rue ; moi, charmé de perdre de vue tout ce qui appartenait à
cette maudite maison ; et lui, fort aise, à ce que je crois, de m'en
avoir assez éloigné pour qu'elle ne me fût pas aisée à reconnaître.
Comme à Paris, ni dans aucune ville, jamais rien ne m'est arrivé
de semblable à ces deux aventures, il m'en est resté une impression peu avantageuse au peuple de Lyon, et j'ai toujours regardé
cette ville comme celle de l'Europe où règne la plus affreuse cor-
ruption.

Le souvenir des extrémités où j'y fus réduit ne contribue pas
non plus à m'en rappeler agréablement la mémoire. Si j'avais été
fait comme un autre, que j'eusse eu le talent d'emprunter et de
m'endetter dans mon cabaret, je me serais aisément tiré d'affaire :
mais c'est à quoi mon inaptitude égalait ma répugnance ; et, pour
imaginer à quel point vont l'une et l'autre, il suffit de savoir
qu'après avoir passé presque toute ma vie dans le mal-être, et
souvent prêt à manquer de pain, il ne m'est jamais arrivé une
seule fois de me faire demander de l'argent par un créancier sans
lui en donner à l'instant même. Je n'ai jamais su faire de dettes
criardes, et j'ai toujours mieux aimé souffrir que devoir.

C'était souffrir assurément que d'être réduit à passer la nuit dans
la rue, et c'est ce qui m'est arrivé plusieurs fois à Lyon. J'aimais
mieux employer quelques sous qui me restaient à payer mon pain
que mon gîte, parce qu'après tout je risquais moins de mourir de

sommeil que de faim. Ce qu'il y a d'étonnant, c'est que, dans ce
cruel état, je n'étais ni inquiet ni triste. Je n'avais pas le moindre
souci sur l'avenir, et j'attendais les réponses que devait recevoir
mademoiselle du Châtelet, couchant à la belle étoile, et dormant
étendu par terre ou sur un banc, aussi tranquillement que sur un
lit de roses. Je me souviens même d'avoir passé une nuit délicieuse hors de la ville, dans un chemin qui côtoyait le Rhône ou
la Saône, car je ne me rappelle pas lequel des deux. Des jardins
élevés en terrasse bordaient le chemin du côté opposé. Il avait
fait très chaud ce jour-là; la soirée était charmante; la rosée
humectait l'herbe flétrie; point de vent, une nuit tranquille; l'air
était frais sans être froid; le soleil, après son coucher, avait laissé
dans le ciel des vapeurs rouges dont la réflexion rendait l'eau couleur de rose; les arbres des terrasses étaient chargés de rossignols
qui se répondaient de l'un à l'autre. Je me promenais dans une
sorte d'extase, livrant mes sens et mon cœur à la jouissance de
tout cela, et soupirant seulement un peu de regret d'en jouir seul.
Absorbé dans ma douce rêverie, je prolongeai fort avant dans la
nuit ma promenade, sans m'apercevoir que j'étais las. Je m'en
aperçus enfin. Je me couchai voluptueusement sur la tablette
d'une espèce de niche ou de fausse porte enfoncée dans un mur
de terrasse; le ciel de mon lit était formé par les têtes des arbres;
un rossignol était précisément au-dessus de moi : je m'endormis
à son chant; mon sommeil fut doux, mon réveil le fut davantage.
Il était grand jour : mes yeux, en s'ouvrant, virent l'eau, la verdure, un paysage admirable. Je me levai, me secouai : la faim me
prit; je m'acheminai gaiement vers la ville, résolu de mettre à un
bon déjeuner deux pièces de six blancs qui me restaient encore.
J'étais de si bonne humeur, que j'allais chantant tout le long du
chemin; et je me souviens même que je chantais une cantate de
Batistin, intitulée *les Bains de Thomery*, que je savais par cœur.
Que béni soit le bon Batistin et sa bonne cantate, qui m'a valu un
meilleur déjeuner que celui sur lequel je comptais, et un dîner
bien meilleur encore, sur lequel je n'avais point compté du tout !
Dans mon meilleur train d'aller et de chanter, j'entends quelqu'un derrière moi : je me retourne; je vois un antonin qui me

suivait, et qui paraissait m'écouter avec plaisir. Il m'accoste, me salue, me demande si je sais la musique. Je réponds *Un peu*, pour faire entendre beaucoup. Il continue à me questionner : je lui conte une partie de mon histoire. Il me demande si je n'ai jamais copié de la musique. Souvent, lui dis-je. Et cela était vrai; ma meilleure manière de l'apprendre était d'en copier. Eh bien! me dit-il, venez avec moi; je pourrai vous occuper quelques jours, durant lesquels rien ne vous manquera, pourvu que vous consentiez à ne pas sortir de la chambre. J'acquiesçai très volontiers, et je le suivis.

Cet antonin s'appelait M. Rolichon; il aimait la musique, il la savait, et chantait dans de petits concerts qu'il faisait avec ses amis. Il n'y avait rien là que d'innocent et d'honnête; mais ce goût dégénérait probablement en fureur, dont il était obligé de cacher une partie. Il me conduisit dans une petite chambre que j'occupai, et où je trouvai beaucoup de musique qu'il avait copiée. Il m'en donna d'autre à copier, particulièrement la cantate que j'avais chantée, et qu'il devait chanter lui-même dans quelques jours. J'en demeurai là trois ou quatre à copier tout le temps où je ne mangeais pas, car de ma vie je ne fus si affamé ni mieux nourri. Il apportait mes repas lui-même de leur cuisine; et il fallait qu'elle fût bonne, si leur ordinaire valait le mien. De mes jours, je n'eus tant de plaisir à manger; et il faut avouer aussi que ces lippées me venaient fort à propos, car j'étais sec comme du bois. Je travaillais presque d'aussi bon cœur que je mangeais, et ce n'est pas peu dire. Il est vrai que je n'étais pas aussi correct que diligent. Quelques jours après, M. Rolichon, que je rencontrai dans la rue, m'apprit que mes parties avaient rendu la musique inexécutable, tant elles s'étaient trouvées pleines d'omissions, de duplications et de transpositions. Il faut avouer que j'ai choisi là dans la suite le métier du monde auquel j'étais le moins propre : non que ma note ne fût belle et que je ne copiasse fort nettement; mais l'ennui d'un grand travail me donne des distractions si grandes, que je passe plus de temps à gratter qu'à noter, et que si je n'apporte la plus grande attention à collationner mes parties, elles font toujours manquer l'exécution. Je fis donc très mal, en

voulant bien faire, et, pour aller vite, j'allais tout de travers. Cela
n'empêcha pas M. Rolichon de me bien traiter jusqu'à la fin, et
de me donner encore en sortant un écu que je ne méritais guère,
et qui me remit tout à fait en pied ; car peu de jours après je reçus
des nouvelles de maman, qui était à Chambéri, et de l'argent pour
l'aller joindre, ce que je fis avec transport. Depuis lors, mes finances
ont été souvent fort courtes, mais jamais assez pour être obligé
de jeûner. Je marque cette époque avec un cœur sensible aux
soins de la Providence. C'est la dernière fois de ma vie que j'ai
senti la misère et la faim.

Je restai à Lyon sept ou huit jours encore pour attendre les
commissions dont maman avait chargé mademoiselle du Châtelet,
que je vis durant ce temps-là plus assidûment qu'auparavant,
ayant le plaisir de parler avec elle de son amie, et n'étant plus distrait par ces cruels retours sur ma situation qui me forçaient de
la cacher. Mademoiselle du Châtelet n'était ni jeune ni jolie,
mais elle ne manquait pas de grâce ; elle était liante et familière,
son esprit donnait du prix à cette familiarité. Elle avait ce goût
de morale observatrice qui porte à étudier les hommes ; et c'est
d'elle, en première origine, que ce même goût m'est venu. Elle
aimait les romans de Le Sage, et particulièrement *Gil Blas* : elle
m'en parla, me le prêta, je le lus avec plaisir ; mais je n'étais pas
mûr encore pour ces sortes de lectures : il me fallait des romans à
grands sentiments. Je passais ainsi mon temps à la grille de mademoiselle du Châtelet avec autant de plaisir que de profit ; et il est
certain que les entretiens intéressants et sensés d'une femme de
mérite sont plus propres à former un jeune homme que toute la
pédantesque philosophie des livres. Je fis connaissance aux Chasottes avec d'autres pensionnaires et de leurs amies, entre autres
avec une jeune personne de quatorze ans, appelée mademoiselle
Serre, à laquelle je ne fis pas alors grande attention, mais dont je
me passionnai huit ou neuf ans après, et avec raison, car c'était
une charmante fille.

Occupé de l'attente de revoir bientôt ma bonne maman, je fis
un peu de trêve à mes chimères, et le bonheur réel qui m'attendait me dispensa d'en chercher dans mes visions. Non seulement

je la retrouvais, mais je retrouvais près d'elle et par elle un état
agréable ; car elle marquait m'avoir trouvé une occupation qu'elle
espérait qui me conviendrait, et qui ne m'éloignerait pas d'elle.
Je m'épuisais en conjectures pour deviner quelle pouvait être
cette occupation, et il aurait fallu deviner en effet pour rencontrer juste. J'avais suffisamment d'argent pour faire commodément la route. Mademoiselle du Châtelet voulait que je prisse un
cheval : je n'y pus consentir, et j'eus raison ; j'aurais perdu le
plaisir du dernier voyage pédestre que j'ai fait en ma vie ; car je
ne peux donner ce nom aux excursions que je faisais souvent à
mon voisinage tandis que je demeurais à Motiers.

C'est une chose bien singulière que mon imagination ne se
monte jamais plus agréablement que quand mon état est le moins
agréable et qu'au contraire elle est moins riante lorsque tout rit
autour de moi. Ma mauvaise tête ne peut s'assujettir aux choses.
Elle ne saurait embellir, elle veut créer. Les objets réels s'y
peignent tout au plus tels qu'ils sont ; elle ne sait parer que les
objets imaginaires. Si je veux peindre le printemps, il faut que je
sois en hiver ; si je veux décrire un beau paysage, il faut que je
sois dans les murs ; et j'ai dit cent fois que si jamais j'étais mis à
la Bastille, j'y ferais le tableau de la liberté. Je ne voyais en partant de Lyon qu'un avenir agréable : j'étais aussi content, et
j'avais tout lieu de l'être, que je l'étais peu quand je partis de
Paris. Cependant je n'eus point, durant ce voyage, ces rêveries
délicieuses qui m'avaient suivi dans l'autre. J'avais le cœur serein,
mais c'était tout. Je me rapprochais avec attendrissement de l'excellente amie que j'allais revoir. Je goûtais d'avance, mais sans
ivresse, le plaisir de vivre auprès d'elle : je m'y étais toujours
attendu ; c'était comme s'il ne m'était rien arrivé de nouveau. Je
m'inquiétais de ce que j'allais faire, comme si cela eût été fort
inquiétant. Mes idées étaient paisibles et douces, non célestes et
ravissantes. Les objets frappaient ma vue ; et je donnais de l'attention aux paysages ; je remarquais les arbres, les maisons, les
ruisseaux ; je délibérais aux croisées des chemins ; j'avais peur de
me perdre, et je ne me perdais point. En un mot, je n'étais plus
dans l'empyrée, j'étais tantôt où j'étais, tantôt où j'allais, jamais

plus loin. Je suis en racontant mes voyages comme j'étais en les
faisant ; je ne saurais arriver. Le cœur me battait de joie en approchant de ma chère maman, et je n'en allais pas plus vite. J'aime à
marcher à mon aise, et m'arrêter quand il me plaît. La vie ambulante
est celle qu'il me faut. Faire route à pied par un beau temps, dans
un beau pays, sans être pressé, et avoir pour terme de ma course un
objet agréable, voilà de toutes les manières de vivre celle qui est
le plus de mon goût. Au reste, on sait déjà ce que j'entends par un
beau pays. Jamais pays de plaine, quelque beau qu'il fût, ne parut
tel à mes yeux. Il me faut des torrents, des rochers, des sapins,
des bois noirs, des montagnes, des chemins raboteux à monter et à
descendre, des précipices à mes côtés, qui me fassent bien peur.
J'eus ce plaisir et je le goûtai dans tout son charme, en approchant de Chambéri. Non loin d'une montagne coupée qu'on
appelle le Pas de l'Echelle, au-dessous du grand chemin taillé dans
le roc, à l'endroit appelé Chailles, court et bouillonne dans
des gouffres affreux une petite rivière qui paraît avoir mis à
les creuser des milliers de siècles. On a bordé le chemin d'un
parapet, pour prévenir les malheurs : cela faisait que je pouvais
contempler au fond, et gagner des vertiges tout à mon aise ; car
ce qu'il y a de plaisant dans mon goût pour les lieux escarpés, est
qu'ils me font tourner la tête ; et j'aime beaucoup ce tournoie-
ment, pourvu que je sois en sûreté. Bien appuyé sur le parapet,
j'avançais le nez, et je restais des heures entières, entrevoyant de
temps en temps cette écume et cette eau bleue dont j'entendais le
mugissement à travers les cris des corbeaux et des oiseaux de
proie qui volaient de roche en roche, et de broussailles en broussailles, à cent toises au-dessous de moi. Dans les endroits où la
pente était assez unie et la broussaille assez claire pour laisser
passer des cailloux, j'en allais chercher au loin d'aussi gros que je
pouvais porter, je les rassemblais sur le parapet en pile ; puis, les
lançant l'un après l'autre, je me délectais à les voir rouler, bondir
et voler en mille éclats, avant que d'atteindre le fond du pré-
cipice.

Plus près de Chambéri, j'eus un spectacle semblable en sens
contraire. Le chemin passe au pied de la plus belle cascade que je

vis de mes jours. La montagne est tellement escarpée, que l'eau se détache net, et tombe en arcade assez loin pour qu'on puisse passer entre la cascade et la roche, quelquefois sans être mouillé ; mais si l'on ne prend bien ses mesures, on y est aisément trompé, comme je le fus ; car, à cause de l'extrême hauteur, l'eau se divise et tombe en poussière, et lorsqu'on s'approche un peu trop de ce nuage, sans s'apercevoir d'abord qu'on se mouille, à l'instant on est tout trempé.

J'arrive enfin ; je la revois. Elle n'était pas seule. Monsieur l'intendant général était chez elle au moment que j'entrai. Sans me parler elle me prend la main et me présente à lui avec cette grâce qui lui ouvrait tous les cœurs : Le voilà, monsieur, ce pauvre jeune homme ; daignez le protéger aussi longtemps qu'il le méritera, je ne suis plus en peine de lui pour le reste de sa vie. Puis m'adressant la parole : Mon enfant, me dit-elle, vous appartenez au roi ; remerciez monsieur l'intendant, qui vous donne du pain. J'ouvrais de grands yeux sans rien dire, sans savoir trop qu'imaginer : il s'en fallut peu que l'ambition naissante ne me tournât la tête, et que je ne fisse déjà le petit intendant. Ma fortune se trouva moins brillante que sur ce début je ne l'avais imaginée ; mais quant à présent c'était assez pour vivre, et pour moi c'était beaucoup. Voici de quoi il s'agissait.

Le roi Victor-Amédée, jugeant, par le sort des guerres précédentes et par la position de l'ancien patrimoine de ses pères, qu'il lui échapperait quelque jour, ne cherchait qu'à l'épuiser. Il y avait peu d'années qu'ayant résolu d'en mettre la noblesse à la taille, il avait ordonné un cadastre général de tout le pays, afin que, rendant l'imposition réelle, on pût la répartir avec plus d'équité. Ce travail, commencé sous le père, fut achevé sous le fils. Deux ou trois cents hommes, tant arpenteurs qu'on appelait géomètres, qu'écrivains qu'on appelait secrétaires, furent employés à cet ouvrage, et c'était parmi ces derniers que maman m'avait fait inscrire. Le poste, sans être fort lucratif, donnait de quoi vivre au large dans ce pays-là. Le mal était que cet emploi n'était qu'à temps, mais il mettait en état de chercher et d'attendre, et c'était par prévoyance qu'elle tâchait de m'obtenir de l'intendant une protection particulière, pour pouvoir passer à quelque emploi plus solide quand le temps de celui-là serait fini.

J'entrai en fonction peu de jours après mon arrivée. Il n'y avait à ce travail rien de difficile, et je fus bientôt au fait. C'est ainsi qu'après quatre ou cinq ans de courses, de folies et de souffrances depuis ma sortie de Genève, je commençai pour la première fois de gagner mon pain avec honneur.

Ces longs détails de ma première jeunesse auront paru bien puérils, et j'en suis fâché; quoique né homme à certains égards, j'ai été longtemps enfant, et je le suis encore à beaucoup d'autres. Je n'ai pas promis d'offrir au public un grand personnage: j'ai promis de me peindre tel que je suis; et pour me connaître dans mon âge avancé, il faut m'avoir bien connu dans ma jeunesse. Comme en général les objets font moins d'impression sur moi que leurs souvenirs, et que toutes mes idées sont en images, les premiers traits qui se sont gravés dans ma tête y sont demeurés, et ceux qui s'y sont empreints dans la suite se sont plutôt combinés avec eux qu'ils ne les ont effacés. Il y a une certaine succession d'affections et d'idées qui modifient celles qui les suivent, et qu'il faut connaître pour en bien juger. Je m'applique à bien développer partout les premières causes, pour faire sentir l'enchaînement des effets. Je voudrais pouvoir en quelque façon rendre mon âme transparente aux yeux du lecteur; et pour cela je cherche à la lui montrer sous tous les points de vue, à l'éclairer par tous les jours, à faire en sorte qu'il ne s'y passe pas un mouvement qu'il n'aperçoive, afin qu'il puisse juger par lui-même du principe qui les produit.

Si je me chargeais du résultat et que je lui disse: Tel est mon caractère, il pourrait croire, sinon que je le trompe, au moins que je me trompe: mais en lui détaillant avec simplicité tout ce qui m'est arrivé, tout ce que j'ai pensé, tout ce que j'ai senti, je ne puis l'induire en erreur, à moins que je ne le veuille; encore, même en le voulant, n'y parviendrais-je pas aisément de cette façon. C'est à lui d'assembler ces éléments, et de déterminer l'être qu'ils composent: le résultat doit être son ouvrage; et s'il se trompe alors, toute l'erreur sera de son fait. Or il ne suffit pas pour cette fin que mes récits soient fidèles, il faut aussi qu'ils soient exacts. Ce n'est pas à moi de juger de l'importance des faits ; je les dois tous dire, et lui laisser le soin de choisir. C'est à quoi je me suis appliqué jusqu'ici de tout mon courage, et je ne me relâcherai pas dans la suite. Mais les souvenirs de l'âge moyen sont toujours moins vifs que ceux de la première jeunesse. J'ai commencé par tirer de ceux-ci le meilleur parti qu'il m'était possible. Si les autres me reviennent avec la même force, des lecteurs impatients s'ennuieront peut-être, mais moi je ne serai pas mécontent de mon travail. Je n'ai qu'une chose à craindre dans cette entreprise : ce n'est pas de trop dire ou de dire des mensonges, mais c'est de ne pas tout dire et de taire des vérités.

LIVRE V

LIVRE CINQUIÈME

1732-1736

Ce fut, ce me semble, en 1732 que j'arrivai à Chambéri, comme je viens de le dire, et que je commençai d'être employé au cadastre pour le service du roi. J'avais vingt ans passés, près de vingt et un. J'étais assez formé pour mon âge du côté de l'esprit; mais le jugement ne l'était guère, et j'avais grand besoin des mains dans lesquelles je tombais pour apprendre à me conduire. Car quelques années d'expérience n'avaient pu me guérir encore radicalement de mes visions romanesques; et, malgré tous les maux que j'avais soufferts, je connaissais aussi peu le monde et les hommes que si je n'avais pas acheté ces instructions.

Je logeai chez moi, c'est-à-dire chez maman; mais je ne

retrouvai pas ma chambre d'Annecy. Plus de jardin, plus de ruisseau, plus de paysage. La maison qu'elle occupait était sombre et
triste, et ma chambre était la plus triste et la plus sombre de la
maison. Un mur pour vue, un cul-de-sac pour rue, peu d'air, peu
de jour, peu d'espace, des grillons, des rats, des planches pour-
ries ; tout cela ne faisait pas une plaisante habitation. Mais j'étais
chez elle, auprès d'elle ; sans cesse à mon bureau ou dans sa
chambre, je m'apercevais peu de la laideur de la mienne ; je
n'avais pas le temps d'y rêver. Il paraîtra bizarre qu'elle se fût
fixée à Chambéri tout exprès pour habiter cette vilaine maison :
cela même fut un trait d'habileté de sa part que je ne dois pas
taire. Elle allait à Turin avec répugnance, sentant bien qu'après
des révolutions toutes récentes et dans l'agitation où l'on était
encore à la cour, ce n'était pas le moment de s'y présenter. Cependant ses affaires demandaient qu'elle s'y montrât : elle craignait
d'être oubliée ou desservie ; elle savait surtout que le comte de
Saint-Laurent, intendant général des finances, ne la favorisait
pas. Il avait à Chambéri une maison vieille, mal bâtie et dans une
si vilaine position qu'elle restait toujours vide : elle la loua et s'y
établit. Cela lui réussit mieux qu'un voyage ; sa pension ne fut
point supprimée, et depuis lors, le comte de Saint-Laurent fut
toujours de ses amis.

J'y trouvai son ménage à peu près monté comme auparavant, et
le fidèle Claude Anet toujours avec elle. C'était, comme je crois
l'avoir dit, un paysan de Moutru, qui, dans son enfance, herbo-
risait dans le Jura pour faire du thé de Suisse, et qu'elle avait
pris à son service à cause de ses drogues, trouvant commode
d'avoir un herboriste dans son laquais. Il se passionna si bien
pour l'étude des plantes, et elle favorisa si bien son goût, qu'il
devint un vrai botaniste, et que, s'il ne fût mort jeune, il se serait
fait un nom dans cette science, comme il en méritait un parmi
les honnêtes gens. Comme il était sérieux, même grave, et que
j'étais plus jeune que lui, il devint pour moi une espèce de gouverneur, qui me sauva beaucoup de folies ; car il m'en imposait
et je n'osais m'oublier devant lui. Il en imposait même à sa maîtresse, qui connaissait son grand sens, sa droiture, son inviolable

attachement pour elle, et qui le lui rendait bien. Claude Anet était sans contredit un homme rare, et le seul même de son espèce que j'aie jamais vu. Lent, posé, réfléchi, circonspect dans sa conduite, froid dans ses manières, laconique et sentencieux dans ses propos, il était, dans ses passions, d'une impétuosité qu'il ne laissait jamais paraître, mais qui le dévorait en dedans, et qui ne lui a fait faire en sa vie qu'une sottise, mais terrible, c'est de s'être empoisonné. Cette scène tragique se passa peu après mon arrivée : et il la fallait pour m'apprendre l'intimité de ce garçon avec sa maîtresse ; car si elle ne me l'eût dit elle-même, jamais je ne m'en serais douté. Assurément si l'attachement, le zèle et la fidélité peuvent mériter une pareille récompense, elle lui était bien due ; et ce qui prouve qu'il en était digne, il n'en abusa jamais. Ils avaient rarement des querelles, et elles finissaient toujours bien. Il en vint pourtant une qui finit mal : sa maîtresse lui dit dans la colère un mot outrageant qu'il ne put digérer. Il ne consulta que son désespoir, et trouvant sous sa main une fiole de laudanum, il l'avala, puis fut se coucher tranquillement, comptant ne se réveiller jamais. Heureusement madame de Warens, inquiète, agitée elle-même, errant dans sa maison, trouva la fiole vide, et devina le reste. En volant à son secours, elle poussa des cris qui m'attirèrent. Elle m'avoua tout, implora mon assistance, et parvint avec beaucoup de peine à lui faire vomir l'opium. Témoin de cette scène, j'admirai ma bêtise de n'avoir jamais eu le moindre soupçon des liaisons qu'elle m'apprenait. Mais Claude Anet était si discret, que de plus clairvoyants que moi auraient pu s'y méprendre. Le raccommodement fut tel que j'en fus vivement touché moi-même ; et depuis ce temps, ajoutant pour lui le respect à l'estime, je devins en quelque façon son élève, et ne m'en trouvai pas plus mal.

Je n'appris pourtant pas sans peine que quelqu'un pouvait vivre avec elle dans une plus grande intimité que moi . Je n'avais pas songé même à désirer pour moi cette place ; mais il m'était dur de la voir remplir par un autre, cela était fort naturel. Cependant, au lieu de prendre en aversion celui qui me l'avait soufflée, je sentis réellement s'étendre à lui l'attachement que j'avais pour

elle. Je désirais sur toute chose qu'elle fût heureuse ; et puisqu'elle avait besoin de lui pour l'être, j'étais content qu'il fût
heureux aussi. De son côté, il entrait aussi parfaitement dans les
vues de sa maîtresse, et prit en sincère amitié l'ami qu'elle
s'était choisi. Sans affecter avec moi l'autorité que son poste le
mettait en droit de prendre, il prit naturellement celle que son
jugement lui donnait sur le mien. Je n'osais rien faire qu'il parût
désapprouver, et il ne désapprouvait que ce qui était mal. Nous
vivions ainsi dans une union qui nous rendait tous heureux, et
que la mort seule a pu détruire. Une des preuves de l'excellence
du caractère de cette aimable femme est que tous ceux qui
l'aimaient s'aimaient entre eux. La jalousie, la rivalité même
cédait au sentiment dominant qu'elle inspirait, et je n'ai vu jamais
aucun de ceux qui l'entouraient se vouloir du mal l'un à l'autre.
Que ceux qui me lisent suspendent un moment leur lecture à cet
éloge ; et s'ils trouvent en y pensant quelque autre femme dont ils
puissent dire la même chose, qu'ils s'attachent à elle pour le
repos de leur vie (fût-elle au reste la dernière des catins).

Ici commence, depuis mon arrivée à Chambéri, jusqu'à mon
départ pour Paris, en 1741, un intervalle de huit ou neuf ans,
durant lequel j'aurai peu d'événements à dire, parce que ma vie a
été aussi simple que douce ; et cette uniformité était précisément
ce dont j'avais le plus grand besoin pour achever de former mon
caractère, que des troubles continuels empêchaient de se fixer.
C'est durant ce précieux intervalle que mon éducation mêlée et
sans suite, ayant pris de la consistance, m'a fait ce que je n'ai
plus cessé d'être à travers les orages qui m'attendaient. Ce progrès
fut insensible et lent, chargé de peu d'événements mémorables ;
mais il mérite cependant d'être suivi et développé.

Au commencement je n'étais guère occupé que de mon travail ;
la gêne du bureau ne me laissait pas songer à autre chose. Le peu
de temps que j'avais de libre se passait auprès de la bonne maman ;
et n'ayant pas même celui de lire, la fantaisie ne m'en prenait pas.
Mais quand ma besogne, devenue une espèce de routine, occupa
moins mon esprit, il reprit ses inquiétudes, la lecture me redevint
nécessaire ; et, comme si ce goût se fût toujours irrité par la diffi-

culté de m'y livrer, il serait redevenu passion comme chez mon maître, si d'autres goûts venus à la traverse n'eussent fait diversion à celui-là.

Quoiqu'il ne fallût pas à nos opérations une arithmétique bien transcendante, il en fallait assez pour m'embarrasser quelquefois. Pour vaincre cette difficulté, j'achetai des livres d'arithmétique ; et je l'appris bien, car je l'appris seul. L'arithmétique pratique s'étend plus loin qu'on ne le pense, quand on veut y mettre l'exacte précision. Il y a des opérations d'une longueur extrême, au milieu desquelles j'ai vu quelquefois de bons géomètres s'égarer. La réflexion jointe à l'usage donne des idées nettes ; et alors on trouve des méthodes abrégées, dont l'invention frappe l'amour-propre, dont la justesse satisfait l'esprit, et qui font faire avec plaisir un travail ingrat par lui-même. Je m'y enfonçai si bien qu'il n'y avait point de question soluble par les seuls chiffres qui m'embarrassât : et maintenant que tout ce que j'ai su s'efface journellement de ma mémoire, cet acquis y demeure encore en partie, au bout de trente ans d'interruption. Il y a quelques jours que dans un voyage que j'ai fait à Davenport, chez mon hôte, assistant à la leçon d'arithmétique de ses enfants, j'ai fait sans faute, avec un plaisir incroyable, une opération des plus composées. Il me semblait, en posant mes chiffres, que j'étais encore à Chambéri dans mes heureux jours. C'était revenir de loin sur mes pas.

Le levis des mappes de nos géomètres m'avait aussi rendu le goût du dessin. J'achetai des couleurs, et je me mis à faire des fleurs et des paysages. C'est dommage que je me sois trouvé peu de talent pour cet art, l'inclination y était tout entière. Au milieu de mes crayons et de mes pinceaux j'aurais passé des mois entiers sans sortir. Cette occupation devenant pour moi trop attachante, on était obligé de m'en arracher. Il en est ainsi de tous les goûts auxquels je commence à me livrer ; ils augmentent, deviennent passion, et bientôt je ne vois plus rien au monde que l'amusement dont je suis occupé. L'âge ne m'a pas guéri de ce défaut, il ne l'a pas diminué même ; et maintenant que j'écris ceci, me voilà comme un vieux radoteur engoué d'une autre étude inutile où je n'entends rien, et que ceux même qui s'y sont livrés dans leur jeunesse sont forcés d'abandonner à l'âge où je la veux commencer.

C'était alors qu'elle eût été à sa place. L'occasion était belle, et j'eus quelque tentation d'en profiter. Le contentement que je voyais dans les yeux d'Anet, revenant chargé de plantes nouvelles, me mit deux ou trois fois sur le point d'aller herboriser avec lui. Je suis presque assuré que si j'y avais été une seule fois, cela m'aurait gagné ; et je serais peut-être aujourd'hui un grand bota- niste ; car je ne connais point d'étude au monde qui s'associe mieux avec mes goûts naturels que celle des plantes ; et la vie que je mène depuis dix ans à la campagne n'est guère qu'une her- borisation continuelle, à la vérité sans objet et sans progrès ; mais n'ayant alors aucune idée de la botanique, je l'avais prise en une sorte de mépris et même de dégoût ; je ne la regardais que comme une étude d'apothicaire. Maman, qui l'aimait, n'en faisait pas elle-même un autre usage ; elle ne recherchait que les plantes usuelles, pour les appliquer à ses drogues. Ainsi la botanique, la chimie et l'anatomie, confondues dans mon esprit sous le nom de médecine, ne servaient qu'à me fournir des sarcasmes plaisants toute la journée, et à m'attirer des soufflets de temps en temps. D'ailleurs un goût différent et trop contraire à celui-ci croissait par degrés, et bientôt absorba tous les autres. Je parle de la musique. Il faut assurément que je sois né pour cet art, puisque j'ai com- mencé de l'aimer dès mon enfance, et qu'il est le seul que j'aie aimé constamment dans tous les temps. Ce qu'il y a d'étonnant est qu'un art pour lequel j'étais né m'ait néanmoins tant coûté de peine à apprendre, et avec des succès si lents, qu'après une pra- tique de toute ma vie, jamais je n'ai pu parvenir à chanter sûre- ment tout à livre ouvert. Ce qui me rendait surtout alors cette étude agréable était que je la pouvais faire avec maman. Ayant des goûts d'ailleurs fort différents, la musique était pour nous un point de réunion dont j'aimais à faire usage. Elle ne s'y refusait pas : j'étais alors à peu près aussi avancé qu'elle, en deux ou trois fois nous déchiffrions un air. Quelquefois, la voyant empressée autour d'un fourneau, je lui disais : Maman, voici un duo char-

Maurice Leloir, inv.   L. Ruet, sc.

LES DROGUES BRULÉES

mant qui m'a bien l'air de faire sentir l'empyreume à vos drogues. Ah! par ma foi, me disait-elle, si tu me les fais brûler, je te les ferai manger. Tout en disputant, je l'entraînais à son clavecin : on s'y oubliait; l'extrait de genièvre ou d'absinthe était calciné : elle m'en barbouillait le visage, et tout cela était délicieux.

On voit qu'avec peu de temps de reste j'avais beaucoup de choses à quoi l'employer. Il me vint pourtant encore un amusement de plus qui fit bien valoir tous les autres.

Nous occupions un cachot si étouffé, qu'on avait besoin quelquefois d'aller prendre l'air sur la terre. Anet engagea maman à louer, dans un faubourg, un jardin pour y mettre des plantes. A ce jardin était jointe une guinguette assez jolie, qu'on meubla suivant l'ordonnance : on y mit un lit. Nous allions souvent y dîner, et j'y couchais quelquefois. Insensiblement je m'engouai de cette petite retraite, j'y mis quelques livres, beaucoup d'estampes; je passais mon temps à l'orner, et à y préparer à maman quelque surprise agréable lorsqu'elle venait s'y promener. Je la quittais pour venir m'occuper d'elle, pour y penser avec plus de plaisir : autre caprice que je n'excuse ni n'explique, mais que j'avoue parce que la chose était ainsi. Je me souviens qu'une fois madame de Luxembourg me parlait en raillant d'un homme qui quittait sa maîtresse pour lui écrire. Je lui dis que j'aurais bien été cet homme-là, et j'aurais pu ajouter que je l'avais été quelquefois. Je n'ai pourtant jamais senti près de maman ce besoin de m'éloigner d'elle pour l'aimer davantage; car tête à tête avec elle j'étais aussi parfaitement à mon aise que si j'eusse été seul; et cela ne m'est jamais arrivé près de personne autre, ni homme ni femme, quelque attachement que j'aie eu pour eux. Mais elle était si souvent entourée, et de gens qui me convenaient si peu, que le dépit et l'ennui me chassaient dans mon asile, où je l'avais comme je la voulais, sans crainte que les importuns vinssent nous y suivre.

Tandis qu'ainsi partagé entre le travail, le plaisir et l'instruction, je vivais dans le plus doux repos, l'Europe n'était pas si tranquille que moi. La France et l'empereur venaient de s'entre-déclarer la guerre : le roi de Sardaigne était entré dans la querelle, et l'armée française filait en Piémont pour entrer dans le

Milanais. Il en passa une colonne par Chambéri, et entre autres le régiment de Champagne, dont était colonel M. le duc de la Trimouille, auquel je fus présenté, qui me promit beaucoup de choses, et qui sûrement n'a jamais repensé à moi. Notre petit jardin était précisément en haut du faubourg par lequel entraient les troupes, de sorte que je me rassasiais du plaisir d'aller les voir passer, et je me passionnais pour le succès de cette guerre comme s'il m'eût beaucoup intéressé. Jusque-là je ne m'étais pas encore avisé de songer aux affaires publiques ; et je me mis à lire les gazettes pour la première fois, mais avec une telle partialité pour la France, que le cœur me battait de joie à ses moindres avantages, et que ses revers m'affligeaient comme s'ils fussent tombés sur moi. Si cette folie n'eût été que passagère, je ne daignerais pas en parler ; mais elle s'est tellement enracinée dans mon cœur sans aucune raison, que lorsque j'ai fait dans la suite, à Paris, l'anti-despote et le fier républicain, je sentais en dépit de moi-même une prédilection secrète pour cette même nation que je trouvais servile, et pour ce gouvernement que j'affectais de fronder. Ce qu'il y avait de plaisant était qu'ayant honte d'un penchant si contraire à mes maximes, je n'osais l'avouer à personne, et je raillais les Français de leurs défaites, tandis que le cœur m'en saignait plus qu'à eux. Je suis sûrement le seul qui, vivant chez une nation qui le traitait bien et qu'il adorait, se soit fait chez elle un faux air de la dédaigner. Enfin ce penchant s'est trouvé si désintéressé de ma part, si fort, si constant, si invincible, que même depuis ma sortie du royaume, depuis que le gouvernement, les magistrats, les auteurs, s'y sont à l'envi déchaînés contre moi, depuis qu'il est devenu du bon air de m'accabler d'injustices et d'outrages, je n'ai pu me guérir de ma folie. Je les aime en dépit de moi quoiqu'ils me maltraitent.

J'ai cherché longtemps la cause de cette partialité, je n'ai pu la trouver que dans l'occasion qui la vit naître. Un goût croissant pour la littérature m'attachait aux livres français, aux auteurs de ces livres, au pays de ces auteurs. Au moment même que défilait sous mes yeux l'armée française, je lisais les grands capitaines de Brantôme. J'avais la tête pleine des Clisson, des Bayard, des

Lautrec, des Coligny, des Montmorency, des la Trimouille, et je m'affectionnais à leurs descendants comme aux héritiers de leur mérite et de leur courage. A chaque régiment qui passait, je croyais revoir ces fameuses bandes noires qui jadis avaient fait tant d'exploits en Piémont. Enfin j'appliquais à ce que je voyais les idées que je puisais dans les livres : mes lectures continuées et toujours tirées de la même nation nourrissaient mon affection pour elle, et m'en firent une passion aveugle que rien n'a pu surmonter. J'ai eu dans la suite occasion de remarquer dans mes voyages que cette impression ne m'était pas particulière, et qu'agissant plus ou moins dans tous les pays sur la partie de la nation qui aimait la lecture et qui cultivait les lettres, elle balançait la haine générale qu'inspire l'air avantageux des Français. Les romans plus que les hommes leur attachent les femmes de tous les pays ; leurs chefs-d'œuvre dramatiques affectionnent la jeunesse à leurs théâtres. La célébrité de celui de Paris y attire des foules d'étrangers qui en reviennent enthousiastes. Enfin l'excellent goût de leur littérature leur soumet tous les esprits qui en ont ; et, dans la guerre si malheureuse dont ils sortent, j'ai vu leurs auteurs et leurs philosophes soutenir la gloire du nom français ternie par leurs guerriers.

J'étais donc Français ardent, et cela me rendit nouvelliste. J'allais avec la foule des gobe-mouches attendre sur la place l'arrivée des courriers ; et plus bête que l'âne de la fable, je m'inquiétais beaucoup pour savoir de quel maître j'aurais l'honneur de porter le bât : car on prétendait alors que nous appartiendrions à la France, et l'on faisait de la Savoie un échange pour le Milanais. Il faut pourtant convenir que j'avais quelques sujets de craintes ; car si cette guerre eût mal tourné pour les alliés, la pension de maman courait un grand risque. Mais j'étais plein de confiance dans mes bons amis ; et pour le coup, malgré la surprise de M. de Broglie, cette confiance ne fut pas trompée, grâce au roi de Sardaigne, à qui je n'avais pas pensé.

Tandis qu'on se battait en Italie, on chantait en France. Les opéras de Rameau commençaient à faire du bruit, et relevèrent ses ouvrages théoriques, que leur obscurité laissait à la portée de peu

de gens. Par hasard, j'entendis parler de son *Traité de l'harmonie* ;
et je n'eus point de repos que je n'eusse acquis ce livre. Par un
autre hasard je tombai malade. La maladie était inflammatoire ;
elle fut vive et courte, mais ma convalescence fut longue, et je ne
fus d'un mois en état de sortir. Durant ce temps j'ébauchai, je
dévorai mon *Traité de l'harmonie* ; mais il était si long, si diffus, si
mal arrangé, que je sentis qu'il me fallait un temps considérable
pour l'étudier et le débrouiller. Je suspendais mon application et
je récréais mes yeux avec de la musique. Les cantates de
Bernier, sur lesquelles je m'exerçai, ne me sortaient pas de
l'esprit. J'en appris par cœur quatre ou cinq, entre autres celle
des *Amours dormants*, que je n'ai pas revue depuis ce temps-là, et
que je sais encore presque tout entière, de même que l'*Amour
piqué par une abeille*, très jolie cantate de Clérambault, que j'appris
à peu près dans le même temps.

Pour m'achever, il arriva de la Val-d'Aost un jeune organiste
appelé l'abbé Palais, bon musicien, bon homme, et qui accompagnait très bien du clavecin. Je fais connaissance avec lui ; nous
voilà inséparables. Il était l'élève d'un moine italien, grand organiste. Il me parlait de ses principes : je les comparais avec ceux de
mon Rameau ; je remplissais ma tête d'accompagnements, d'ac-
cords, d'harmonie. Il fallait se former l'oreille à tout cela. Je proposai à maman un petit concert tous les mois : elle y consentit.
Me voilà si plein de ce concert, que ni jour ni nuit je ne m'occupais
d'autre chose ; et réellement cela m'occupait, et beaucoup, pour
rassembler la musique, les concertants, les instruments, tirer les
parties, etc. Maman chantait, le P. Caton, dont j'ai parlé et dont
j'ai à parler encore, chantait aussi ; un maître à danser, appelé
Roche, et son fils, jouaient du violon ; Canavas, musicien piémontais, qui travaillait au cadastre, et qui depuis s'est marié à
Paris, jouait du violoncelle ; l'abbé Palais accompagnait du clavecin ; j'avais l'honneur de conduire la musique, sans oublier le
bâton du bûcheron. On peut juger combien tout cela était beau !
pas tout à fait comme chez M. de Treytorens, mais il ne s'en fallait
guère.

Le petit concert de madame de Warens, nouvelle convertie, et

LE CONCERT

vivant, disait-on, des charités du roi, faisait murmurer la séquelle dévote; mais c'était un amusement agréable pour plusieurs honnêtes gens. On ne devinerait pas qui je mets à leur tête en cette occasion : un moine, mais un moine homme de mérite, et même aimable, dont les infortunes m'ont dans la suite bien vivement affecté, et dont la mémoire, liée à celle de mes beaux jours, m'est encore chère. Il s'agit du P. Caton, cordelier, qui, conjointement avec le comte Dortan, avait fait saisir à Lyon la musique du pauvre *petit chat* ; ce qui n'est pas le plus beau trait de sa vie. Il était bachelier de Sorbonne ; il avait vécu longtemps à Paris dans le plus grand monde, et très faufilé chez le marquis d'Antremont, alors ambassadeur de Sardaigne. C'était un grand homme, bien fait, le visage plein, les yeux à fleur de tête, des cheveux noirs qui faisaient sans affectation le crochet à côté du front, l'air à la fois noble, ouvert, modeste, se présentant simplement et bien, n'ayant ni le maintien cafard ou effronté des moines, ni l'abord cavalier d'un homme à la mode, quoiqu'il le fût; mais l'assurance d'un honnête homme qui, sans rougir de sa robe, s'honore lui-même et se sent toujours à sa place parmi les honnêtes gens. Quoique le P. Caton n'eût pas beaucoup d'étude pour un docteur, il en avait beaucoup pour un homme du monde; et n'étant point pressé de montrer son acquis, il le plaçait si à propos qu'il en paraissait davantage. Ayant beaucoup vécu dans la société, il s'était plus attaché aux talents agréables qu'à un solide savoir. Il avait de l'esprit, faisait des vers, parlait bien, chantait mieux, avait la voix belle, touchait l'orgue et le clavecin. Il n'en fallait pas tant pour être recherché : aussi l'était-il; mais cela lui fit si peu négliger les soins de son état, qu'il parvint, malgré des concurrents très jaloux, à être élu définiteur de sa province, ou, comme on dit, un des grands colliers de l'ordre.

Ce P. Caton fit connaissance avec maman chez le marquis d'Antremont. Il entendit parler de nos concerts, il voulut en être ; il en fut, et les rendit brillants. Nous fûmes bientôt liés par notre goût commun pour la musique, qui, chez l'un et chez l'autre, était une passion très vive ; avec cette différence qu'il était vraiment musicien, et que je n'étais qu'un barbouillon. Nous allions avec Canavas et l'abbé Palais faire de la musique dans sa chambre et quelquefois à son orgue les jours de fête. Nous dînions souvent à son petit couvert; car ce qu'il y avait encore d'étonnant pour un moine est qu'il était généreux, magnifique, et sensuel sans grossièreté. Les jours de nos concerts, il soupait chez maman. Ces soupers étaient très gais, très agréables; on y disait le mot et la chose; on y chantait des duos; j'étais à mon aise; j'avais de l'esprit, des saillies; le P. Caton était charmant, maman était adorable; l'abbé Palais, avec sa voix de bœuf, était le plastron. Moments si doux de la folâtre jeunesse, qu'il y a de temps que vous êtes partis!

Comme je n'aurai plus à parler de ce pauvre P. Caton, que j'achève ici en deux mots sa triste histoire. Les autres moines, jaloux ou plutôt furieux de lui voir un mérite, une élégance de mœurs qui n'avait rien de la crapule monastique, le prirent en haine, parce qu'il n'était pas aussi haïssable qu'eux. Les chefs se liguèrent contre lui et ameutèrent les moinillons envieux de sa place, et qui n'osaient auparavant le regarder. On lui fit mille affronts, on le destitua, on lui ôta sa chambre, qu'il avait meublée avec goût quoique avec simplicité; on le relégua je ne sais où; enfin ces misérables l'accablèrent de tant d'outrages, que son âme honnête, et fière avec justice, n'y put résister; et, après avoir fait les délices des sociétés les plus aimables, il mourut de douleur sur un vil grabat, dans quelque fond de cellule ou de cachot, regretté, pleuré de tous les honnêtes gens dont il fut connu, et qui ne lui ont trouvé d'autre défaut que d'être moine.

Avec ce petit train de vie, je fis si bien en très peu de temps, qu'absorbé tout entier par la musique, je me trouvai hors d'état de penser à autre chose. Je n'allais plus à mon bureau qu'à contre-cœur; la gêne et l'assiduité au travail m'en firent un supplice insupportable, et j'en vins enfin à vouloir quitter mon emploi, pour me livrer totalement à la musique. On peut croire que cette folie ne passa pas sans opposition. Quitter un poste honnête et d'un revenu fixe pour courir après des écoliers incertains, était un parti trop peu sensé pour plaire à maman. Même en supposant mes progrès futurs aussi grands que je me les figurais, c'était borner bien modestement mon ambition que de me réduire pour la vie à l'état de musicien. Elle, qui ne formait que des projets magnifiques, et qui ne me prenait plus tout à fait au mot de M. d'Aubonne, me voyait avec peine occupé sérieusement d'un talent qu'elle trouvait si frivole, et me répétait souvent ce proverbe de province, un peu moins juste à Paris, que *qui bien chante et bien danse, fait un métier qui peu avance*. Elle me voyait d'un autre côté entraîné par un goût irrésistible ; ma passion de musique devenait une fureur, et il était à craindre que mon travail, se sentant de mes distractions, ne m'attirât un congé qu'il valait beaucoup mieux prendre de moi-même. Je lui représentais encore que cet emploi n'avait pas longtemps à durer, qu'il me fallait un talent pour vivre, et qu'il était plus sûr d'achever d'acquérir par la pratique celui auquel mon goût me portait, et qu'elle m'avait choisi, que de me mettre à la merci des protections, ou de faire de nouveaux essais qui pouvaient mal réussir, et me laisser, après avoir passé l'âge d'apprendre, sans ressource pour gagner mon pain. Enfin j'extorquai son consentement plus à force d'importunités et de caresses, que de raisons dont elle se contentât. Aussitôt je courus remercier fièrement M. Coccelli, directeur général du cadastre, comme si j'avais fait l'acte le plus héroïque ; et je quittai volontairement mon emploi sans sujet, sans raison, sans prétexte, avec autant et plus de joie que je n'en avais eu à le prendre il n'y avait pas deux ans.

Cette démarche, toute folle qu'elle était, m'attira, dans le pays, une sorte de considération qui me fut utile. Les uns me supposèrent des ressources que je n'avais pas ; d'autres, me voyant livré tout à fait à la musique, jugèrent de mon talent par mon sacrifice, et crurent qu'avec tant de passion pour cet art, je devais le posséder supérieurement. Dans le royaume des aveugles les borgnes sont rois : je passai là pour un bon maître, parce qu'il n'y en avait que de mauvais. Ne manquant pas, au reste, d'un certain goût de chant, favorisé d'ailleurs par mon âge et par ma figure, j'eus bientôt plus d'écolières qu'il ne m'en fallait pour remplacer ma paye de secrétaire.

Il est certain que pour l'agrément de la vie on ne pouvait passer

plus rapidement d'une extrémité à l'autre. Au cadastre, occupé
huit heures par jour du plus maussade travail, avec des gens
encore plus maussades; enfermé dans un bureau empuanti de
l'haleine et de la sueur de tous ces manants, la plupart fort mal
peignés et fort malpropres, je me sentais quelquefois accablé
jusqu'au vertige par l'attention, l'odeur, la gêne et l'ennui. Au
lieu de cela, me voilà tout à coup jeté parmi le beau monde,
admis, recherché dans les meilleures maisons; partout un accueil
gracieux, caressant, un air de fête : d'aimables demoiselles bien
parées m'attendent, me reçoivent avec empressement, je ne vois
que des objets charmants, je ne sens que la rose et la fleur
d'orange; on chante, on cause, on rit, on s'amuse; je ne sors de
là que pour aller ailleurs en faire autant. On conviendra qu'à
égalité dans les avantages, il n'y avait pas à balancer dans le
choix. Aussi me trouvai-je si bien du mien, qu'il ne m'est arrivé
jamais de m'en repentir; et je ne m'en repens pas même en ce
moment, où je pèse, au poids de la raison, les actions de ma vie,
et où je suis délivré des motifs peu sensés qui m'ont entraîné.

Voilà presque l'unique fois qu'en n'écoutant que mes penchants
je n'ai pas vu tromper mon attente. L'accueil aisé, l'esprit liant,
l'humeur facile des habitants du pays, me rendit le commerce du
monde aimable; et le goût que j'y pris alors m'a bien prouvé que
si je n'aime pas à vivre parmi les hommes, c'est moins ma faute
que la leur.

C'est dommage que les Savoyards ne soient pas riches, ou
peut-être serait-ce dommage qu'ils le fussent; car tels qu'ils sont,
c'est le meilleur et le plus sociable peuple que je connaisse. S'il
est une petite ville au monde où l'on goûte la douceur de la vie
dans un commerce agréable et sûr, c'est Chambéri. La noblesse
de la province, qui s'y rassemble, n'a que ce qu'il faut de bien
pour vivre, elle n'en a pas assez pour parvenir; et, ne pouvant se
livrer à l'ambition, elle suit, par nécessité, le conseil de Cinéas.
Elle dévoue sa jeunesse à l'état militaire, puis revient vieillir paisiblement chez soi. L'honneur et la raison président à ce partage.
Les femmes sont belles et pourraient se passer de l'être; elles
ont tout ce qui peut faire valoir la beauté et même y suppléer.

Il est singulier qu'appelé par mon état à voir beaucoup de jeunes
filles, je ne me rappelle pas d'en avoir vu, à Chambéri, une seule
qui ne fût pas charmante. On dira que j'étais disposé à les trouver
telles, et l'on peut avoir raison ; mais je n'avais pas besoin d'y
mettre du mien pour cela. Je ne puis, en vérité, me rappeler sans
plaisir le souvenir de mes jeunes écolières. Que ne puis-je, en
nommant ici les plus aimables, les rappeler de même, et moi avec
elles, à l'âge heureux où nous étions lors des moments aussi doux
qu'innocents que j'ai passés auprès d'elles ! La première fut mademoiselle de Mellarède, ma voisine, sœur de l'élève de M. Gaime.
C'était une brune très vive, mais d'une vivacité caressante, pleine
de grâce, et sans étourderie. Elle était un peu maigre, comme sont
la plupart des filles à son âge ; mais ses yeux brillants, sa taille
fine, son air attirant n'avaient pas besoin d'embonpoint pour plaire.
J'y allais le matin, et elle était encore en déshabillé, sans autre
coiffure que ses cheveux négligemment relevés, ornés de quelques
fleurs qu'on mettait à mon arrivée, et qu'on ôtait à mon départ
pour se coiffer. Je ne crains rien tant dans le monde qu'une jolie
personne en déshabillé ; je la redouterais cent fois moins parée.
Mademoiselle de Menthon, chez qui j'allais l'après-midi, l'était
toujours, et me faisait une impression tout aussi douce, mais
différente. Ses cheveux étaient d'un blond cendré : elle était très
mignonne, très tendre, très timide et très blanche, une voix nette,
juste et flûtée, mais qui n'osait se développer. Elle avait au sein
la cicatrice d'une brûlure d'eau bouillante, qu'un fichu de che-
nille bleue ne cachait pas extrêmement. Cette marque attirait quelquefois de ce côté mon attention qui bientôt n'était plus pour la
cicatrice. Mademoiselle de Challes, une autre de mes voisines,
était une fille faite ; grande, belle carrure, de l'embonpoint : elle
avait été très bien. Ce n'était plus une beauté, mais c'était une
personne à citer pour la bonne grâce, pour l'humeur égale, pour
le bon naturel. Sa sœur, Madame de Charly, la plus belle femme
de Chambéri, n'apprenait plus la musique, mais elle la faisait
apprendre à sa fille, toute jeune encore, mais dont la beauté
naissante eût promis d'égaler celle de sa mère, si malheureusement elle n'eût été un peu rousse. J'avais à la Visitation une

petite demoiselle française dont j'ai oublié le nom, mais qui mérite une place dans la liste de mes préférences. Elle avait pris le ton lent et traînant des religieuses, et sur ce ton traînant elle disait des choses très saillantes, qui ne semblaient point aller avec son maintien. Au reste elle était paresseuse, n'aimant pas à prendre la peine de montrer son esprit, et c'était une faveur qu'elle n'accordait pas à tout le monde. Ce ne fut qu'après un mois ou deux de leçons et de négligence qu'elle s'avisa de cet expédient pour me rendre plus assidu; car je n'ai jamais pu prendre sur moi de l'être. Je me plaisais à mes leçons quand j'y étais, mais je n'aimais pas être obligé de m'y rendre, ni que l'heure me commandât: en toute chose, la gêne et l'assujettissement me sont insupportables; ils me feraient prendre en haine le plaisir même. On dit que chez les mahométans un homme passe au point du jour dans les rues pour ordonner aux maris de rendre le devoir à leurs femmes. Je serais un mauvais Turc à ces heures-là.

J'avais quelques écolières aussi dans la bourgeoisie, et une entre autres qui fut la cause indirecte d'un changement de relation, dont j'ai à parler, puisque enfin je dois tout dire. Elle était fille d'un épicier, et se nommait mademoiselle Lard, vrai modèle d'une statue grecque, et que je citerais pour la plus belle fille que j'aie jamais vue, s'il y avait quelque véritable beauté sans vie et sans âme. Son indolence, sa froideur, son insensibilité, allaient à un point incroyable. Il était également impossible de lui plaire et de la fâcher : et je suis persuadé que si l'on eût fait sur elle quelque entreprise, elle aurait laissé faire, non par goût, mais par stupidité. Sa mère, qui n'en voulait pas courir le risque, ne la quittait pas d'un pas. En lui faisant apprendre à chanter, en lui donnant un jeune maître, elle faisait tout de son mieux pour l'émoustiller; mais cela ne réussit point. Tandis que le maître agaçait la fille, la mère agaçait le maître, et cela ne réussissait pas beaucoup mieux. Madame Lard ajoutait à sa vivacité naturelle toute celle que sa fille aurait dû avoir. C'était un petit minois éveillé, chiffonné, marqué de petite vérole. Elle avait de petits yeux très ardents, et un peu rouges, parce qu'elle y avait presque toujours mal. Tous les matins, quand j'arrivais, je trouvais prêt mon café à la crème ; et la mère ne manquait jamais de m'accueillir par un baiser bien appliqué sur la bouche, et que par curiosité j'aurais bien voulu rendre à la fille, pour voir comment elle l'aurait pris. Au reste, tout cela se faisait si simplement et si fort sans conséquence, que quand M. Lard était là, les agaceries et les baisers n'en allaient pas moins leur train. C'était une bonne pâte d'homme, le vrai père de sa fille, et que sa femme ne trompait pas parce qu'il n'en était pas besoin.

Je me prêtais à toutes ces caresses avec ma balourdise ordinaire, les prenant tout bonnement pour des marques de pure amitié. J'en étais pourtant importuné quelquefois, car la vive madame Lard ne laissait pas d'être exigeante ; et si dans la journée j'avais passé devant la boutique sans m'arrêter, il y aurait eu du bruit. Il fallait, quand j'étais pressé, que je prisse un détour pour passer dans une autre rue, sachant bien qu'il n'était pas aussi aisé de sortir de chez elle que d'y entrer.

Madame Lard s'occupait trop de moi pour que je ne m'occupasse point d'elle. Ses attentions me touchaient beaucoup. J'en parlais à maman comme d'une chose sans mystère : et quand il y en aurait eu, je ne lui en aurais pas moins parlé ; car lui taire un secret de quoi que ce fût ne m'eût pas été possible ; mon cœur était ouvert devant elle comme devant Dieu. Elle ne prit pas tout à fait la chose avec la même simplicité que moi. Elle vit des avances où je n'avais vu que des amitiés ; elle jugea que madame Lard, se faisant un point d'honneur de me laisser moins sot qu'elle ne m'avait trouvé, parviendrait de manière ou d'autre à se faire entendre ; et, outre qu'il n'était pas juste qu'une femme se chargeât de l'instruction de son élève, elle avait des motifs plus dignes d'elle pour me garantir des pièges auxquels mon âge et mon état m'exposaient. Dans le même temps on m'en tendit un d'une espèce plus dangereuse, auquel j'échappai, mais qui lui fit sentir que les dangers qui me menaçaient sans cesse rendaient nécessaires tous les préservatifs qu'elle y pouvait apporter.

Madame la comtesse de Menthon, mère d'une de mes écolières,

était une femme de beaucoup d'esprit, et passait pour n'avoir pas moins de méchanceté. Elle avait été cause, à ce qu'on disait, de bien des brouilleries, et d'une entre autres qui eut des suites fatales à la maison d'Antremont. Maman avait été assez liée avec elle pour connaître son caractère : ayant très innocemment inspiré du goût à quelqu'un sur qui madame de Menthon avait des prétentions, elle resta chargée auprès d'elle du crime de cette préférence, quoiqu'elle n'eût été ni recherchée ni acceptée ; et madame de Menthon chercha depuis lors à jouer à sa rivale plusieurs tours, dont aucun ne réussit. J'en rapporterai un des plus comiques, par manière d'échantillon. Elles étaient à la campagne avec plusieurs gentilshommes du voisinage, et entre autres l'aspirant en question. Madame de Menthon dit un jour à un de ces messieurs que madame de Warens n'était qu'une précieuse, qu'elle n'avait point de goût, qu'elle se mettait mal, qu'elle couvrait sa gorge comme une bourgeoise. Quant à ce dernier article, lui dit l'homme, qui était un plaisant, elle a ses raisons, et je sais qu'elle a un gros vilain rat sur le sein, mais si ressemblant qu'on dirait qu'il court. La haine ainsi que l'amour rend crédule. Madame de Menthon résolut de tirer parti de cette découverte ; et un jour que maman était au jeu avec l'ingrat favori de la dame, celle-ci prit son temps pour passer derrière sa rivale, puis renversant à demi sa chaise elle découvrit adroitement son mouchoir : mais, au lieu du gros rat, le monsieur ne vit qu'un objet fort différent, qu'il n'était pas plus aisé d'oublier que de voir ; et cela ne fit pas le compte de la dame.

Je n'étais pas un personnage à occuper madame de Menthon, qui ne voulait que des gens brillants autour d'elle : cependant elle fit quelque attention à moi, non pour ma figure, dont assurément elle ne se souciait point du tout, mais pour l'esprit qu'on me supposait, et qui m'eût pu rendre utile à ses goûts. Elle en avait un assez vif pour la satire. Elle aimait à faire des chansons et des vers sur les gens qui lui déplaisaient. Si elle m'eût trouvé assez de talent pour lui aider à tourner ses vers, et assez de complaisance pour les écrire, entre elle et moi nous aurions bientôt mis Chambéri sens dessus dessous. On serait remonté à la source de ces

LE RAT DE Mme DE WARENS

libelles; madame de Menthon se serait tirée d'affaire en me
sacrifiant, et j'aurais été enfermé pour le reste de mes jours peut-
être, pour m'apprendre à faire le Phébus avec les dames.

Heureusement rien de tout cela n'arriva. Madame de Menthon
me retint à dîner deux ou trois fois pour me faire causer, et trouva
que je n'étais qu'un sot. Je le sentais moi-même et j'en gémissais,
enviant le talent de mon ami Venture, tandis que j'aurais dû
remercier ma bêtise des périls dont elle me sauvait. Je demeurai
pour madame de Menthon le maître à chanter de sa fille et rien de
plus; mais je vécus tranquille et toujours bien voulu dans Chambéri. Cela valait mieux que d'être un bel esprit pour elle et un
serpent pour le reste du pays.

Quoiqu'il en soit, maman vit que pour m'arracher au péril de
ma jeunesse il était temps de me traiter en homme; et c'est ce
qu'elle fit, mais de la façon la plus singulière dont jamais femme
se soit avisée en pareille occasion. Je lui trouvais l'air plus grave
et le propos plus moral qu'à son ordinaire. A la gaieté folâtre
dont elle entremêlait ordinairement ses instructions, succéda tout
à coup un ton toujours soutenu, qui n'était ni familier ni sévère,
mais qui semblait préparer une explication. Après avoir cherché
vainement en moi-même la raison de ce changement, je la lui
demandai; c'était ce qu'elle attendait. Elle me proposa une promenade au petit jardin pour le lendemain: nous y fûmes dès le
matin. Elle avait pris ses mesures pour qu'on nous laissât seuls
toute la journée: elle l'employa à me préparer aux bontés qu'elle
voulait avoir pour moi, non, comme une autre femme, par du
manège et des agaceries, mais par des entretiens pleins de sentiment et de raison, plus faits pour m'instruire que pour me
séduire, et qui parlaient plus à mon cœur qu'à mes sens. Cependant, quelque excellents et utiles que fussent les discours qu'elle
me tint, et quoiqu'ils ne fussent rien moins que froids et tristes,
je n'y fis pas toute l'attention qu'ils méritaient, et je ne les gravai
pas dans ma mémoire comme j'aurais fait dans tout autre temps.
Son début, cet air de préparatif m'avait donné de l'inquiétude:
tandis qu'elle parlait, rêveur et distrait malgré moi, j'étais moins
occupé de ce qu'elle disait que de chercher à quoi elle en voulait

venir ; et sitôt que je l'eus compris, ce qui ne me fut pas facile, la nouveauté de cette idée, qui depuis que je vivais auprès d'elle ne m'était pas venue une seule fois dans l'esprit, m'occupant alors tout entier, ne me laissa plus le maître de penser à ce qu'elle me disait. Je ne pensais qu'à elle, et je ne l'écoutais pas.

Vouloir rendre les jeunes gens attentifs à ce qu'on leur veut dire, en leur montrant au bout un objet très intéressant pour eux, est un contre-sens très ordinaire aux instituteurs, et que je n'ai pas évité moi-même dans mon *Émile*. Le jeune homme, frappé de l'objet qu'on lui présente, s'en occupe uniquement, et saute à pieds joints par-dessus vos discours préliminaires pour aller d'abord où vous le menez trop lentement à son gré. Quand on veut le rendre attentif, il ne faut pas se laisser pénétrer d'avance ; et c'est en quoi maman fut maladroite. Par une singularité qui tenait à son esprit systématique, elle prit la précaution très vaine de faire ses conditions ; mais sitôt que j'en vis le prix, je ne les écoutai pas même, et je me dépêchai de consentir à tout. Je doute même qu'en pareil cas il y ait sur la terre entière un homme assez franc ou assez courageux pour oser marchander, et une seule femme qui pût pardonner de l'avoir fait. Par suite de la même bizarrerie, elle mit à cet accord les formalités les plus graves, et me donna pour y penser huit jours, dont je l'assurai faussement que je n'avais pas besoin ; car, pour comble de singularité, je fus très aise de les avoir, tant la nouveauté de ces idées m'avait frappé, et tant je sentais un bouleversement dans les miennes qui me demandait du temps pour les arranger !

On croira que ces huit jours me durèrent huit siècles ; tout au contraire, j'aurais voulu qu'ils les eussent duré en effet. Je ne sais comment décrire l'état où je me trouvais, plein d'un certain effroi mêlé d'impatience, redoutant ce que je désirais, jusqu'à chercher quelquefois tout de bon dans ma tête quelque honnête moyen d'éviter d'être heureux. Qu'on se représente mon tempérament ardent et lascif, mon sang enflammé, mon cœur enivré d'amour, ma vigueur, mon âge. Qu'on pense que dans cet état, altéré de la soif des femmes, je n'avais encore approché d'aucune ; que l'imagination, le besoin, la vanité, la curiosité, se réunissaient pour me dévorer de l'ardent désir d'être homme et de le paraître. Qu'on ajoute surtout (car c'est ce qu'il ne faut pas qu'on oublie) que mon vif et tendre attachement pour elle, loin de s'attiédir, n'avait fait qu'augmenter de jour en jour; que je n'étais bien qu'auprès d'elle; que je ne m'en éloignais que pour y penser; que j'avais le cœur plein, non seulement de ses bontés, de son caractère aimable, mais de son sexe, de sa figure, de sa personne, d'elle, en un mot, par tous les rapports sous lesquels elle pouvait m'être chère. Et qu'on n'imagine pas que, pour dix ou douze ans que j'avais de moins qu'elle, elle fût vieillie ou me parût l'être. Depuis cinq ou six ans que j'avais éprouvé des transports si doux à sa première vue, elle était réellement très peu changée, et ne me le paraissait point du tout. Elle a toujours été charmante pour moi, et l'était encore pour tout le monde. Sa taille seule avait pris un peu plus de rondeur. Du reste, c'était le même œil, le même teint, le même sein, les mêmes traits, les mêmes beaux cheveux blonds, la même gaieté, tout jusqu'à la même voix, cette voix argentée de la jeunesse, qui fit toujours sur moi tant d'impression, qu'encore aujourd'hui je ne puis entendre sans émotion le son d'une jolie voix de fille.

Naturellement ce que j'avais à craindre dans l'attente de la possession d'une personne si chérie était de l'anticiper, et de ne pouvoir assez gouverner mes désirs et mon imagination pour rester maître de moi-même. On verra que, dans un âge avancé, la seule idée de quelques légères faveurs qui m'attendaient près de la personne aimée allumait mon sang à tel point qu'il m'était impossible de faire impunément le court trajet qui me séparait d'elle. Comment, par quel prodige, dans la fleur de ma jeunesse, eus-je si peu d'empressement pour la première jouissance? Comment pus-je en voir approcher l'heure avec plus de peine que de plaisir? Comment, au lieu des délices qui devaient m'enivrer, sentais-je presque de la répugnance et des craintes? Il n'y a point à douter que si j'avais pu me dérober à mon bonheur avec bienséance, je ne l'eusse fait de tout mon cœur. J'ai promis des bizarreries dans l'histoire de mon attachement pour elle; en voilà sûrement une à laquelle on ne s'attendait pas.

Le lecteur, déjà révolté, juge qu'étant possédée par un autre homme, elle se dégradait à mes yeux en se partageant, et qu'un sentiment de mésestime attiédissait ceux qu'elle m'avait inspirés : il se trompe. Ce partage, il est vrai, me faisait une cruelle peine, tant par une délicatesse fort naturelle, que parce qu'en effet je le trouvais peu digne d'elle et de moi ; mais quant à mes sentiments pour elle il ne les altérait point, et je peux jurer que jamais je ne l'aimai plus tendrement que quand je désirais si peu de la posséder. Je connaissais trop son cœur chaste et son tempérament de glace pour croire un moment que le plaisir des sens eût aucune part à cet abandon d'elle-même : j'étais parfaitement sûr que le seul soin de m'arracher à des dangers autrement presque inévitables, et de me conserver tout entier à moi et à mes devoirs, lui en faisait enfreindre un qu'elle ne regardait pas du même œil que les autres femmes, comme il sera dit ci-après. Je la plaignais et je me plaignais. J'aurais voulu lui dire, non, maman, il n'est pas nécessaire ; je vous réponds de moi sans cela. Mais je n'osais, premièrement parce que ce n'était pas une chose à dire, et puis parce qu'au fond je sentais que cela n'était pas vrai, et qu'en effet il n'y avait qu'une femme qui pût me garantir des autres femmes et me mettre à l'épreuve des tentations. Sans désirer de la posséder, j'étais bien aise qu'elle m'ôtât le désir d'en posséder d'autres ; tant je regardais tout ce qui pouvait me distraire d'elle comme un malheur.

La longue habitude de vivre ensemble et d'y vivre innocemment, loin d'affaiblir mes sentiments pour elle, les avait renforcés, mais leur avait en même temps donné une autre tournure qui les rendait plus affectueux, plus tendres peut-être, mais moins sensuels. A force de l'appeler maman, à force d'user avec elle de la familiarité d'un fils, je m'étais accoutumé à me regarder comme tel. Je crois que voilà la véritable cause du peu d'empressement que j'eus de la posséder, quoiqu'elle me fût si chère. Je me souviens très bien que mes premiers sentiments, sans être plus vifs, étaient plus voluptueux. A Annecy, j'étais dans l'ivresse ; à Chambéri, je n'y étais plus. Je l'aimais toujours aussi passionnément qu'il fût possible ; mais je l'aimais plus pour elle et moins pour

moi, ou du moins je cherchais plus mon bonheur que mon plaisir
auprès d'elle : elle était pour moi plus qu'une sœur, plus qu'une
mère, plus qu'une amie, plus même qu'une maîtresse; et c'était
pour cela qu'elle n'était pas une maîtresse. Enfin, je l'aimais trop
pour la convoiter : voilà ce qu'il y a de plus clair dans mes idées.

Ce jour, plutôt redouté qu'attendu, vint enfin. Je promis tout,
et je ne mentis pas. Mon cœur confirmait mes engagements sans
en désirer le prix. Je l'obtins pourtant. Je me vis pour la première
fois dans les bras d'une femme, et d'une femme que j'adorais.
Fus-je heureux? non, je goûtai le plaisir. Je ne sais quelle invincible tristesse en empoisonnait le charme : j'étais comme si j'avais
commis un inceste. Deux ou trois fois, en la pressant avec transport dans mes bras, j'inondai son sein de mes larmes. Pour elle,
elle n'était ni triste, ni vive; elle était caressante et tranquille.
Comme elle était peu sensuelle et n'avait point recherché la
volupté, elle n'en eut pas les délices et n'en a jamais eu les
remords.

Je le répète, toutes ses fautes lui vinrent de ses erreurs, jamais
de ses passions. Elle était bien née, son cœur était pur, elle aimait
les choses honnêtes, ses penchants étaient droits et vertueux, son
goût était délicat; elle était faite pour une élégance de mœurs
qu'elle a toujours aimée et qu'elle n'a jamais suivie, parce qu'au
lieu d'écouter son cœur qui la menait bien, elle écoutait sa raison
qui la menait mal. Quand des principes faux l'ont égarée, ses
vrais sentiments les ont toujours démentis : mais malheureusement
elle se piquait de philosophie, et la morale qu'elle s'était faite gâta
celle que son cœur lui dictait.

M. de Tavel, son premier amant, fut son maître de philosophie,
et les principes qu'il lui donna furent ceux dont il avait besoin
pour la séduire. La trouvant attachée à son mari, à ses devoirs
toujours froide, raisonnante, et inattaquable par les sens, il l'atta-
qua par des sophismes, et parvint à lui montrer ses devoirs
auxquels elle était si attachée comme un bavardage de catéchisme fait uniquement pour amuser les enfants; l'union des
sexes, comme l'acte le plus indifférent en soi; la fidélité conjugale,
comme une apparence obligatoire dont toute la moralité regardait

l'opinion; le repos des maris, comme la seule règle du devoir des femmes; en sorte que des infidélités ignorées, nulles pour celui qu'elles offensaient, l'étaient aussi pour la conscience : enfin il lui persuada que la chose en elle-même n'était rien, qu'elle ne prenait d'existence que par le scandale, et que toute femme qui paraissait sage, par cela seul l'était en effet. C'est ainsi que le malheureux parvint à son but en corrompant la raison d'un enfant dont il n'avait pu corrompre le cœur. Il en fut puni par la plus dévorante jalousie, persuadé qu'elle le traitait lui-même comme il lui avait appris à traiter son mari. Je ne sais s'il se trompait sur ce point. Le ministre Perret passa pour son successeur. Ce que je sais, c'est que le tempérament froid de cette jeune femme, qui l'aurait dû garantir de ce système, fut ce qui l'empêcha dans la suite d'y renoncer. Elle ne pouvait concevoir qu'on donnât tant d'importance à ce qui n'en avait point pour elle. Elle n'honora jamais du nom de vertu une abstinence qui lui coûtait si peu.

Elle n'eût donc guère abusé de ce faux principe pour elle-même; mais elle en abusa pour autrui, et cela par une autre maxime presque aussi fausse, mais plus d'accord avec la bonté de son cœur. Elle a toujours cru que rien n'attachait tant un homme à une femme que la possession; et quoiqu'elle n'aimât ses amis que d'amitié, c'était d'une amitié si tendre, qu'elle employait tous les moyens qui dépendaient d'elle pour se les attacher plus fortement. Ce qu'il y a d'extraordinaire, est qu'elle a presque toujours réussi. Elle était si réellement aimable, que plus l'intimité dans laquelle on vivait avec elle était grande, plus on y trouvait de nouveaux sujets de l'aimer. Une autre chose digne de remarque est qu'après sa première faiblesse elle n'a guère favorisé que des malheureux; les gens brillants ont tous perdu leur peine auprès d'elle : mais il fallait qu'un homme qu'elle commençait par plaindre fût bien peu aimable si elle ne finissait par l'aimer. Quand elle se fit des choix peu dignes d'elle, bien loin que ce fût par des inclinations basses, qui n'approchèrent jamais de son noble cœur, ce fut uniquement par son caractère trop généreux, trop humain, trop compatissant, trop sensible, qu'elle ne gouverna pas toujours avec assez de discernement.

Si quelques principes faux l'ont égarée, combien n'en avait-elle
pas d'admirables dont elle ne se départait jamais ! Par combien de
vertu ne rachetait-elle pas ses faiblesses, si l'on peut appeler de
ce nom des erreurs où les sens avaient si peu de part ! Ce même
homme qui la trompa sur un point l'instruisit excellemment sur
mille autres ; et ses passions, qui n'étaient pas fougueuses, lui
permettant de suivre toujours ses lumières, elle allait bien quand
ses sophismes ne l'égaraient pas. Ses motifs étaient louables
jusque dans ses fautes : en s'abusant elle pouvait mal faire, mais
elle ne pouvait vouloir rien qui fût mal. Elle abhorrait la dupli-
cité, le mensonge : elle était juste, équitable, humaine, désin-
téressée, fidèle à sa parole, à ses amis, à ses devoirs qu'elle recon-
naissait pour tels, incapable de vengeance et de haine, et ne con-
cevant pas même qu'il y eût le moindre mérite à pardonner. Enfin,
pour revenir à ce qu'elle avait de moins excusable, sans estimer
ses faveurs ce qu'elles valaient, elle n'en fit jamais un vil commerce ; elle les prodiguait, mais elle ne les vendait pas, quoiqu'elle
fût sans cesse aux expédients pour vivre ; et j'ose dire que si
Socrate put estimer Aspasie, il eût respecté madame de Warens.

Je sais d'avance qu'en lui donnant un caractère sensible et un
tempérament froid, je serai accusé de contradiction comme à
l'ordinaire, et avec autant de raison. Il se peut que la nature ait
eu tort, et que cette combinaison n'ait pas dû être ; je sais seulement qu'elle a été. Tous ceux qui ont connu madame de Warens,
et dont un si grand nombre existe encore, ont pu savoir qu'elle
était ainsi. J'ose même ajouter qu'elle n'a connu qu'un seul vrai
plaisir au monde, c'était d'en faire à ceux qu'elle aimait. Toutefois, permis à chacun d'argumenter là-dessus tout à son aise, et
de prouver doctement que cela n'est pas vrai. Ma fonction est de
dire la vérité, mais non pas de la faire croire.

J'appris peu à peu tout ce que je viens de dire dans les entretiens qui suivirent notre union, et qui seuls la rendirent délicieuse. Elle avait eu raison d'espérer que sa complaisance me
serait utile ; j'en tirai pour mon instruction de grands avantages.
Elle m'avait jusqu'alors parlé de moi seul comme à un enfant.
Elle commença de me traiter en homme, et me parla d'elle. Tout

ce qu'elle me disait m'était si intéressant, je m'en sentais si touché, que, me repliant sur moi-même, j'appliquais à mon profit ses confidences plus que je n'avais fait ses leçons. Quand on sent vraiment que le cœur parle, le nôtre s'ouvre pour recevoir ses épanchements; et jamais toute la morale d'un pédagogue ne vaudra le bavardage affectueux et tendre d'une femme sensée, pour qui l'on a de l'attachement.

L'intimité dans laquelle je vivais avec elle l'ayant mise à portée de m'apprécier plus avantageusement qu'elle n'avait fait, elle jugea que, malgré mon air gauche, je valais la peine d'être cultivé pour le monde, et que si je m'y montrais un jour sur un certain pied, je serais en état d'y faire mon chemin. Sur cette idée, elle s'attachait non seulement à former mon jugement, mais mon extérieur, mes manières, à me rendre aimable autant qu'estimable; et s'il est vrai qu'on puisse allier les succès dans le monde avec la vertu (ce que pour moi je ne crois pas), je suis sûr au moins qu'il n'y a pour cela d'autre route que celle qu'elle avait prise, et qu'elle voulait m'enseigner. Car madame de Warens connaissait les hommes, et savait supérieurement l'art de traiter avec eux sans mensonge et sans imprudence, sans les tromper et sans les fâcher. Mais cet art était dans son caractère bien plus que dans ses leçons; elle savait mieux le mettre en pratique que l'enseigner, et j'étais l'homme du monde le moins propre à l'apprendre. Aussi tout ce qu'elle fit à cet égard fut-il, peu s'en faut, peine perdue, de même que le soin qu'elle prit de me donner des maîtres pour la danse et pour les armes. Quoique leste et bien pris dans ma taille, je ne pus apprendre à danser un menuet. J'avais tellement pris, à cause de mes cors, l'habitude de marcher du talon, que Roche ne put me la faire perdre; et jamais, avec l'air assez ingambe, je n'ai pu sauter un fossé médiocre. Ce fut encore pis à la salle d'armes. Après trois mois de leçon, je tirais encore à la muraille, hors d'état de faire assaut, et jamais je n'eus le poignet assez souple ou le bras assez ferme pour retenir mon fleuret quand il plaisait au maître de me le faire sauter. Ajoutez que j'avais un dégoût mortel pour cet exercice, et pour le maître qui tâchait de me l'enseigner. Je n'aurais jamais cru qu'on pût être si fier de l'art de tuer un homme. Pour mettre son vaste génie à ma portée, il ne s'exprimait que par des comparaisons tirées de la musique, qu'il ne savait point. Il trouvait des analogies frappantes entre les bottes de tierce et de quarte et les intervalles musicaux du même nom. Quand il voulait faire une feinte, il me disait de prendre garde à ce dièse, parce qu'anciennement les dièses s'appelaient des *feintes*; quand il m'avait fait sauter de la main mon fleuret, il disait en ricanant que c'était *une pause*. Enfin je ne vis de ma vie un pédant plus insupportable que ce pauvre homme avec son plumet et son plastron.

Je fis donc peu de progrès dans mes exercices, que je quittai bientôt par pur dégoût; mais j'en fis davantage dans un art plus utile, celui d'être content de mon sort, et de n'en pas désirer un plus brillant, pour lequel je commençais à sentir que je n'étais pas né. Livré tout entier au désir de rendre à maman la vie heureuse, je me plaisais toujours plus auprès d'elle; et quand il fallait m'en éloigner pour courir en ville, malgré ma passion pour la musique, je commençais à sentir la gêne de mes leçons.

J'ignore si Claude Anet s'aperçut de l'intimité de notre commerce. J'ai lieu de croire qu'il ne lui fut pas caché. C'était un garçon très clairvoyant, mais très discret, qui ne parlait jamais contre sa pensée, mais qui ne la disait pas toujours. Sans me faire le moindre semblant qu'il fût instruit, par sa conduite, il paraissait l'être; et cette conduite ne venait sûrement pas de bassesse d'âme, mais de ce qu'étant entré dans les principes de sa maîtresse, il ne pouvait désapprouver qu'elle agît conséquemment. Quoique aussi jeune qu'elle, il était si mûr et si grave, qu'il nous regardait presque comme deux enfants dignes d'indulgence, et nous le regardions l'un et l'autre comme un homme respectable, dont nous avions l'estime à ménager.

Ce ne fut qu'après qu'elle lui fut infidèle que je connus bien tout l'attachement qu'elle avait pour lui. Comme elle savait que je ne pensais, ne sentais, ne respirais que par elle, elle me montrait combien elle l'aimait, afin que je l'aimasse de même; et elle appuyait encore moins sur son amitié pour lui que sur son estime, parce que c'était le sentiment que je pouvais partager le plus pleinement. Combien de fois elle attendrit nos cœurs et nous fit embrasser avec larmes, en nous disant que nous étions nécessaires tous deux au bonheur de sa vie ! Et que les femmes qui liront ceci ne sourient pas malignement. Avec le tempérament qu'elle avait, ce besoin n'était pas équivoque : c'était uniquement celui de son cœur.

Ainsi s'établit entre nous trois une société sans autre exemple peut-être sur la terre. Tous nos vœux, nos soins, nos cœurs étaient en commun; rien n'en passait au delà de ce petit cercle. L'habitude de vivre ensemble et d'y vivre exclusivement devint si grande, que si, dans nos repas, un des trois manquait ou qu'il vînt un quatrième, tout était dérangé, et, malgré nos liaisons particulières, les tête-à-tête nous étaient moins doux que la réunion. Ce qui prévenait entre nous la gêne était une extrême confiance réciproque, et ce qui prévenait l'ennui était que nous étions tous fort occupés. Maman, toujours projetante et toujours agissante, ne nous laissait guère oisifs ni l'un ni l'autre, et nous avions encore chacun pour notre compte de quoi bien remplir notre temps. Selon moi, le désœuvrement n'est pas moins le fléau de la société que celui de la solitude. Rien ne rétrécit plus l'esprit, rien n'engendre plus de riens, de rapports, de paquets, de tracasseries, de mensonges, que d'être éternellement renfermés vis-à-vis les uns des autres dans une chambre, réduits pour tout ouvrage à la nécessité de babiller continuellement. Quand tout le monde est occupé, l'on ne parle que quand on a quelque chose à dire; mais quand on ne fait rien, il faut absolument parler toujours; et voilà de toutes les gênes la plus incommode et la plus dangereuse. J'ose même aller plus loin, et je soutiens que, pour rendre un cercle vraiment agréable, il faut non seulement que chacun y fasse quelque chose, mais quelque chose qui demande un peu d'attention. Faire des nœuds, c'est ne rien faire; et il faut tout autant de soin pour amuser une femme qui fait des nœuds que celle qui tient les bras croisés. Mais quand elle brode, c'est autre chose ; elle s'occupe assez pour remplir les intervalles du silence. Ce qu'il y a de choquant, de ridicule, est de voir pendant ce temps une douzaine de flandrins se lever, s'asseoir, aller, venir, pirouetter

sur leurs talons, retourner deux cents fois les magots de la cheminée, et fatiguer leur minerve à maintenir un intarissable flux de
paroles : la belle occupation! Ces gens-là, quoi qu'ils fassent,
seront toujours à charge aux autres et à eux-mêmes. Quand j'étais
à Motiers, j'allais faire des lacets chez mes voisines ; si je retournais dans le monde, j'aurais toujours dans ma poche un bilboquet,
et j'en jouerais toute la journée pour me dispenser de parler
quand je n'aurais rien à dire. Si chacun en faisait autant, les
hommes deviendraient moins méchants, leur commerce deviendrait plus sûr, et je pense, plus agréable. Enfin, que les plaisants
rient s'ils veulent, mais je soutiens que la seule morale à la
portée du présent siècle est la morale du bilboquet.

Au reste, on ne nous laissait guère le soin d'éviter l'ennui par
nous-mêmes, et les importuns nous en donnaient trop par leur
affluence pour nous en laisser quand nous restions seuls. L'impatience qu'ils m'avaient donnée autrefois n'était pas diminuée, et
toute la différence était que j'avais moins de temps pour m'y
livrer. La pauvre maman n'avait point perdu son ancienne fantaisie d'entreprises et de systèmes : au contraire, plus ses besoins
domestiques devenaient pressants, plus pour y pourvoir elle se
livrait à ses visions; moins elle avait de ressources présentes, plus
elle s'en forgeait dans l'avenir. Le progrès des ans ne faisait
qu'augmenter en elle cette manie; et à mesure qu'elle perdait le
goût des plaisirs du monde et de la jeunesse, elle le remplaçait
par celui des secrets et des projets. La maison ne désemplissait
pas de charlatans, de fabricants, de souffleurs, d'entrepreneurs
de toute espèce, qui, distribuant par millions la fortune, finissaient par avoir besoin d'un écu. Aucun ne sortait de chez elle à
vide, et l'un de mes étonnements est qu'elle ait pu suffire aussi
longtemps à tant de profusions sans en épuiser la source et sans
lasser ses créanciers.

Le projet dont elle était le plus occupée au temps dont je parle,
et qui n'était pas le plus déraisonnable qu'elle eût formé, était de
faire établir à Chambéri un jardin royal de plantes, avec un
démonstrateur appointé; et l'on comprend d'avance à qui cette
place était destinée. La position de cette ville, au milieu des Alpes,

était très favorable à la botanique; et maman, qui facilitait toujours un projet par un autre, y joignit celui d'un collège de pharmacie, qui véritablement paraissait très utile dans un pays aussi pauvre, où les apothicaires sont presque les seuls médecins. La retraite du proto-médecin Grossi à Chambéri, après la mort du roi Victor, lui parut favoriser beaucoup cette idée, et la lui suggéra peut-être. Quoi qu'il en soit, elle se mit à cajoler Grossi, qui pourtant n'était pas trop cajolable; car c'était bien le plus caustique et le plus brutal monsieur que j'aie jamais connu. On en jugera par deux ou trois traits que je vais citer pour échantillon.

Un jour il était en consultation avec d'autres médecins, un entre autres qu'on avait fait venir d'Annecy, et qui était le médecin ordinaire du malade. Ce jeune homme, encore mal-appris pour un médecin, osa n'être pas de l'avis de monsieur le proto. Celui-ci, pour toute réponse, lui demanda quand il s'en retournait, par où il passait, et quelle voiture il prenait. L'autre, après l'avoir satisfait, lui demande à son tour s'il y a quelque chose pour son service. Rien, rien, dit Grossi, sinon que je veux m'aller mettre à une fenêtre sur votre passage, pour avoir le plaisir de voir passer un âne à cheval. Il était aussi avare que riche et dur. Un de ses amis lui voulut un jour emprunter de l'argent avec de bonnes sûretés : Mon ami, lui dit-il en lui serrant le bras et grinçant des dents, quand saint Pierre descendrait du ciel pour m'emprunter dix pistoles, et qu'il me donnerait la Trinité pour caution, je ne les lui prêterais pas. Un jour, invité à dîner chez M. le comte Picon, gouverneur de Savoie, et très dévot, il arrive avant l'heure; et Son Exc., alors occupée à dire le rosaire, lui en propose l'amusement. Ne sachant trop que répondre, il fait une grimace affreuse et se met à genoux; mais à peine avait-il récité deux *Ave*, que, n'y pouvant plus tenir, il se lève brusquement, prend sa canne, et s'en va sans mot dire. Le comte Picon court après lui, et lui crie : Monsieur Grossi! monsieur Grossi! restez donc; vous avez là-bas à la broche une excellente bartavelle. Monsieur le comte, lui répond l'autre en se retournant, vous me donneriez un ange rôti que je ne resterais pas. Voilà quel était M. le proto-médecin Grossi, que maman entreprit et vint à bout d'apprivoiser.

Quoique extrêmement occupé, il s'accoutuma à venir très souvent chez elle, prit Anet en amitié, marqua faire cas de ses connaissances, en parlait avec estime, et, ce qu'on n'aurait pas attendu d'un pareil ours, affectait de le traiter avec considération pour effacer les impressions du passé. Car, quoique Anet ne fût plus sur le pied d'un domestique, on savait qu'il l'avait été, et il ne fallait pas moins que l'exemple et l'autorité de monsieur le proto-médecin pour donner à son égard le ton qu'on n'aurait pas pris de tout autre. Claude Anet, avec un habit noir, une perruque bien peignée, un maintien grave et décent, une conduite sage et circonspecte, des connaissances assez étendues en matière médicale et en botanique, et la faveur d'un chef de la Faculté, pouvait raisonnablement espérer de remplir avec applaudissement la place de démonstrateur royal des plantes, si l'établissement projeté avait lieu; et réellement Grossi en avait goûté le plan, l'avait adopté, et n'attendait pour le proposer à la cour que le moment où la paix permettrait de songer aux choses utiles, et laisserait disposer de quelque argent pour y pourvoir.

Mais ce projet, dont l'exécution m'eût probablement jeté dans la botanique, pour laquelle il me semble que j'étais né, manqua par un de ces coups inattendus qui renversent les desseins les mieux concertés. J'étais destiné à devenir par degrés un exemple des misères humaines. On dirait que la Providence, qui m'appelait à ces grandes épreuves, écartait de sa main tout ce qui m'eût empêché d'y arriver. Dans une course qu'Anet avait fait au haut des montagnes pour aller chercher du génipi, plante rare qui ne croît que sur les Alpes, et dont M. Grossi avait besoin, ce pauvre garçon s'échauffa tellement, qu'il gagna une pleurésie dont le génipi ne put le sauver, quoiqu'il y soit, dit-on, spécifique; et, malgré tout l'art de Grossi, qui certainement était un très habile homme, malgré les soins infinis que nous prîmes de lui, sa bonne maîtresse et moi, il mourut le cinquième jour entre nos mains, après la plus cruelle agonie, durant laquelle il n'eut d'autres exhortations que les miennes; et je les lui prodiguai avec des élans de douleur et de zèle qui, s'il était en état de m'entendre, devaient être de quelque consolation pour lui. Voilà comment je perdis le plus solide ami que j'eus en toute ma vie : homme estimable et rare en qui la nature tint lieu d'éducation, qui nourrit dans la servitude toutes les vertus des grands hommes, et à qui peut-être il ne manqua, pour se montrer tel à tout le monde, que de vivre et d'être placé.

Le lendemain, j'en parlais avec maman dans l'affliction la plus vive et la plus sincère, et, tout d'un coup, au milieu de l'entretien, j'eus la vile et indigne pensée que j'héritais de ses nippes, et surtout d'un bel habit noir qui m'avait donné dans la vue. Je le pensai, par conséquent je le dis ; car près d'elle c'était pour moi la même chose. Rien ne lui fit mieux sentir la perte qu'elle avait faite que ce lâche et odieux mot, le désintéressement et la noblesse d'âme étant des qualités que le défunt avait éminemment possédées. La pauvre femme, sans rien répondre, se tourna de l'autre côté et se mit à pleurer. Chères et précieuses larmes ! elle furent entendues et coulèrent toutes dans mon cœur ; elles y lavèrent jusqu'aux dernières traces d'un sentiment bas et malhonnête. Il n'y en est jamais entré depuis ce temps-là.

Cette perte causa à maman autant de préjudice que de douleur. Depuis ce moment, ses affaires ne cessèrent d'aller en décadence. Anet était un garçon exact et rangé, qui maintenait l'ordre dans la maison de sa maîtresse. On craignait sa vigilance, et le gaspillage était moindre. Elle-même craignait sa censure, et se contenait davantage dans ses dissipations. Ce n'était pas assez pour elle de son attachement, elle voulait conserver son estime, et elle redoutait le juste reproche qu'il osait quelquefois lui faire, qu'elle prodiguait le bien d'autrui autant que le sien. Je pensais comme lui, je le disais même ; mais je n'avais pas le même ascendant sur elle, et mes discours n'en imposaient pas comme les siens. Quand il ne fut plus, je fus bien forcé de prendre sa place, pour laquelle j'avais aussi peu d'aptitudes que de goût ; je la remplis mal. J'étais peu soigneux, j'étais fort timide ; tout en grondant à part moi, je laissais tout aller comme il allait. D'ailleurs j'avais obtenu la même confiance, mais non pas la même autorité. Je voyais le désordre, j'en gémissais, je m'en plaignais, et je n'étais pas écouté. J'étais trop jeune et trop vif pour avoir le droit d'être raisonnable ; et quand je voulais me mêler de faire le censeur, maman me donnait de petits soufflets de caresses, m'appelait son petit Mentor et me forçait à reprendre le rôle qui me convenait.

Le sentiment profond de la détresse où ses dépenses peu mesurées devaient nécessairement la jeter tôt ou tard me fit une impression d'autant plus forte, qu'étant devenu l'inspecteur de la maison, je jugeais par moi-même de l'inégalité de la balance entre le *doit* et l'*avoir*. Je date de cette époque le penchant à l'avarice que je me suis toujours senti depuis ce temps-là. Je n'ai jamais été follement prodigue que par bourrasques ; mais jusqu'alors je ne m'étais jamais beaucoup inquiété si j'avais peu ou beaucoup d'argent. Je commençai à faire cette attention, et à prendre du souci de ma bourse. Je devenais vilain pour un motif très noble ; car, en vérité, je ne songeais qu'à ménager à maman quelque ressource dans la catastrophe que je prévoyais. Je craignais que ses créanciers ne fissent saisir sa pension, qu'elle ne fût tout à fait supprimée, et je m'imaginais, selon mes vues étroites, que mon petit magot lui serait alors d'un grand secours. Mais pour le faire, et surtout pour le conserver, il fallait me cacher d'elle ; car il n'eût pas convenu, tandis qu'elle était aux expédients, qu'elle eût su que j'avais de l'argent mignon. J'allais donc, cherchant par-ci par-là de petites caches où je fourrais quelques louis en dépôt, comptant augmenter ce dépôt sans cesse jusqu'au moment de le mettre à ses pieds. Mais j'étais si maladroit dans le choix de mes cachettes qu'elle les éventait toujours ; puis, pour m'apprendre qu'elle les avait trouvées, elle ôtait l'or que j'y avais mis, et en mettait davantage en autres espèces. Je venais tout honteux rapporter à la bourse commune mon petit trésor, et jamais elle ne manquait de l'employer en nippes ou meubles à mon profit, comme épée d'argent, montre ou autre chose pareille.

Bien convaincu qu'accumuler ne me réussirait jamais et serait pour elle une mince ressource, je sentis enfin que je n'en avais point d'autre contre le malheur que je craignais, que de me mettre en état de pourvoir par moi-même à sa subsistance, quand, cessant de pourvoir à la mienne, elle verrait le pain prêt à lui manquer. Malheureusement, jetant mes projets du côté de mes goûts, je m'obstinais à chercher follement ma fortune dans la musique; et, sentant naître des idées et des chants dans ma tête, je crus qu'aussitôt que je serais en état d'en tirer parti, j'allais devenir un homme célèbre, un Orphée moderne, dont les sons devaient attirer tout l'argent du Pérou. Ce dont il s'agissait pour moi, commençant à lire passablement la musique, était d'apprendre la composition. La difficulté était de trouver quelqu'un pour me l'enseigner; car, avec mon Rameau seul, je n'espérais pas y parvenir par moi-même; et depuis le départ de M. Le Maître, il n'y avait personne en Savoie qui entendît rien à l'harmonie.

Ici l'on va voir encore une de ces inconséquences dont ma vie est remplie, et qui m'ont fait si souvent aller contre mon but, lors même que j'y pensais tendre directement. Venture m'avait beaucoup parlé de l'abbé Blanchard, son maître de composition, homme de mérite et d'un grand talent, qui pour lors était maître de musique de la cathédrale de Besançon, et qui l'est maintenant de la chapelle de Versailles. Je me mis en tête d'aller à Besançon prendre leçon de l'abbé Blanchard; et cette idée me parut si raisonnable, que je parvins à la faire trouver telle à maman. La voilà travaillant à mon petit équipage, et cela avec la profusion qu'elle mettait à toute chose. Ainsi, toujours avec le projet de prévenir une banqueroute et de réparer dans l'avenir l'ouvrage de sa dissipation, je commençai dans le moment même par lui causer une dépense de huit cents francs : j'accélérais sa ruine pour me mettre en état d'y remédier. Quelque folle que fût cette conduite, l'illusion était tout entière de ma part, et même de la sienne. Nous étions persuadés l'un et l'autre, moi que je travaillais utilement pour elle; elle que je travaillais utilement pour moi.

J'avais compté trouver Venture encore à Annecy et lui demander une lettre pour l'abbé Blanchard. Il n'y était plus. Il fallut, pour tout renseignement, me contenter d'une messe à quatre parties, de sa composition et de sa main, qu'il m'avait laissée. Avec cette recommandation, je vais à Besançon, passant par Genève, où je fus voir mes parents, et par Nyon, où je fus voir mon père, qui me reçut comme à son ordinaire et se chargea de

me faire parvenir ma malle, qui ne venait qu'après moi, parce que
j'étais à cheval. J'arrive à Besançon. L'abbé Blanchard me reçoit
bien, me promet ses instructions et m'offre ses services. Nous
étions prêts à commencer, quand j'apprends par une lettre de mon
père que ma malle a été saisie et confisquée aux Rousses, bureau
de France sur les frontières de Suisse. Effrayé de cette nouvelle,
j'emploie les connaissances que je m'étais faites à Besançon pour
savoir le motif de cette confiscation; car, bien sûr de n'avoir
pas de contrebande, je ne pouvais concevoir sur quel prétexte on
l'avait pu fonder. Je l'apprends enfin : il faut le dire, car c'est un
fait curieux.

Je voyais à Chambéri un vieux Lyonnais, fort bon homme,
appelé M. Duvivier, qui avait travaillé au *visa* sous la régence, et
qui, faute d'emploi, était venu travailler au cadastre. Il avait vécu
dans le monde; il avait des talents, quelque savoir, de la douceur, de la politesse; il savait la musique : et comme j'étais de
chambrée avec lui, nous nous étions liés de préférence au milieu
des ours mal léchés qui nous entouraient. Il avait à Paris des cor-
respondances qui lui fournissaient ces petits riens, ces nouveautés éphémères qui courent on ne sait pourquoi, qui meurent
on ne sait comment, sans que jamais personne y repense quand
on a cessé d'en parler. Comme je le menais quelquefois dîner
chez maman, il me faisait sa cour en quelque sorte, et, pour se
rendre agréable, il tâchait de me faire aimer ces fadaises, pour lesquelles j'eus toujours un tel dégoût, qu'il ne m'est arrivé de la vie
d'en lire une à moi seul. Malheureusement, un de ces maudits
papiers resta dans la poche de veste d'un habit neuf que j'avais
porté deux ou trois fois pour être en règle avec les commis. Ce
papier était une parodie janséniste assez plate de la belle scène
du *Mithridate* de Racine. Je n'en avais pas lu dix vers, et l'avais
laissée par oubli dans ma poche. Voilà ce qui fit confisquer mon
équipage. Les commis firent à la tête de l'inventaire de cette
malle un magnifique procès-verbal, où supposant que cet écrit
venait de Genève pour être imprimé et distribué en France, ils
s'étendaient en saintes invectives contre les ennemis de Dieu et
de l'Église, et en éloges de leur pieuse vigilance, qui avait arrêté

l'exécution de ce projet infernal. Ils trouvèrent sans doute que mes chemises sentaient aussi l'hérésie, car, en vertu de ce terrible papier, tout fut confisqué sans que jamais j'aie eu ni raison ni nouvelle de ma pauvre pacotille. Les gens des fermes à qui l'on s'adressa demandaient tant d'instructions, de renseignements, de certificats, de mémoires, que, me perdant mille fois dans ce labyrinthe, je fus contraint de tout abandonner. J'ai un vrai regret de n'avoir pas conservé le procès-verbal du bureau des Rousses : c'était une pièce à figurer avec distinction parmi celles dont le recueil doit accompagner cet écrit.

Cette perte me fit revenir à Chambéri tout de suite, sans avoir rien fait avec l'abbé Blanchard ; et, tout bien pesé, voyant le malheur me suivre dans mes entreprises, je résolus de m'attacher uniquement à maman, de courir sa fortune, et de ne plus m'inquiéter inutilement d'un avenir auquel je ne pouvais rien. Elle me reçut comme si j'avais rapporté des trésors, remonta peu à peu ma petite garde-robe ; et mon malheur, assez grand pour l'un et pour l'autre, fut presque aussitôt oublié qu'arrivé.

Quoique ce malheur m'eût refroidi sur mes projets de musique, je ne laissais pas d'étudier toujours mon Rameau ; et à force d'efforts, je parvins enfin à l'entendre et à faire quelques petits essais de composition, dont le succès m'encouragea. Le comte de Bellegarde, fils du marquis d'Antremont, était revenu de Dresde après la mort du roi Auguste. Il avait vécu longtemps à Paris ; il aimait extrêmement la musique, et avait pris en passion celle de Rameau. Son frère, le comte de Nangis, jouait du violon, madame la comtesse de la Tour, leur sœur, chantait un peu. Tout cela mit à Chambéri la musique à la mode, et l'on établit une manière de concert public, dont on voulut d'abord me donner la direction : mais on s'aperçut bientôt qu'elle passait mes forces, et l'on s'arrangea autrement. Je ne laissais pas d'y donner quelques petits morceaux de ma façon, et entre autres une cantate qui plut beaucoup. Ce n'était pas une pièce bien faite, mais elle était pleine de chants nouveaux et de choses d'effet que l'on n'attendait pas de moi. Ces messieurs ne purent croire que, lisant si mal la musique, je fusse en état d'en com-

ENTRETIEN DE ROUSSEAU AVEC MME DE WARENS

poser de passable, et ils ne doutèrent pas que je ne me fusse fait
honneur du travail d'autrui. Pour vérifier la chose, un matin
M. de Nangis vint me trouver avec une cantate de Clérambault,
qu'il avait transposée, disait-il, pour la commodité de la voix, et à
laquelle il fallait faire une autre basse, la transposition rendant
celle de Clérambault impraticable sur l'instrument. Je répondis
que c'était un travail considérable, et qui ne pouvait être fait sur-
le-champ. Il crut que je cherchais une défaite, et me pressa de lui
faire au moins la basse d'un récitatif. Je la fis donc, mal sans
doute, parce qu'en toute chose il me faut, pour bien faire, mes
aises et ma liberté; mais je la fis du moins dans les règles : et
comme il était présent, il ne put douter que je ne susse les éléments de la composition. Ainsi je ne perdis pas mes écolières,
mais je me refroidis un peu sur la musique, voyant que l'on faisait un concert et que l'on s'y passait de moi.

Ce fut à peu près dans ce temps-là que, la paix étant faite,
l'armée française repassa les monts. Plusieurs officiers vinrent voir
maman, entre autres M. le comte de Lautrec, colonel du régiment
d'Orléans, depuis plénipotentiaire à Genève, et enfin maréchal
de France, auquel elle me présenta. Sur ce qu'elle lui dit, il parut
s'intéresser beaucoup à moi et me promit beaucoup de choses
dont il ne s'est souvenu que la dernière année de sa vie, lorsque
je n'avais plus besoin de lui. Le jeune marquis de Sennecterre,
dont le père était ambassadeur à Turin, passa dans le même temps à
Chambéri. Il dîna chez madame de Menthon; j'y dînais aussi ce
jour-là. Après le dîner il fut question de musique. Il la savait très
bien. L'opéra de *Jephté* était alors dans sa nouveauté; il en parla,
on le fit apporter. Il me fit frémir en me proposant d'exécuter à
nous deux cet opéra; et tout en ouvrant le livre, il tomba sur ce
morceau célèbre à deux chœurs :

> La terre, l'enfer, le ciel même,
> Tout tremble devant le Seigneur.

Il me dit : Combien voulez-vous faire de parties? je ferai pour ma
part ces six-là. Je n'étais pas encore accoutumé à cette pétulance
française, et quoique j'eusse quelquefois ânonné des partitions, je

ne comprenais pas comment le même homme pouvait faire en même temps six parties, ni même deux. Rien ne m'a plus coûté dans l'exercice de la musique que de sauter ainsi légèrement d'une partie à l'autre, et d'avoir l'œil à la fois sur toute une partition. A la manière dont je me tirai de cette entreprise, M. de Sennecterre dut être tenté de croire que je ne savais pas la musique. Ce fut peut-être pour vérifier ce doute qu'il me proposa de noter une chanson qu'il voulait donner à mademoiselle de Menthon. Je ne pouvais m'en défendre. Il chanta la chanson ; je l'écrivis, même sans le faire beaucoup répéter. Il la lut ensuite, et trouva, comme il était vrai, qu'elle était très correctement notée. Il avait vu mon embarras, il prit plaisir à faire valoir ce petit succès. C'était pourtant une chose très simple. Au fond, je savais fort bien la musique ; je ne manquais que de cette vivacité du premier coup d'œil que je n'eus jamais sur rien, et qui ne s'acquiert en musique que par une pratique consommée. Quoi qu'il en soit, je fus sensible à l'honnête soin qu'il prit d'effacer dans l'esprit des autres et dans le mien la petite honte que j'avais eue ; et douze ou quinze ans après, me rencontrant avec lui dans diverses maisons de Paris, je fus tenté plusieurs fois de lui rappeler cette anecdote, et de lui montrer que j'en gardais le souvenir. Mais il avait perdu les yeux depuis ce temps-là ; je craignis de renouveler ses regrets en lui rappelant l'usage qu'il en avait su faire, et je me tus.

Je touche au moment qui commence à lier mon existence passée avec la présente. Quelques amitiés de ce temps-là prolongées jusqu'à celui-ci me sont devenues bien précieuses. Elles m'ont souvent fait regretter cette heureuse obscurité où ceux qui se disaient mes amis l'étaient et m'aimaient pour moi, par pure bienveillance, non par la vanité d'avoir des liaisons avec un homme connu, ou par le désir secret de trouver ainsi plus d'occasions de lui nuire. C'est d'ici que je date ma première connaissance avec mon vieux ami Gauffecourt, qui m'est toujours resté, malgré les efforts qu'on a faits pour me l'ôter. Toujours resté ! non. Hélas ! je viens de le perdre. Mais il n'a cessé de m'aimer qu'en cessant de vivre. Et notre amitié n'a fini qu'avec lui. M. de Gauffecourt était un des hommes les plus aimables qui aient existé. Il était

impossible de le voir sans l'aimer, et de vivre avec lui sans s'y
attacher tout à fait. Je n'ai vu de ma vie une physionomie plus
ouverte, plus caressante, qui eût plus de sérénité, qui marquât
plus de sentiment et d'esprit, qui inspirât plus de confiance.
Quelque réservé qu'on pût être, on ne pouvait, dès la première
vue, se défendre d'être aussi familier avec lui que si on l'eût
connu depuis vingt ans : et moi qui avais tant de peine d'être à
mon aise avec les nouveaux visages, j'y fus avec lui du premier
moment. Son ton, son accent, son propos, accompagnaient parfaitement sa physionomie. Le son de sa voix était net, plein, bien
timbré, une belle voix de basse étoffée et mordante, qui remplissait l'oreille et sonnait au cœur. Il est impossible d'avoir une
gaieté plus égale et plus douce, des grâces plus vraies et plus
simples, des talents plus naturels et cultivés avec plus de goût. Joignez à cela un cœur aimant, mais aimant un peu trop tout le monde,
un caractère officieux avec peu de choix, servant ses amis avec
zèle, ou plutôt se faisant l'ami des gens qu'il pouvait servir, et
sachant faire très adroitement ses propres affaires en faisant très
chaudement celles d'autrui. Gauffecourt était fils d'un simple horloger, et avait été horloger lui-même. Mais sa figure et son mérite
l'appelaient dans une autre sphère où il ne tarda pas d'entrer. Il
fit connaissance avec M. de la Closure, résident de France à
Genève, qui le prit en amitié. Il lui procura à Paris d'autres connaissances qui lui furent utiles, et par lesquelles il parvint à avoir
la fourniture des sels du Valais, qui lui valait vingt mille livres de
rente. Sa fortune, assez belle, se borna là du côté des hommes;
mais du côté des femmes, la presse y était : il eut à choisir, et fit
ce qu'il voulut. Ce qu'il y eut de plus rare et de plus honorable
pour lui fut qu'ayant des liaisons dans tous les états, il fut partout chéri, recherché de tout le monde, sans jamais être envié ni
haï de personne; et je crois qu'il est mort sans avoir eu de sa vie
un seul ennemi. Heureux homme! Il venait tous les ans aux
bains d'Aix, où se rassemble la bonne compagnie des pays voisins.
Lié avec toute la noblesse de Savoie, il venait d'Aix à Chambéri
voir le comte de Bellegarde et son père le marquis d'Antremont,
chez qui maman fit et me fit faire connaissance avec lui. Cette

connaissance, qui semblait devoir n'aboutir à rien, et fut nombre d'années interrompue, se renouvela dans l'occasion que je dirai, et devint un véritable attachement. C'est assez pour m'autoriser à parler d'un ami avec qui j'ai été si étroitement lié : mais quand je ne prendrais aucun intérêt personnel à sa mémoire, c'était un homme si aimable et si heureusement né, que, pour l'honneur de l'espèce humaine, je la croirais toujours bonne à conserver. Cet homme si charmant avait pourtant ses défauts ainsi que les autres, comme on pourra voir ci-après : mais s'il ne les eût pas eus, peut-être eût-il été moins aimable. Pour le rendre intéressant autant qu'il pouvait l'être, il fallait qu'on eût quelque chose à lui pardonner.

Une autre liaison du même temps n'est pas éteinte, et me leurre encore de cet espoir du bonheur temporel, qui meurt si difficilement dans le cœur de l'homme. M. de Conzié, gentilhomme savoyard, alors jeune et aimable, eut la fantaisie d'apprendre la musique, ou plutôt de faire connaissance avec celui qui l'enseignait. Avec de l'esprit et du goût pour les belles connaissances, M. de Conzié avait une douceur de caractère qui le rendait très liant, et je l'étais beaucoup moi-même pour les gens en qui je la trouvais. La liaison fut bientôt faite. Le germe de littérature et de philosophie qui commençait à fermenter dans ma tête, et qui n'attendait qu'un peu de culture et d'émulation pour se développer tout à fait, les trouvait en lui. M. de Conzié avait peu de disposition pour la musique : ce fut un bien pour moi ; les heures des leçons se passaient à toute autre chose qu'à solfier. Nous déjeunions, nous causions, nous lisions quelques nouveautés, et pas un mot de musique. La correspondance de Voltaire avec le prince royal de Prusse faisait du bruit alors : nous nous entretenions souvent de ces deux hommes célèbres, dont l'un, depuis peu sur le trône, s'annonçait déjà tel qu'il devait dans peu se montrer ; et dont l'autre, aussi décrié qu'il est admiré maintenant, nous faisait plaindre sincèrement le malheur qui semblait le poursuivre, et qu'on voit si souvent être l'apanage des grands talents. Le prince de Prusse avait été peu heureux dans sa jeunesse ; et Voltaire semblait fait pour ne l'être jamais. L'intérêt que nous prenions à l'un et à l'autre s'étendait à tout ce qui s'y rapportait. Rien de tout ce qu'écrivait Voltaire ne nous échappait. Le goût que je pris à ces lectures m'inspira le désir d'apprendre à écrire avec élégance, et de tâcher d'imiter le beau coloris de cet auteur, dont j'étais enchanté. Quelque temps après parurent ses *Lettres philosophiques*. Quoiqu'elles ne soient pas assurément son meilleur ouvrage, ce fut celui qui m'attira le plus vers l'étude, et ce goût naissant ne s'éteignit plus depuis ce temps-là.

Mais le moment n'était pas venu de m'y livrer tout de bon. Il me restait encore une humeur un peu volage, un désir d'aller et venir qui s'était plutôt borné qu'éteint, et que nourrissait le train de la maison de madame de Warens, trop brillant pour mon humeur solitaire. Ce tas d'inconnus qui lui affluaient journellement de toutes parts, et la persuasion où j'étais que ces gens-là ne cherchaient qu'à la duper chacun à sa manière, me faisaient un vrai tourment de mon habitation. Depuis qu'ayant succédé à Claude Anet dans la confidence de sa maîtresse, je suivais de plus près l'état de ses affaires, j'y voyais un progrès en mal dont j'étais effrayé. J'avais cent fois remontré, prié, pressé, conjuré, et toujours inutilement. Je m'étais jeté à ses pieds; je lui avais fortement représenté la catastrophe qui la menaçait: je l'avais vivement exhortée à réformer sa dépense, à commencer par moi; à souffrir plutôt un peu tandis qu'elle était encore jeune, que, multipliant toujours ses dettes et ses créanciers, de s'exposer sur ses vieux jours à leurs vexations et à la misère. Sensible à la sincérité de mon zèle, elle s'attendrissait avec moi et me promettait les plus belles choses du monde. Un croquant arrivait-il, à l'instant tout était oublié. Après mille épreuves de l'inutilité de mes remontrances, que me restait-il à faire, que de détourner les yeux du mal que je ne pouvais prévenir? Je m'éloignais de la maison dont je ne pouvais garder la porte; je faisais de petits voyages à Nyon, à Genève, à Lyon, qui, m'étourdissant sur ma peine secrète, en augmentaient en même temps le sujet par ma dépense. Je puis jurer que j'en aurais souffert tous les retranchements avec joie, si maman eût vraiment profité de cette épargne; mais certain que ce que je me refusais passait à des fripons, j'abusais de sa facilité

pour partager avec eux, et, comme le chien qui revenait de la
boucherie, j'emportais mon lopin du morceau que je n'avais pu
sauver.

Les prétextes ne me manquaient pas pour tous ces voyages, et
maman seule m'en eût fourni de reste, tant elle avait partout de
liaisons, de négociations, d'affaires, de commissions à donner à
quelqu'un de sûr. Elle ne demandait qu'à m'envoyer, je ne
demandais qu'à aller : cela ne pouvait manquer de faire une vie
assez ambulante. Ces voyages me mirent à portée de faire quelques
bonnes connaissances, qui m'ont été dans la suite agréables ou
utiles; entre autres à Lyon celle de M. Perrichon, que je me
reproche de n'avoir pas assez cultivée, vu les bontés qu'il a eues
pour moi; celle du bon Parisot, dont je parlerai dans son temps;
à Grenoble, celle de madame Deybens et de madame la présidente
de Bardonanche, femme de beaucoup d'esprit, et qui m'eût pris
en amitié si j'avais été à portée de la voir plus souvent; à Genève,
celle de M. de la Closure, résident de France, qui me parlait souvent de ma mère, dont malgré la mort et le temps son cœur
n'avait pu se déprendre; celle des deux Barillot, dont le père,
qui m'appelait son petit-fils, était d'une société très aimable, et
l'un des plus dignes hommes que j'aie jamais connus. Durant les
troubles de la République, ces deux citoyens se jetèrent dans les
deux partis contraires : le fils, dans celui de la bourgeoisie; le père,
dans celui des magistrats : et lorsqu'on prit les armes en 1737, je
vis, étant à Genève, le père et le fils sortir armés de la même
maison, l'un pour monter à l'hôtel de ville, l'autre pour se rendre
à son quartier, sûrs de se trouver deux heures après l'un vis-à-vis
de l'autre exposés à s'entr'égorger. Ce spectacle affreux me fit une
impression si vive, que je jurai de ne tremper jamais dans aucune
guerre civile, et de ne soutenir jamais au dedans la liberté par les
armes, ni de ma personne ni de mon aveu, si jamais je rentrais
dans mes droits de citoyen. Je me rends le témoignage d'avoir
tenu ce serment dans une occasion délicate; et l'on trouvera, du
moins je le pense, que cette modération fut de quelque prix.

Mais je n'en étais pas encore à cette première fermentation de
patriotisme que Genève en armes excita dans mon cœur. On

jugera combien j'en étais loin par un fait très grave à ma charge, que j'ai oublié de mettre à sa place, et qui ne doit pas être omis.

Mon oncle Bernard était, depuis quelques années, passé dans la Caroline pour y faire bâtir la ville de Charlestown, dont il avait donné le plan : il y mourut peu après. Mon pauvre cousin était aussi mort au service du roi de Prusse, et ma tante perdit ainsi son fils et son mari presque en même temps. Ces pertes réchauffèrent un peu son amitié pour le plus proche parent qui lui restât, et qui était moi. Quand j'allais à Genève je logeais chez elle, et je m'amusais à fureter et feuilleter les livres et papiers que mon oncle avait laissés. J'y trouvai beaucoup de pièces curieuses, et des lettres dont assurément on ne se douterait pas. Ma tante, qui faisait peu de cas de ces paperasses, m'eût laissé tout emporter si j'avais voulu. Je me contentai de deux ou trois livres commentés de la main de mon grand-père Bernard le ministre, et entre autres les *Œuvres posthumes* de Rohault, in-4°, dont les marges étaient pleines d'excellentes scolies qui me firent aimer les mathématiques. Ce livre est resté parmi ceux de madame de Warens ; j'ai toujours été fâché de ne l'avoir pas gardé. A ces livres je joignis cinq ou six mémoires manuscrits, et un seul imprimé, qui était du fameux Micheli Ducret, homme d'un grand talent, savant, éclairé, mais trop remuant, traité bien cruellement par les magistrats de Genève, et mort dernièrement dans la forteresse d'Arberg, où il était enfermé depuis de longues années, pour avoir, disait-on, trempé dans la conspiration de Berne.

Ce mémoire était une critique assez judicieuse de ce grand et ridicule plan de fortification qu'on a exécuté en partie à Genève, à la grande risée des gens du métier, qui ne savent pas le but secret qu'avait le conseil dans l'exécution de cette magnifique entreprise. M. Micheli, ayant été exclu de la chambre des fortifications pour avoir blâmé ce plan, avait cru, comme membre des deux-cents et même comme citoyen, pouvoir en dire son avis plus au long ; et c'était ce qu'il avait fait par ce mémoire, qu'il eut l'imprudence de faire imprimer, mais non pas publier, car il n'en fit tirer que le nombre d'exemplaires qu'il envoyait aux deux-cents,

et qui furent tous interceptés à la poste par ordre du petit conseil. Je trouvai ce mémoire parmi les papiers de mon oncle, avec
la réponse qu'il avait été chargé d'y faire, et j'emportai l'un et
l'autre. J'avais fait ce voyage peu après ma sortie du cadastre, et
j'étais demeuré en quelque liaison avec l'avocat Coccelli, qui en
était le chef. Quelque temps après, le directeur de la douane
s'avisa de me prier de lui tenir un enfant, et me donna madame
Coccelli pour commère. Les honneurs me tournaient la tête, et,
fier d'appartenir de si près à monsieur l'avocat, je tâchais de faire
l'important, pour me montrer digne de cette gloire.

Dans cette idée, je crus ne pouvoir rien faire de mieux que de
lui faire voir mon mémoire imprimé de M. Micheli, qui réellement était une pièce rare, pour lui prouver que j'appartenais à des
notables de Genève qui savaient les secrets de l'État. Cependant,
par une demi-réserve dont j'aurais peine à rendre raison, je ne lui
montrai point la réponse de mon oncle à ce mémoire, peut-être
parce qu'elle était manuscrite et qu'il ne fallait à monsieur
l'avocat que du moulé. Il sentit pourtant si bien le prix de l'écrit
que j'eus la bêtise de lui confier, que je ne pus jamais le ravoir
ni le revoir, et que, bien convaincu de l'inutilité de mes efforts,
je me fis un mérite de la chose, et transformai ce vol en présent. Je
ne doute pas un moment qu'il n'ait bien fait valoir à la cour de
Turin cette pièce plus curieuse cependant qu'utile, et qu'il n'ait
eu grand soin de se faire rembourser de manière ou d'autre de
l'argent qu'il lui en avait dû coûter pour l'acquérir. Heureusement,
de tous les futurs contingents, un des moins probables est qu'un
jour le roi de Sardaigne assiégera Genève. Mais comme il n'y a
pas d'impossibilité à la chose, j'aurai toujours à reprocher à ma
sotte vanité d'avoir montré les plus grands défauts de cette place
à son plus ancien ennemi.

Je passai deux ou trois ans de cette façon entre la musique, les
magistères, les projets, les voyages, flottant incessamment d'une
chose à l'autre, cherchant à me fixer sans savoir à quoi, mais
entraîné pourtant par degrés vers l'étude, voyant des gens de
lettres, entendant parler de littérature, me mêlant quelquefois
d'en parler moi-même, et prenant plutôt le jargon des livres que

la connaissance de leur contenu. Dans mes voyages de Genève,
j'allais de temps en temps voir en passant mon ancien bon ami
M. Simon, qui fomentait beaucoup mon émulation naissante par
des nouvelles toutes fraîches de la république des lettres, tirées de
Baillet ou de Colomiés. Je voyais beaucoup aussi à Chambéri un
jacobin, professeur de physique, bonhomme de moine dont j'ai
oublié le nom, et qui faisait souvent de petites expériences qui
m'amusaient extrêmement. Je voulus, à son exemple et aidé des
Récréations mathématiques d'Ozanam, faire de l'encre de sympathie.
Pour cet effet, après avoir rempli une bouteille plus qu'à demi de
chaux vive, d'orpiment et d'eau, je la bouchai bien. L'efferves-
cence commença presque à l'instant très violemment. Je courus
à la bouteille pour la déboucher, mais je n'y fus pas à temps;
elle me sauta au visage comme une bombe. J'avalai de l'orpiment,
de la chaux; j'en faillis mourir. Je restai aveugle plus de six
semaines; et j'appris ainsi à ne pas me mêler de physique expéri-
mentale sans en savoir les éléments.

Cette aventure m'arriva mal à propos pour ma santé, qui depuis
quelque temps s'altérait sensiblement. Je ne sais d'où venait
qu'étant bien conformé par le coffre, et ne faisant d'excès d'aucune
espèce, je déclinais à vue d'œil. J'ai une assez bonne carrure, la
poitrine large, mes poumons doivent y jouer à l'aise; cependant
j'avais la courte haleine, je me sentais oppressé, je soupirais
involontairement, j'avais des palpitations, je crachais du sang, la
fièvre lente survint, et je n'en ai jamais été bien quitte. Comment
peut-on tomber dans cet état à la fleur de l'âge, sans avoir aucun
viscère vicié, sans avoir rien fait pour détruire sa santé?

L'épée use le fourreau, dit-on quelquefois. Voilà mon histoire.
Mes passions m'ont fait vivre, et mes passions m'ont tué. Quelles
passions? dira-t-on. Des riens, les choses du monde les plus puériles, mais qui m'affectaient comme s'il se fût agi de la possession
d'Hélène ou du trône de l'univers. D'abord les femmes. Quand
j'en eus une, mes sens furent tranquilles, mais mon cœur ne le
fut jamais. Les besoins de l'amour me dévoraient au sein de la
jouissance. J'avais une tendre mère, une amie chérie; mais il me
fallait une maîtresse. Je me la figurais à sa place; je me la créais

de mille façons, pour me donner le change à moi-même. Si j'avais cru tenir maman dans mes bras quand je l'y tenais, mes étreintes n'auraient pas été moins vives, mais tous mes désirs se seraient éteints; j'aurais sangloté de tendresse, mais je n'aurais pas joui. Jouir! ce sort est-il fait pour l'homme? Ah! si jamais une seule fois en ma vie j'avais goûté dans leur plénitude toutes les délices de l'amour, je n'imagine pas que ma frêle existence eût pu suffire; je serais mort sur le fait.

J'étais donc brûlant d'amour sans objet; et c'est peut-être ainsi qu'il épuise le plus. J'étais inquiet, tourmenté du mauvais état des affaires de ma pauvre maman et de son imprudente conduite, qui ne pouvait manquer d'opérer sa ruine totale en peu de temps. Ma cruelle imagination, qui va toujours au-devant des malheurs, me montrait celui-là sans cesse dans tout son excès et dans toutes ses suites. Je me voyais d'avance forcément séparé par la misère de celle à qui j'avais consacré ma vie, et sans qui je n'en pouvais jouir. Voilà comment j'avais toujours l'âme agitée. Les désirs et les craintes me dévoraient alternativement.

La musique était pour moi une autre passion moins fougueuse, mais non moins consumante par l'ardeur avec laquelle je m'y livrais, par l'étude opiniâtre des obscurs livres de Rameau, par mon invincible obstination à vouloir en charger ma mémoire qui s'y refusait toujours, par mes courses continuelles, par les compilations immenses que j'entassais, passant très souvent à copier les nuits entières. Et pourquoi m'arrêter aux choses permanentes, tandis que toutes les folies qui passaient dans mon inconstante tête, les goûts fugitifs d'un seul jour, un voyage, un concert, un souper, une promenade à faire, un roman à lire, une comédie à voir, tout ce qui était le moins du monde prémédité dans mes plaisirs ou dans mes affaires, devenait pour moi tout autant de passions violentes, qui dans leur impétuosité ridicule me donnaient le plus vrai tourment? La lecture des malheurs imaginaires de Cléveland, faite avec fureur et souvent interrompue, m'a fait faire, je crois, plus de mauvais sang que les miens.

Il y avait un Genevois nommé M. Bagueret, lequel avait été employé sous Pierre le Grand à la cour de Russie; un des plus

vilains hommes et des plus grands fous que j'aie jamais vus,
toujours plein de projets aussi fous que lui, qui faisait tomber
les millions comme la pluie, et à qui les zéros ne coûtaient rien.
Cet homme, étant venu à Chambéri pour quelque procès au Sénat,
s'empara de maman comme de raison, et, pour ses trésors de zéros
qu'il lui prodiguait généreusement, tirait ses pauvres écus pièce à
pièce. Je ne l'aimais point : il le voyait ; avec moi cela n'est pas difficile : il n'y avait sorte de bassesse qu'il n'employât pour me
cajoler. Il s'avisa de me proposer d'apprendre les échecs, qu'il
jouait un peu. J'essayai presque malgré moi ; et, après avoir tant
bien que mal appris la marche, mon progrès fut si rapide, qu'avant
la fin de la première séance, je lui donnai la tour qu'il m'avait
donnée en commençant. Il ne m'en fallut pas davantage : me voilà
forcené des échecs. J'achète un échiquier, j'achète le Calabrois :
je m'enferme dans ma chambre, j'y passe les jours et les nuits à
vouloir apprendre par cœur toutes les parties, à les fourrer dans
ma tête bon gré mal gré, à jouer sans relâche et sans fin. Après
deux ou trois mois de ce beau travail et d'efforts inimaginables,
je vais au café, maigre, jaune, et presque hébété. Je m'essaye, je
rejoue avec M. Bagueret : il me bat une fois, deux fois, vingt fois ;
tant de combinaisons s'étaient brouillées dans ma tête, et mon
imagination s'était si bien amortie, que je ne voyais plus qu'un
nuage devant moi. Toutes les fois qu'avec le livre de Philidor ou
celui de Stamma j'ai voulu m'exercer à étudier des parties, la
même chose m'est arrivée ; et après m'être épuisé de fatigue, je me
suis trouvé plus faible qu'auparavant. Du reste, que j'aie abandonné les échecs, ou qu'en jouant je me sois remis en haleine, je
n'ai jamais avancé d'un cran depuis cette première séance, et je
me suis toujours retrouvé au même point où j'étais en la finissant.
Je m'exercerais des milliers de siècles que je finirais par pouvoir
donner la tour à Bagueret, et rien de plus. Voilà du temps bien
employé ! direz-vous. Et je n'y en ai pas employé peu. Je ne finis
ce premier essai que quand je n'eus plus la force de continuer.
Quand j'allai me montrer sortant de ma chambre, j'avais l'air d'un
déterré ; et, suivant le même train, je n'aurais pas resté déterré
longtemps. On conviendra qu'il est difficile, et surtout dans

l'ardeur de la jeunesse, qu'une pareille tête laisse toujours le corps en santé.

L'altération de la mienne agit sur mon humeur et tempéra l'ardeur de mes fantaisies. Me sentant affaiblir, je devins plus tranquille, et perdis un peu la fureur des voyages. Plus sédentaire, je fus pris, non de l'ennui, mais de la mélancolie ; les vapeurs succédèrent aux passions ; ma langueur devint tristesse ; je pleurais et soupirais à propos de rien ; je sentais la vie m'échapper sans l'avoir goûtée ; je gémissais sur l'état où je laissais ma pauvre maman, sur celui où je la voyais prête à tomber ; je puis dire que la quitter et la laisser à plaindre était mon unique regret. Enfin je tombai tout à fait malade. Elle me soigna comme jamais mère n'a soigné son enfant ; et cela lui fit du bien à elle-même, en faisant diversion aux projets et tenant écartés les projeteurs. Quelle douce mort, si alors elle fût venue ! Si j'avais peu goûté les biens de la vie, j'en avais peu senti les malheurs. Mon âme paisible pouvait partir sans le sentiment cruel de l'injustice des hommes, qui empoisonne la vie et la mort. J'avais la consolation de me survivre dans la meilleure moitié de moi-même ; c'était à peine mourir. Sans les inquiétudes que j'avais sur son sort, je serais mort comme j'aurais pu m'endormir, et ces inquiétudes mêmes avaient un objet affectueux et tendre qui en tempérait l'amertume. Je lui disais : Vous voilà dépositaire de tout mon être ; faites en sorte qu'il soit heureux. Deux ou trois fois, quand j'étais le plus mal, il m'arriva de me lever dans la nuit et de me traîner à sa chambre, pour lui donner, sur sa conduite, des conseils, j'ose dire pleins de justesse et de sens, mais où l'intérêt que je prenais à son sort se marquait mieux que toute autre chose. Comme si les pleurs étaient ma nourriture et mon remède, je me fortifiais de ceux que je versais auprès d'elle, avec elle, assis sur son lit, et tenant ses mains dans les miennes. Les heures coulaient dans ces entretiens nocturnes, et je m'en retournais en meilleur état que je n'étais venu : content et calme dans les promesses qu'elle m'avait faites, dans les espérances qu'elle m'avait données, je m'endormais là-dessus avec la paix du cœur et la résignation à la Providence. Plaise à Dieu qu'après tant de sujets de haïr la

vie, après tant d'orages qui ont agité la mienne et qui ne m'en
font plus qu'un fardeau, la mort qui doit la terminer me soit aussi
peu cruelle qu'elle me l'eût été dans ce moment-là!

A force de soins, de vigilance et d'incroyables peines, elle me
sauva; et il est certain qu'elle seule pouvait me sauver. J'ai peu
de foi à la médecine des médecins, mais j'en ai beaucoup à celle
des vrais amis; les choses dont notre bonheur dépend se font
toujours beaucoup mieux que toutes les autres. S'il y a dans la
vie un sentiment délicieux, c'est celui que nous éprouvâmes
d'être rendus l'un à l'autre. Notre attachement mutuel n'en augmenta pas, cela n'était pas possible; mais il prit je ne sais quoi
de plus intime, de plus touchant dans sa grande simplicité. Je
devenais tout à fait son œuvre, tout à fait son enfant, et plus que
si elle eût été ma vraie mère. Nous commençâmes, sans y songer,
à ne plus nous séparer l'un de l'autre, à mettre en quelque sorte
toute notre existence en commun; et, sentant que réciproquement
nous nous étions non seulement nécessaires, mais suffisants,
nous nous accoutumâmes à ne plus penser à rien d'étranger à
nous, à borner absolument notre bonheur et tous nos désirs à
cette possession mutuelle et peut-être unique parmi les humains,
qui n'était point, comme je l'ai dit, celle de l'amour, mais une
possession plus essentielle, qui, sans tenir aux sens, au sexe, à
l'âge, à la figure, tenait à tout ce par quoi l'on est soi, et qu'on ne
peut perdre qu'en cessant d'être.

A quoi tint-il que cette précieuse crise n'amenât le bonheur du
reste de ses jours et des miens? Ce ne fut pas à moi, je m'en rends
le consolant témoignage. Ce ne fut pas non plus à elle, du moins
à sa volonté. Il était écrit que bientôt l'invincible naturel repren-
drait son empire. Mais ce fatal retour ne se fit pas tout d'un coup.
Il y eut, grâce au ciel, un intervalle, court et précieux intervalle,
qui n'a pas fini par ma faute, et dont je ne me reprocherai pas
d'avoir mal profité.

Quoique guéri de ma grande maladie, je n'avais pas repris ma
vigueur. Ma poitrine n'était pas rétablie; un reste de fièvre durait
toujours, et me tenait en langueur. Je n'avais plus de goût à rien
qu'à finir mes jours près de celle qui m'était chère, à la maintenir

dans ses bonnes résolutions, à lui faire sentir en quoi consistait le vrai charme d'une vie heureuse, à rendre la sienne telle, autant qu'il dépendait de moi. Mais je voyais, je sentais même que, dans une maison sombre et triste, la continuelle solitude du tête-à-tête deviendrait à la fin triste aussi. Le remède à cela se présenta comme de lui-même. Maman m'avait ordonné le lait, et voulait que j'allasse le prendre à la campagne. J'y consentis, pourvu qu'elle y vînt avec moi. Il n'en fallut pas davantage pour la déterminer : il ne s'agit plus que du choix du lieu. Le jardin du faubourg n'était pas proprement à la campagne : entouré de maisons et d'autres jardins, il n'avait point les attraits d'une retraite champêtre. D'ailleurs, après la mort d'Anet, nous avions quitté ce jardin pour raison d'économie, n'ayant plus à cœur d'y tenir des plantes, et d'autres vues nous faisant peu regretter ce réduit.

Profitant maintenant du dégoût que je lui trouvai pour la ville, je lui proposai de l'abandonner tout à fait, et de nous établir dans une solitude agréable, dans quelque petite maison assez éloignée pour dérouter les importuns. Elle l'eût fait, et ce parti que son bon ange et le mien me suggéraient nous eût vraisemblablement assuré des jours heureux et tranquilles jusqu'au moment où la mort devait nous séparer. Mais cet état n'était pas celui où nous étions appelés. Maman devait éprouver toutes les peines de l'indigence et du mal-être, après avoir passé sa vie dans l'abondance, pour la lui faire quitter avec moins de regret ; et moi, par un assemblage de maux de toute espèce, je devais être un jour un exemple à quiconque, inspiré du seul amour du bien public et de la justice, ose, fort de sa seule innocence, dire ouvertement la vérité aux hommes, sans s'étayer par des cabales, sans s'être fait des partis pour le protéger.

Une malheureuse crainte la retint. Elle n'osa quitter sa vilaine maison, de peur de fâcher le propriétaire. Ton projet de retraite est charmant, me dit-elle, et fort de mon goût ; mais dans cette retraite il faut vivre. En quittant ma prison je risque de perdre mon pain ; et quand nous n'en aurons plus dans les bois, il en faudra bien retourner chercher à la ville. Pour avoir moins besoin d'y venir, ne la quittons pas tout à fait. Payons cette petite pen-

sion au comte de Saint-Laurent, pour qu'il me laisse la mienne.
Cherchons quelque réduit assez loin de la ville pour vivre en paix,
et assez près pour y revenir toutes les fois qu'il sera nécessaire.
Ainsi fut fait. Après avoir un peu cherché, nous nous fixâmes aux
Charmettes, une terre de M. de Conzié, à la porte de Chambéri,
mais retirée et solitaire comme si l'on était à cent lieues. Entre
deux coteaux assez élevés est un petit vallon nord et sud, au fond
duquel coule une rigole entre des cailloux et des arbres. Le long
de ce vallon, à mi-côte, sont quelques maisons éparses, fort
agréables pour quiconque aime un asile un peu sauvage et retiré.
Après avoir essayé deux ou trois fois de ces maisons, nous choi-
sîmes enfin la plus jolie, appartenant à un gentilhomme qui était
au service, appelé M. Noiret. La maison était très logeable. Au-
devant était un jardin en terrasse, une vigne au-dessus, un verger
au-dessous; vis-à-vis un petit bois de châtaigniers, une fontaine à
portée; plus haut, dans la montagne, des prés pour l'entretien du
bétail, enfin tout ce qu'il fallait pour le petit ménage champêtre
que nous y voulions établir. Autant que je puis me rappeler les
temps et les dates, nous en prîmes possession vers la fin de l'été
de 1736. J'étais transporté le premier jour que nous y couchâmes.
O maman! dis-je à cette chère amie en l'embrassant et l'inondant
de larmes d'attendrissement et de joie, ce séjour est celui du
bonheur et de l'innocence. Si nous ne les trouvons pas ici l'un
avec l'autre, il ne les faut chercher nulle part.

TABLE DES EAUX-FORTES

DU TOME PREMIER

LIVRE QUATRIÈME. — Gravure de D. MORDANT.

LIVRE CINQUIÈME. — Gravure de L. RUET.

Imprimerie de J. DUMOULIN, à Paris. — 971.8.22

DRAEGER, I